달달 읽고 곰곰 생각하는

달곰한 문해력

초등 어휘

달곰한 공부 계획

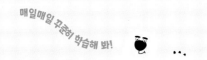
매일매일 꾸준히 학습해 봐!

국어

주제 01	주제 02	주제 03	주제 04	주제 01~04 주간 학습
월 / 일	월 / 일	월 / 일	월 / 일	월 / 일
주제 05	주제 06	주제 07	주제 08	주제 05~08 주간 학습
월 / 일	월 / 일	월 / 일	월 / 일	월 / 일

사회

주제 01	주제 02	주제 03	주제 04	주제 01~04 주간 학습
월 / 일	월 / 일	월 / 일	월 / 일	월 / 일
주제 05	주제 06	주제 07	주제 08	주제 05~08 주간 학습
월 / 일	월 / 일	월 / 일	월 / 일	월 / 일

과학

주제 01	주제 02	주제 03	주제 04	주제 01~04 주간 학습
월 / 일	월 / 일	월 / 일	월 / 일	월 / 일
주제 05	주제 06	주제 07	주제 08	주제 05~08 주간 학습
월 / 일	월 / 일	월 / 일	월 / 일	월 / 일

　우리는 매일 국어, 과학, 사회 등의 교과 수업을 들으며 새로운 낱말을 만나요. 이 낱말들은 우리가 세상을 이해하고, 더 많은 지식을 쌓는 데 도움을 주어요. 하지만 낱말의 뜻을 잘 모르면 공부가 어려워질 수 있어요.

　'달곰한 문해력 초등 어휘'는 여러분이 일상생활뿐만 아니라 교과 과목에서 자주 만나는 중요한 낱말들을 재미있게 익힐 수 있도록 도와줄 거예요. 그림과 함께 이야기를 읽으며 낱말의 뜻을 추론하고, 어휘 반복 학습을 통해 낱말을 확실히 익힐 수 있도록 구성했어요. 여러분의 어휘력이 쑥쑥 자라도록 도와줄게요.

　그럼, 이제 '달곰한 문해력 초등 어휘'를 시작해 봐요!

WHY 왜 어휘를 따로 공부해야 할까요?

어휘는 문해력의 기본

어휘는 문해력의 기본이 되기 때문입니다. 문해력은 단순히 글을 읽고 해석하는 것에서 나아가 글과 문장 속에 숨어 있는 맥락을 찾아내고 그 것을 내재화하여 확장하는 능력까지 포함되는 것입니다. 이를 위해서는 글과 문장 속에 있는 어휘의 정확한 뜻을 인지하고 있어야 합니다. 뜻 해석을 넘어 문장과 글, 다른 상황에도 확장하여 활용할 수 있어야 하기 때문입니다.

어휘는 모든 교과서의 기본

부족한 어휘 지식은 국어만이 아니라 수학, 사회, 과학을 학습할 때도 맥락과 상황, 현상을 이해하는 데 걸림돌이 될 수 있습니다. 모든 교과 학습에서 기본은 우리말인 국어이며 각 교과에서 필수적으로 알아야 할 어휘들이 바탕이 되어야 온전히 교과 학습을 이해할 수 있습니다.

국어 교과 어휘 / 수학 교과 어휘 / 사회 교과 어휘 / 과학 교과 어휘 / 기타 교과 어휘 / 초등 어휘

WHAT 어떤 어휘를 공부해야 할까요?

학년별 필수 교과 어휘

어휘 공부에서 가장 기본적인 바탕이 되는 것은 교육과정에 따른 교과 어휘입니다. 따라서 과목별로 교과 필수 어휘를 공부하는 것이 가장 중요합니다. 이때 어휘는 과목별로 따로 익혀야 합니다. 교육과정에 따른 각 과목의 교과 어휘를 별도로 학습해야 해당 교과를 공부할 때 어휘를 적재적소에 활용할 수 있기 때문입니다. 또한 해당 학년 외에 선행 어휘를 익힐 필요도 있습니다. 학년에 맞는 수준으로 쓴 글이나 문장도 일부 어휘의 난이도가 높을 수 있기 때문입니다.

학습이 필요한 어휘

■ **학년 필수 교과 어휘**   선행 어휘
■ 알고 있다고 생각하지만 모르는 어휘

HOW 어떻게 어휘를 공부해야 할까요?

의미 연결 학습

어휘를 단순히 나열하여 암기하는 방법으로는 어휘를 오래 기억하고 내재화하기 어렵습니다. 따라서 어휘는 의미를 연결 지어 학습하는 것이 효과적입니다.

문맥 속 추론 학습

어휘의 뜻만 기억하는 것보다, 어휘가 사용된 문맥 속에서 직접 추론하고 뜻을 익히면 기억에 오래 남아 다른 상황에서도 해당 어휘를 효과적으로 활용할 수 있습니다.

반복 학습

어휘력 향상은 기억력과의 싸움입니다. 따라서 반복 학습을 통해 어휘를 계속 기억할 수 있도록 해야 합니다. 해당 어휘가 사용되는 여러 상황을 반복적으로 접함으로써 어휘의 활용 능력도 향상시킬 수 있습니다.

달곰한 문해력 초등 어휘

한 권으로 어휘 학습 완성!

『달곰한 문해력 초등 어휘』는 각 학년 교과 필수 어휘를 완벽하게 익히는 완전 학습이 가능합니다. 교과 어휘 중 가장 핵심적인 어휘를 선정하여 주제별로 묶어 어휘를 의미적으로 연결하여 학습합니다. 지문의 문맥 속에서 추론하며 익히고, '일일 학습-주간 학습-어휘 평가'까지 세 번의 반복 학습을 통해 완전 학습이 가능합니다.

주제
낱말밭을 통해
의미적으로 연결된
어휘 학습

지문을 통해
문맥 속 어휘의 뜻
추론 학습

[일일 학습-
주간 학습
-어휘 평가]로 이어지는
반복 학습

이 책의 활용법

나에게 맞는 어휘 학습 주기로 계획을 세워 공부해요.

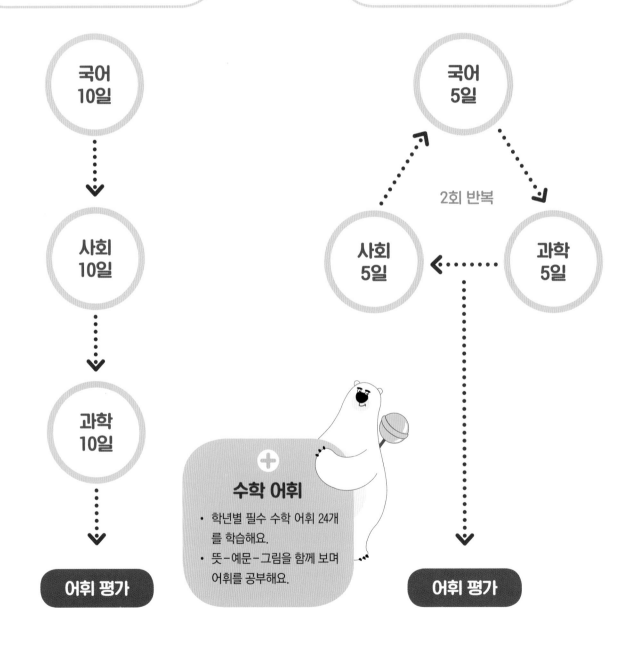

10일

과목별 집중 학습

국어, 사회, 과학 어휘를
순서대로 각각 10일씩
총 30일 학습해요.

국어
10일

사회
10일

과학
10일

어휘 평가

5일

과목별 선택 학습

국어, 사회, 과학 중
원하는 과목을 골라서
5일씩 학습을 두 번 해요.

국어
5일

2회 반복

사회
5일

과학
5일

어휘 평가

➕ 수학 어휘

• 학년별 필수 수학 어휘 24개
  를 학습해요.
• 뜻-예문-그림을 함께 보며
  어휘를 공부해요.

이 책을 추천하는
선생님의 한 마디

"달곰한 문해력 초등 어휘와 함께
체계적인 어휘 학습을 시작해 보세요"

추천사 **김택수 교수님**

경희사이버대학교
한국어문화학부 초빙교수

어휘력은 우리의 삶과 세상을 이해하는 가장 기본이 되는 도구입니다. 단순히 많은 단어를 아는 것을 넘어서서, 단어들이 담고 있는 깊이 있는 의미와 뉘앙스를 이해하고, 이를 통해 세상을 더욱 섬세하게 바라볼 수 있게 해주는 중요한 역할을 합니다.

어휘를 잘 모르면 어떤 일이 벌어질까요? 단어의 뜻을 모르므로 글에 대한 이해력이 떨어지고, 학습에 어려움을 겪게 될 것입니다. 또래 친구들과의 소통에서 문제가 생길 수도 있습니다. 어휘력이 낮으므로 자신을 표현할 수단이 적어 자기 생각과 감정을 정확하게 표현하기 어렵게 됩니다. 이에 따라 사회적 관계 형성과 유지 등 사회적 측면에서도 어려움을 경험하게 할 수 있습니다.

이러한 문제가 생기지 않게 하기 위해서는 체계적인 접근이 필요합니다. 먼저, 주제별 필수 어휘 학습을 시작으로 기초 어휘를 이해하고 단계적으로 확장하는 체계적인 어휘 학습이 매우 중요합니다.

또한 어휘를 단순히 나열하고 암기하는 방식이 아닌 추론과 반복 학습을 통해 여러 가지 상황과 다양한 문맥에서 그 의미를 이해하는 맥락 중심의 학습이 필요합니다. 여기에 규칙적이고 지속적인 복습과 적용 연습을 통한 반복 학습이 더해지면 학습자의 어휘력은 더욱 성장하게 될 것입니다.

'달곰한 문해력 초등 어휘'는 이러한 요소들을 통합적으로 제공합니다. '주제 낱말밭'을 통해 어휘를 의미적으로 연결한 어휘 학습을 제공하며, 단계적인 어휘력 향상과 맥락 속에서 자연스럽게 어휘를 이해하는 능력을 신장하는 데 도움을 줍니다.

이러한 과정을 통해 차근차근 하나하나 주어진 과제를 수행하면 '세상을 이해하는 단단한 틀'을 지니게 될 뿐만 아니라 다채로운 생각과 시선으로 삶을 마주하리라 생각합니다.

이 책의
구성과 특징

❶ 낱말밭

주제 어휘로 구성된 낱말밭의 그림과 이야기를 살펴보며 낱말의 뜻을 추론해요.

❷ 긴 글 읽기

다양한 종류의 긴 글을 읽으며 어휘의 뜻을 추론해요.

❸ 낱말밭 사전

어휘의 정확한 뜻을 확인하고 익혀요.

❹ 낱말밭 일일 학습 (1단계 확인과 적용)

여러 가지 유형의 어휘 확인 및 적용 문제를 풀면서 어휘를 학습해요.

❺ 낱말밭 일일 학습 (2단계 활용)

앞에서 배운 어휘를 활용하여 문장을 직접 만들어 써 봐요.

❻ 낱말밭 주간 학습

다양한 유형의 문제를 풀면서 4일간 학습한 어휘를 반복 학습해요.

❼ 디지털 속 한 문장

실생활에서 자주 접하는 디지털 장면에서 어휘를 활용한 글쓰기를 해 봐요.

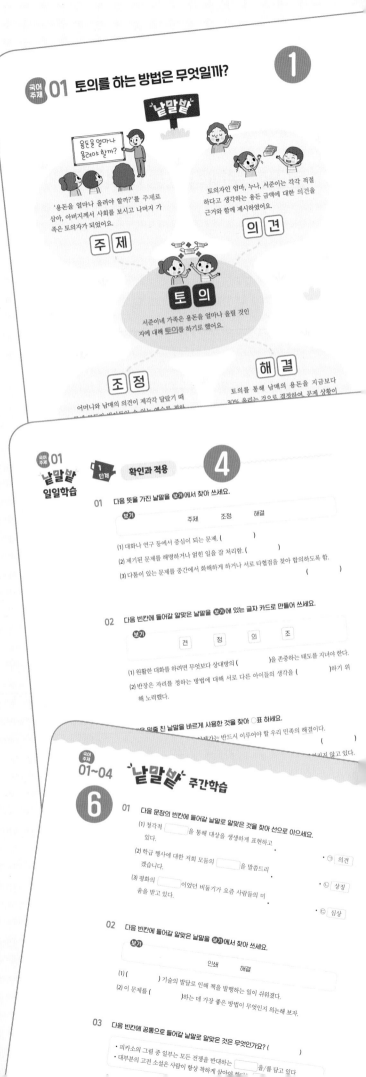

다음 글을 읽으며, 빈칸에 들어갈 낱말을 낱말밭에서 찾아 써 보세요.

2

어떤 단체나 사회에서 함께 해결해야 할 문제가 생겼다면 어떻게 해야 할까? 여러 사람이 모여 각자의 생각을 주고받고, 서로 다른 생각을 하나로 모아야 할 것이다. '백지장도 맞들면 낫다.'라는 속담처럼 여러 사람이 협력하여 생각을 모으면 공동의 문제를 (1) ㅎ ㄱ 할 최선의 방법을 찾을 수 있기 때문이다. 이러한 말하기를 (2) ㅌ ㅇ (이)라고 한다.

토의를 할 때는 참여자들에게 하나의 구체적인 (3) ㅈ ㅈ 을/를 정해서 미리 알려 주어야 한다. 토의해야 할 내용이 여러 개이거나 명확하지 않다면 참여자들이 서로 다른 이야기를 하게 되어 제대로 된 토의가 불가능해질 수 있기 때문이다. 토의의 주제는 여러 사람의 생각이 필요한 것이어야 하고, 토의 참여자들이 공통적으로 관심을 가지는 것이라야 한다.

토의 참여자는 주제에 대한 (4) ㅇ ㄱ 을/를 적절한 근거를 들어 간결하고 분명하게 말해야 한다. 그리고 다른 사람의 의견을 들을 때는 상대를 존중하면서 예의 바르게 듣고, 그 의견에 대한 타당성을 판단해야 한다.

토의에서는 한 주제에 대해 여러 가지 의견이 나오기 마련이므로 이를 (5) ㅈ ㅈ 하는 과정을 거쳐야 한다. 그래야 문제를 합리적으로 해결하거나 모두가 받아들일 수 있는 결론을 정할 수 있다.

3

확인 ☑

낱말밭 사전

* 토의 어떤 문제에 대해 여러 사람이 의견을 내놓고 의논하여 가장 적절한 해결 방법을 찾는 말하기 방법.

05 다음 ⊙과 ⓒ에 들어갈 알맞은 낱말을 바르게 짝 지은 것은 무엇인가요? (   )

토의의 ⊙ 은/는 토의 참여자나 청중이 공통적으로 관심을 두고 고민할 수 있는 문제로 정해야 한다. 또한 토의 참여자가 다양한 의견을 제시할 수 있으며, 토의를 통해 합리적이면서 실천 가능한 ⓒ 방법을 찾을 수 있는 문제이어야 한다. 이런 점을 고려해서 토의할 내용을 정한 뒤에는 그것을 간결하고 명확한 의문문으로 서술하는 것이 좋다.

① ⊙: 의견 – ⓒ: 주제   ② ⊙: 의견 – ⓒ: 해결
③ ⊙: 주제 – ⓒ: 의견   ④ ⊙: 조정 – ⓒ: 의견
⑤ ⊙: 주제 – ⓒ: 해결

06 다음 ⊙, ⓒ과 뜻이 비슷한 낱말을 보기에서 찾아 쓰세요.

보기   주제   의견   토의   조정

안녕하십니까? 1반 학생 여러분, 최근 학교 급식을 먹은 뒤 음식물 쓰레기가 너무 많이 나와서 문제가 되고 있습니다. 특히 채소 위주의 반찬이 나온 날에는 유달리 음식물 쓰레기가 많이 나온다고 합니다. 오늘은 이 문제를 어떻게 해결해야 할지에 대해 함께 ⊙논의해 보고자 합니다. 지금부터 이 문제에 대한 ⓒ생각을 자유롭게 말씀해 주시기 바랍니다.

(1) ⊙: (   )   (2) ⓒ: (   )

2단계   활용   5

07 다음 보기와 같이 주어진 낱말을 넣어 짧은 문장을 만들어 쓰세요.

보기
토의
✎ 우리 학급은 장시간의 토의 끝에 제주도로 수학여행을 가기로 했다.

(1) 주제

7 디지털 속 한 문장

다음을 보고, 인물이라는 낱말을 넣어 자신이 읽은 책에 대해 소개하는 글을 써 보세요.

#인물 #소나기 #소녀 #소년
지난주에 읽은 '소나기'라는 소설의 한 장면...
표현해 보이다...

 부록

수학 필수 어휘

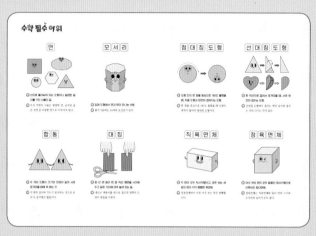

면 / 모서리 / 점대칭도형 / 선대칭도형 / 합동 / 대칭 / 직육면체 / 정육면체

▶ 수학 필수 어휘

국어 / 사회 / 과학 어휘 확인

▶ 국어 / 사회 / 과학 어휘 확인

어휘 평가

▶ 국어 / 사회 / 과학 어휘 평가

이 책의 차례

부록

· 국어 / 사회 / 과학 어휘 확인

· 국어 어휘 평가   · 사회 어휘 평가   · 과학 어휘 평가

국어

01~04

주제별로 묶어 어휘를 의미적으로 연결하여 학습해 봐!

01 토의를 하는 방법은 무엇일까?

'용돈을 얼마나 올려야 할까?'를 **주제**로 삼아, 아버지께서 사회를 보시고 나머지 가족은 토의자가 되었어요.

주 제

토의자인 엄마, 누나, 서준이는 각각 적절하다고 생각하는 용돈 금액에 대한 **의견**을 근거와 함께 제시하였어요.

의 견

토 의

서준이네 가족은 용돈을 얼마나 올릴 것인 지에 대해 **토의**를 하기로 했어요.

조 정

어머니와 남매의 의견이 제각각 달랐기 때문에 모두가 받아들일 수 있는 액수를 정하기까지 **조정**하는 과정이 필요했어요.

해 결

토의를 통해 남매의 용돈을 지금보다 30% 올리는 것으로 결정하여, 문제 상황이 **해결**되었어요.

다음 글을 읽으며, 빈칸에 들어갈 낱말을 낱말밭에서 찾아 써 보세요.

어떤 단체나 사회에서 함께 해결해야 할 문제가 생겼다면 어떻게 해야 할까? 여러 사람이 모여 각자의 생각을 주고받고, 서로 다른 생각을 하나로 모아야 할 것이다. '백지장도 맞들면 낫다.'라는 속담처럼 여러 사람이 협력하여 생각을 모으면 공동의 문제를 (1) ㅎ ㄱ 할 최선의 방법을 찾을 수 있기 때문이다. 이러한 말하기를 (2) ㅌ ㅇ (이)라고 한다.

토의를 할 때는 참여자들에게 하나의 구체적인 (3) ㅈ ㅈ 을/를 정해서 미리 알려 주어야 한다. 토의해야 할 내용이 여러 개이거나 명확하지 않다면 참여자들이 서로 다른 이야기를 하게 되어 제대로 된 토의가 불가능해질 수 있기 때문이다. 토의의 주제는 여러 사람의 생각이 필요한 것이어야 하고, 토의 참여자들이 공통적으로 관심을 가지는 것이라야 한다.

토의 참여자는 주제에 대한 (4) ㅇ ㄱ 을/를 적절한 근거를 들어 간결하고 분명하게 말해야 한다. 그리고 다른 사람의 의견을 들을 때는 상대를 존중하면서 예의 바르게 듣고, 그 의견에 대한 타당성을 판단해야 한다.

토의에서는 한 주제에 대해 여러 가지 의견이 나오기 마련이므로 이를 (5) ㅈ ㅈ 하는 과정을 거쳐야 한다. 그래야 문제를 합리적으로 해결하거나 모두가 받아들일 수 있는 결론을 정할 수 있다.

낱말밭 사전

확인 ☑

* **토의**	어떤 문제에 대해 여러 사람이 의견을 내놓고 의논하여 가장 적절한 해결 방법을 찾는 말하기 방법.	☐
* **주제**	대화나 연구 등에서 중심이 되는 문제.	☐
* **의견**	어떤 대상에 대하여 가지는 생각.	☐
* **조정**	다툼이 있는 문제를 중간에서 화해하게 하거나 서로 타협점을 찾아 합의하도록 함.	☐
* **해결**	제기된 문제를 해명하거나 얽힌 일을 잘 처리함.	☐

01 다음 뜻을 가진 낱말을 **보기**에서 찾아 쓰세요.

> **보기**
>
> 주제   조정   해결

(1) 대화나 연구 등에서 중심이 되는 문제. (   )

(2) 제기된 문제를 해명하거나 얽힌 일을 잘 처리함. (   )

(3) 다툼이 있는 문제를 중간에서 화해하게 하거나 서로 타협점을 찾아 합의하도록 함.

(   )

02 다음 빈칸에 들어갈 알맞은 낱말을 **보기**에 있는 글자 카드로 만들어 쓰세요.

> **보기**
>
> 견   정   의   조

(1) 원활한 대화를 하려면 무엇보다 상대방의 (   )을 존중하는 태도를 지녀야 한다.

(2) 반장은 자리를 정하는 방법에 대해 서로 다른 아이들의 생각을 (   )하기 위해 노력했다.

03 다음 밑줄 친 낱말을 바르게 사용한 것을 찾아 ○표 하세요.

① 남한과 북한의 통일은 언젠가는 반드시 이루어야 할 우리 민족의 해결이다.

(   )

② 체험 학습으로 어디를 갈 것인지에 대한 학생들 간의 의견 차이가 좁혀지지 않고 있다.

(   )

04 다음 밑줄 친 부분과 뜻이 비슷한 낱말은 무엇인가요? (   )

> 우리 반 반장으로 수정이가 뽑혔다. 수정이는 다투는 아이들이 있을 때 양쪽의 말을 모두 들어보고 당사자들이 만족할 만한 타협점을 찾아 합의하도록 하는 능력이 뛰어나다. 선거에서 수정이를 뽑은 아이들은 그런 수정이의 능력을 높이 평가하였다.

① 근거   ② 조정   ③ 주제   ④ 토의   ⑤ 주장

05 다음 ㉠과 ㉡에 들어갈 알맞은 낱말을 바르게 짝 지은 것은 무엇인가요? ( )

> 토의의 [㉠]은/는 토의 참여자나 청중이 공통적으로 관심을 두고 고민할 수 있는 문제로 정해야 한다. 또한 토의 참여자가 다양한 의견을 제시할 수 있으며, 토의를 통해 합리적이면서 실천 가능한 [㉡] 방법을 찾을 수 있는 문제이어야 한다. 이런 점을 고려해서 토의할 내용을 정한 뒤에는 그것을 간결하고 명확한 의문문으로 서술하는 것이 좋다.

① ㉠: 의견 – ㉡: 주제   ② ㉠: 의견 – ㉡: 해결   ③ ㉠: 주제 – ㉡: 의견

④ ㉠: 조정 – ㉡: 의견   ⑤ ㉠: 주제 – ㉡: 해결

06 다음 ㉠, ㉡과 뜻이 비슷한 낱말을 **보기**에서 찾아 쓰세요.

보기

| 주제 | 의견 | 토의 | 조정 |

> 안녕하십니까? 1반 학생 여러분, 최근 학교 급식을 먹은 뒤 음식물 쓰레기가 너무 많이 나와서 문제가 되고 있습니다. 특히 채소 위주의 반찬이 나온 날에는 유달리 음식물 쓰레기가 많이 나온다고 합니다. 오늘은 이 문제를 어떻게 해결해야 할지에 대해 함께 ㉠논의해 보고자 합니다. 지금부터 이 문제에 대한 ㉡생각을 자유롭게 말씀해 주시기 바랍니다.

(1) ㉠: ( ) (2) ㉡: ( )

2단계 **활용**

07 다음 **보기**와 같이 주어진 낱말을 넣어 짧은 문장을 만들어 쓰세요.

보기

토의

✎ 우리 학급은 장시간의 토의 끝에 제주도로 수학여행을 가기로 했다.

(1) 주제

✎ ------------------------------------

(2) 해결

✎ ------------------------------------

국어 주제 02 시의 특징을 알아볼까?

시를 읽으면 마치 노랫말을 읊는 것과 같이 자연스럽게 말의 가락이 느껴지는데, 이를 **운율**이라 해요.

운 율

시를 읽으면 머릿속에 내용과 관련된 장면이나 소리, 냄새, 촉감 등과 같은 느낌이 떠오르는데, 이를 **심상**이라 해요.

심 상

시

시란 아주 쉽게 말하면 간결한 노랫말이라고 할 수 있어요.

비 유

시에는 다양한 표현 방법이 사용되어요. '얼굴이 사과 같다.'처럼 대상을 다른 대상에 빗대어 나타내는 **비유**가 대표적이에요.

상 징

상징은 눈에 보이지 않는 것을 구체적인 사물로 나타내는 표현 방법이에요. 비둘기가 평화를 나타내는 것처럼요.

다음 글을 읽으며, 빈칸에 들어갈 낱말을 낱말밭에서 찾아 써 보세요.

　　마음속에 떠오르는 생각이나 느낌을 말의 가락이 느껴지는 언어로 압축해서 감각적으로 표현한 글을 ⁽¹⁾[ㅅ　](이)라고 한다.

　　'마음속에 떠오르는 생각이나 느낌'은 시의 의미적 요소에 해당하는 주제를 말한다. 그런데 시인은 주제나 시의 대상을 직접 제시하지 않고 다른 구체적인 대상을 통해 표현하는 경우가 많다. 비유와 상징이 대표적인 표현 방법이다. ⁽²⁾[ㅂ　ㅇ]은/는 표현하려는 대상을 공통점이나 비슷한 성질을 지닌 다른 대상에 빗대어 나타내는 표현 방법이다. ⁽³⁾[ㅅ　ㅈ]은/는 추상적인 개념이나 사물을 구체적인 사물로 나타내는 표현 방법이다. 상징은 비유와 달리 원래 대상이 드러나지 않아 다양하게 해석될 수 있다.

　　'말의 가락이 느껴지는 언어'는 시가 지닌 음악적 요소인 ⁽⁴⁾[ㅇ　ㅇ]을/를 뜻하는데, 주로 반복을 통해 드러난다. 마지막으로 '감각적으로 표현한'은 시의 회화적 요소에 해당하는 ⁽⁵⁾[ㅅ　ㅅ]을/를 말한다. 심상에는 눈으로 보는 듯한 느낌의 시각적 심상, 귀로 듣는 듯한 느낌의 청각적 심상, 코로 냄새를 맡는 듯한 느낌의 후각적 심상, 혀로 맛을 보는 듯한 느낌의 미각적 심상, 피부로 촉감을 느끼는 듯한 촉각적 심상이 있으며, 둘 이상의 심상이 섞인 공감각적 심상도 있다.

낱말밭 사전

確認☑

* **시** 　마음속에 떠오르는 생각이나 느낌을 말의 가락이 느껴지는 언어로 압축해서 표현한 글.　☐

* **운율** 　시를 읽을 때 느껴지는 말의 가락.　☐

* **심상** 　시를 읽을 때 마음속에 떠오르는 감각적인 모습이나 느낌.　☐

* **비유** 　어떤 대상을 직접 제시하지 않고 다른 비슷한 대상에 빗대어 제시하는 것.　☐

* **상징** 　추상적인 개념이나 사물을 구체적인 사물로 나타내는 것.　☐

확인과 적용

01 다음 낱말의 뜻으로 알맞은 것을 보기에서 찾아 기호를 쓰세요.

> **보기**
> ㉠ 시를 읽을 때 느껴지는 말의 가락
> ㉡ 어떤 대상을 직접 제시하지 않고 다른 비슷한 대상에 빗대어 제시하는 것.
> ㉢ 마음속에 떠오르는 생각이나 느낌을 말의 가락이 느껴지는 언어로 압축해서 표현한 글.

(1) 시 (   )   (2) 비유 (   )   (3) 운율 (   )

02 다음 보기를 참고하여, 문장의 빈칸에 들어갈 낱말을 찾아 선으로 이으세요.

> **보기**
> 엄마야 누나야, 강변 살자. / 뜰에는 반짝이는 금모래빛,
> 뒷문 밖에는 갈잎의 노래, / 엄마야 누나야, 강변 살자.
> - 김소월, 「엄마야 누나야」

(1) '강변'은 시에서 말하는 이가 바라는, 아름답고 평화
    로운 세계를 [   ]한다고 볼 수 있다.   •   • ㉠ 상징

(2) '엄마야 누나야, 강변 살자.'가 1행과 4행에서 반복되
    면서 노래와 같은 [   ]이 드러난다.   •   • ㉡ 심상

(3) 2행의 '뜰에는 반짝이는 금모래빛'에서는 마치 눈으
    로 보는 듯한 시각적 [   ]이 드러난다.   •   • ㉢ 운율

03 다음 빈칸에 공통으로 들어갈 낱말로 알맞은 것은 무엇인가요? (   )

> 태극기는 우리나라를 [   ]하는 깃발이다. 가운데 있는 태극 문양은 우주 만
> 물을 만들어 내는 기운을 [   ]하며, 네 가장자리에 있는 4괘는 왼쪽 위부터 시
> 계방향으로 각각 하늘, 물, 땅, 불을 [   ]한다. 그리고 흰색 바탕은 밝음과 순수,
> 우리의 민족성을 [   ]한다.

① 비유   ② 상징   ③ 심상   ④ 운율   ⑤ 정서

04 다음 ㉠과 ㉡에 들어갈 알맞은 낱말을 바르게 짝 지은 것은 무엇인가요? (   )

> 시의 음악적 요소인 ┌─㉠─┐ 은/는 시어나 시구, 유사한 문장 구조, 일정한 글자 수 등이 반복적으로 나타날 때 드러난다. 이와 달리 시의 회화적 요소인 ┌─㉡─┐ 은/는 '울음소리' 같이 하나의 시어나 '푸른 바다' 같이 하나의 시구만으로도 드러난다.

① ㉠: 운율 – ㉡: 심상   ② ㉠: 운율 – ㉡: 주제   ③ ㉠: 심상 – ㉡: 운율

④ ㉠: 심상 – ㉡: 주제   ⑤ ㉠: 주제 – ㉡: 심상

05 다음 ㉠과 ㉡에 들어갈 알맞은 낱말을 보기에서 찾아 쓰세요.

> **보기**
>
> 비유   운율   상징   심상

> 시에서 시인이 표현하고자 하는 대상을 원관념이라 하고, 원관념을 빗대는 대상을 보조 관념이라고 한다. ┌─㉠─┐ 은/는 '내 마음은 호수요.'에서처럼 원관념('내 마음')과 보조 관념('호수')의 관계가 명확하게 드러나는 표현 방법이고, ┌─㉡─┐ 은/는 '오늘 밤에도 별이 바람에 스치운다.'의 '별'이나 '바람'처럼 원관념이 명확하지 않아 그 의미가 다양하게 해석되는 표현 방법이다.

(1) ㉠: (   )   (2) ㉡: (   )

2단계 **활용**

06 다음 보기와 같이 주어진 낱말을 넣어 짧은 문장을 만들어 쓰세요.

> **보기**
>
> 시
>
> ✎ 나는 그 시를 읽으며 마음이 맑아지는 것을 느꼈다.

(1) 심상

✎ --

(2) 비유

✎ --

국어 주제 03 소설의 특징을 알아볼까?

「춘향전」에는 춘향의 어머니인 월매, 몽룡의 하인인 방자, 춘향을 괴롭히는 변 사또 같은 **인물**이 나와서 재미를 더해 줘.

「춘향전」에서 일어나는 중요한 **사건**은 신분이 서로 다른 춘향이와 몽룡이 변 사또의 방해를 이겨 내고 사랑의 결실을 이루는 거야.

「춘향전」은 양반인 이몽룡과 기생의 딸인 성춘향의 신분을 넘어선 사랑 이야기로, 조선 후기에 쓰인 **소설**이야.

「춘향전」의 시간적 **배경**은 조선 시대 후기이고, 공간적 배경은 전라남도 남원이야. 당시 조선은 신분 질서가 조금씩 무너지고 있었대.

당시에는 신분을 넘어선 사랑이 실제로 일어나기 어려웠어. 따라서 「춘향전」은 작가가 상상력을 통해 꾸며 낸 **허구**인 거야.

다음 글을 읽으며, 빈칸에 들어갈 낱말을 낱말밭에서 찾아 써 보세요.

현실 세계에 있음 직한 이야기를 작가가 상상력을 통해 꾸며 쓴 글을
(1) [ㅅ ㅅ] (이)라고 한다. 소설은 '개연성 있는 (2) [ㅎ ㄱ]'(이)라고 불리
기도 하는데, 개연성이 있다는 것은 충분히 일어날 법한 이야기라는 뜻이다.

일반적으로 소설은 현실을 살아가는 사람들에 대한 이야기이다. 간혹
동물이나 식물을 의인화하는 경우도 있지만, 대부분은 사람이 등장하여
이야기를 이끌어 나간다. 그렇기 때문에 소설을 읽는 사람은 소설 속
(3) [ㅇ ㅁ] 의 말이나 행동을 보고 공감하거나 비판할 수 있으며, 그 과정
에서 삶의 교훈을 얻을 수도 있다.

소설 내에서 인물이 겪는 (4) [ㅅ ㄱ] 은/는 갈등이 발생하고 그 갈등이
점차 커졌다가 해결되어 없어지는 과정으로 이루어진다. 갈등은 소설 속
인물의 내면에서 일어나는 마음의 혼란이나, 그 인물이 다른 인물이나 환
경 같은 외부 요소와 대립하면서 얽혀 있는 상태를 말한다.

소설 속 사건이 있음 직한 허구가 되려면 현장감이나 현실성을 지녀야
한다. 그렇게 되기 위해서는 사건이 전개되는 시간과 장소, 시대적·사회
적 환경 등의 (5) [ㅂ ㄱ] 이/가 구체적이어야 한다. '옛날 옛적 어느 마을
에……'와 같이 추상적인 문구로 시작하면 꾸며낸 이야기임을 쉽게 알 수
있기 때문이다.

낱말밭 사전

확인 ☑

* **소설** 현실 세계에 있음 직한 이야기를 작가가 상상력을 통해 꾸며 쓴 산문 문학의 한 갈래. ☐

* **인물** 일정한 상황에서 어떤 역할을 하는 사람. ☐

* **사건** 큰 관심이나 주의를 끌 만한 일. ☐

* **배경** 사건이 일어나고 인물이 행동하는 구체적 환경이나 장소, 또는 시대적·사회적 환경. ☐

* **허구** 사실에 없는 일을 사실처럼 꾸며 만듦. ☐

01 다음 뜻을 가진 낱말을 **보기**에서 찾아 쓰세요.

> **보기**
>
> 배경   인물

(1) 일정한 상황에서 어떤 역할을 하는 사람. (   )

(2) 사건이 일어나고 인물이 행동하는 구체적 환경이나 장소. (   )

02 다음 초성을 보고, 빈칸에 들어갈 알맞은 낱말을 쓰세요.

(1) | ㅅ | ㅅ |

✎ 어머니께서는 내가 어릴 때 다양한 (   )을/를 실감나게 읽어 주셨다.

(2) | ㅅ | ㄱ |

✎ 소설 속의 등장인물이 갈등을 겪으면서 벌이는 이야기를 (   )(이)라고 한다.

03 다음 빈칸에 들어갈 알맞은 낱말을 **보기**에 있는 글자 카드로 만들어 쓰세요.

> **보기**
>
> | 인 | | 경 | | 물 | | 배 |

(1) 소설 속 사회 현실이나 역사적 상황을 시대적 (   )이라고 한다.

(2) 소설에는 저마다 다양한 성격을 갖고 있는 (   )들이 나와서 흥미를 더해 준다.

04 다음 빈칸에 공통으로 들어갈 낱말로 알맞은 것은 무엇인가요? (   )

> 소설의 [   ]은/는 인물의 행동에 사실성을 부여하면서 현장감을 높이는 역할을 한다. 또한 작품의 주제를 암시하기도 한다. 따라서 소설을 제대로 이해하려면 시간적·공간적 [   ]을/를 포함하여 당시의 사회 현실도 파악해야 한다.

① 비유   ② 심상   ③ 배경   ④ 사건   ⑤ 허구

05 다음 ㉠과 ㉡에 들어갈 알맞은 낱말을 바르게 짝 지은 것은 무엇인가요? (   )

> 소설은 비록 꾸며낸 　㉠　(이)지만 현실에서 일어날 법한 이야기여야 한다. 이 때문에 벌어지는 　㉡　을/를 단순히 나열하지 않고 인과 관계를 중심으로 제시한다. 예를 들어 '소년이 소녀와 만났다. 소녀는 아파서 죽고 말았다. 소년이 슬퍼했다.'처럼 사건을 단순히 나열하는 것이 아니라 '한 소년이 서울에서 요양을 온 소녀를 만났다. 친구가 된 소년과 소녀는 산으로 놀러 갔다. 그런데 산에서 소나기를 맞은 소녀가 며칠 동안 앓다가 죽었고, 이를 알게 된 소년은 몹시 슬퍼했다.'와 같이 인과 관계를 중심으로 　㉡　을/를 배열하는 것이다.

① ㉠: 배경 – ㉡: 사건　　　② ㉠: 사건 – ㉡: 인물　　　③ ㉠: 사건 – ㉡: 허구

④ ㉠: 허구 – ㉡: 배경　　　⑤ ㉠: 허구 – ㉡: 사건

06 다음 밑줄 친 낱말과 뜻이 비슷한 낱말은 무엇인가요? (   )

> 지금 내가 읽고 있는 소설은 왠지 거짓이 아니라 작가 자신의 삶을 그대로 형상화한 것이라는 생각이 든다. 언젠가 이 작가가 어린 시절에 겪었던 삶을 보여 준 텔레비전 방송을 본 적이 있는데, 소설의 이야기가 그때 본 내용과 거의 일치하기 때문이다.

① 갈등　　　② 구성　　　③ 배경　　　④ 사건　　　⑤ 허구

2 단계　　**활용**

07 다음 보기의 낱말 중 하나를 골라서 짧은 문장을 만들어 쓰세요.

> **보기**
>
> 인물　　　사건　　　배경　　　소설

(1) **낱말** ✏ ....

　　문장 ✏ ....

(2) **낱말** ✏ ....

　　문장 ✏ ....

매체에는 어떤 종류가 있을까?

한글이 만들어진 과정을 조사한 **자료**를 바탕으로 발표할 것이기 때문에 어떤 매체를 선택하더라도 내용은 거의 같을 거야.

자 료

한글이 만들어진 과정을 신문 기사의 형식으로 표현하면 어떨까? 글과 그림, 사진을 이용하는 **인쇄** 매체를 사용하는 것이지.

인 쇄

매 체

국어 시간에 세종대왕이 한글을 만든 과정을 발표하기로 했어. 어떤 **매체**로 내용을 전달해야 친구들이 쉽게 이해할까?

영 상

소리와 자막이 들어가는 **영상**을 이용해서 보여 주면 어떨까? 한글을 만드는 과정을 짧은 영화로 만들어 전달하면 좋을 것 같아.

인 터 넷

요즘은 **인터넷**을 많이 사용하니까, 세종대왕이 오늘날 학생들과 SNS를 통해 대화를 나누는 형식으로 만드는 것도 좋을 것 같아.

다음 글을 읽으며, 빈칸에 들어갈 낱말을 낱말밭에서 찾아 써 보세요.

어떤 내용을 전달하고자 할 때 우리는 다양한 (1) ㅁ ㅊ 을/를 사용한다. 매체란 어떤 정보를 전달하는 수단을 말한다. 아주 옛날에는 말을 통해서만 내용을 전달할 수 있었다. 이후 문자가 만들어지면서 중요한 사실이나 정보 같은 (2) ㅈ ㄹ 을/를 기록으로 보관할 수 있게 되었다. 그리고 기술이 점점 발전함에 따라 다양한 매체가 만들어졌다.

먼저, 문자나 그림 그리고 사진을 이용하여 내용을 전달하는 매체를 (3) ㅇ ㅅ 매체라고 한다. 책이나 신문, 잡지 등이 이에 해당한다. 이 매체는 정보를 말로만 전달하는 것보다 훨씬 많은 사람에게 전달할 수 있다.

다음으로, 브라운관이나 모니터 등을 이용하여 내용을 전달하는 (4) ㅇ ㅅ 매체가 있다. 텔레비전이나 영화 등이 이에 해당한다. 이 매체는 영상과 소리, 자막 등을 사용함으로써 문자나 그림 등만 사용하는 것보다 생생하게 정보를 전달할 수 있다.

마지막으로, 컴퓨터 통신망을 바탕으로 삼아 디지털로 정보를 전달하는 (5) ㅇ ㅌ ㄴ 매체가 있다. SNS나 스마트폰 메신저가 이에 해당한다. 이 매체는 인쇄 매체와 영상 매체의 방식을 모두 사용할 수 있다. 이에 더하여 정보를 보거나 듣는 사람이 그 정보를 만든 사람에게 자신의 생각을 전달할 수 있는데, 이런 특징을 '쌍방향'이라고 한다.

낱말밭 사전

확인 ☑

* **매체** 정보나 지식, 감정 등과 같은 것을 한쪽에서 다른 쪽으로 전달하는 물체나 수단. ☐

* **자료** 연구나 조사 등의 바탕이 되는 사실이나 정보. ☐

* **인쇄** 잉크를 사용하여 글이나 그림, 사진 같은 것을 종이, 천 등에 그대로 나타나도록 찍음. ☐

* **영상** 스크린 같은 흰색의 막이나 텔레비전 브라운관, 모니터 등에 비추어진 물체의 모습. ☐

* **인터넷** 전 세계의 컴퓨터가 서로 연결되어 정보를 교환할 수 있는, 하나의 거대한 컴퓨터 통신망. ☐

국어 주제 04

낱말밭 일일학습

1단계 **확인과 적용**

01 다음 낱말의 뜻을 보기에서 찾아 기호를 쓰세요.

> **보기**
> ㉠ 연구나 조사 등의 바탕이 되는 사실이나 정보.
> ㉡ 스크린 같은 흰색의 막이나 텔레비전 브라운관 등에 비추어진 물체의 모습.
> ㉢ 정보나 지식, 감정 등과 같은 것을 한쪽에서 다른 쪽으로 전달하는 물체나 수단.

(1) 매체 (   )   (2) 영상 (   )   (3) 자료 (   )

02 다음 빈칸에 들어갈 알맞은 낱말을 보기에서 찾아 쓰세요.

> **보기**
> 영상   인쇄   인터넷

(1) 서현이는 편집이 끝난 (   )에 배경 음악을 넣고 있다.

(2) 자신의 일상을 동영상으로 찍어서 (   )에 올리는 사람들이 많다.

(3) 오만 원짜리 지폐에는 신사임당의 초상화와 그림이 (   )되어 있다.

03 다음 문장에 어울리는 낱말을 찾아 ○표 하세요.

(1) 연구원들은 남극에서 대기 오염 (자료 , 인쇄)을/를 수집하고 정리하였다.

(2) 오늘날에는 태블릿이나 스마트폰 같은 기기를 교육 (인터넷 , 매체)(으)로 사용하고 있다.

04 다음 밑줄 친 부분과 뜻이 비슷한 낱말은 무엇인가요? (   )

> 우리 반 반장 기욱이는 컴퓨터 문서 작성 프로그램을 이용하여, 다음 주에 있을 현장 체험 학습의 일정을 깔끔하게 정리하였다. 그리고 그것을 <u>프린터로 출력</u>해서 반 아이들이 볼 수 있도록 학급 게시판에 붙여 두었다.

① 매체   ② 영상   ③ 인쇄   ④ 공유   ⑤ 인터넷

05 다음 밑줄 친 낱말과 뜻이 비슷한 낱말을 이 글에서 찾아 쓰세요.

> 인류의 조상이라고 할 수 있는 존재를 찾는 연구가 여러 분야에서 계속 이루어지고 있다. 하지만 워낙 오래전의 일을 탐구하는 것이라서 분석할 데이터가 매우 부족하다. 이 때문에 지금까지는 과학적 성과를 얻지 못한 상황이다. 하지만 과학 기술의 발전으로 인해 기존보다 많은 자료가 발굴되고 있으므로 희망을 품어봄 직하다.

(   )

06 다음 ㉠과 ㉡에 들어갈 알맞은 낱말을 바르게 짝 지은 것은 무엇인가요? (   )

> 일반적으로 문자, 사진, 그림 등을 이용하는 ┃ ㉠ ┃ 매체와 달리 소리, 문자, 그림, 동영상 등을 두루 이용하는 ┃ ㉡ ┃ 매체는 디지털 저장 장치 같은 저장 기기에 정보를 보존한다. 또한 ┃ ㉠ ┃ 매체는 ┃ ㉡ ┃ 매체에 비해 소수의 사람이 정보를 생산하고 전달하지만, ┃ ㉡ ┃ 매체는 ┃ ㉠ ┃ 매체에 비해 많은 사람이 누구나 쉽게 정보를 생산하고 전달한다.

① ㉠: 인쇄 – ㉡: 자료　　② ㉠: 인쇄 – ㉡: 인터넷　　③ ㉠: 자료 – ㉡: 영상

④ ㉠: 자료 – ㉡: 인쇄　　⑤ ㉠: 영상 – ㉡: 인터넷

활용

07 다음 보기와 같이 주어진 낱말을 넣어 짧은 문장을 만들어 쓰세요.

> **보기**
>
> 자료
>
> ✎ 보고서를 쓸 때는 그래프나 사진 같은 시각 자료를 활용하는 것이 좋다.

(1) 인쇄

✎ _____

(2) 영상

✎ _____

01 다음 문장의 빈칸에 들어갈 낱말로 알맞은 것을 찾아 선으로 이으세요.

(1) 청각적 ☐ 을 통해 대상을 생생하게 표현하고 있다.

(2) 학급 행사에 대한 저희 모둠의 ☐ 을 말씀드리겠습니다.

(3) 평화의 ☐ 이었던 비둘기가 요즘 사람들의 미움을 받고 있다.

· ㉠ 의견

· ㉡ 상징

· ㉢ 심상

02 다음 빈칸에 들어갈 알맞은 낱말을 **보기** 에서 찾아 쓰세요.

보기

| 인쇄 | 해결 |

(1) (   ) 기술의 발달로 인해 책을 발행하는 일이 쉬워졌다.

(2) 이 문제를 (   )하는 데 가장 좋은 방법이 무엇인지 의논해 보자.

03 다음 빈칸에 공통으로 들어갈 낱말로 알맞은 것은 무엇인가요? (   )

· 피카소의 그림 중 일부는 모든 전쟁을 반대하는 ☐ 을/를 담고 있다.
· 대부분의 고전 소설은 사람이 항상 착하게 살아야 한다는 ☐ 을/를 담고 있다.

① 비유   ② 사건   ③ 조정   ④ 주제   ⑤ 허구

04 다음 빈칸에 공통으로 들어갈 낱말로 알맞은 것을 찾아 ○표 하세요.

이 영화는 사람들이 마음으로 꿈꾸는 낭만적인 사랑을 주제로 하고 있다. 특히 아름다운 ☐ 와/과 어울리는 음악이 좋은 평가를 받고 있다. 감독은 이 ☐ 을/를 찍기 위해 경치가 아름다운 장소를 모두 찾아다녔다고 한다.

(매체 , 상징 , 영상)

05 다음 ⊙이 가리키는 낱말로 알맞은 것은 무엇인가요? (   )

> ⊙'이것'은 여러 사람이 공동의 문제를 해결하기 위해 협력하여 서로의 의견을 모으는 상호 작용을 말한다. 이 과정이 제대로 진행되려면 모든 참여자가 문제 상황을 정확하게 이해하고, 다른 사람들의 의견을 존중하며 최선의 해결 방안을 찾으려는 태도를 지녀야 한다.

① 비유   ② 배경   ③ 사건   ④ 토의   ⑤ 주제

06 다음 밑줄 친 낱말과 뜻이 비슷한 낱말은 무엇인가요? (   )

> 지구상의 여러 나라 간 다툼 중에서 가장 심각한 것이 전쟁이다. 전쟁은 주변 나라들에도 적지 않은 피해를 준다. 따라서 국제기구나 제삼국이 전쟁을 벌이는 두 나라 사이에 끼어들어 전쟁을 멈추도록 중재를 하는 경우가 많다.

① 상징   ② 의견   ③ 조정   ④ 토의   ⑤ 허구

07 다음 밑줄 친 낱말을 모두 포함할 수 있는 낱말을 이 글에서 찾아 두 글자로 쓰세요.

> 매체는 역사적으로 음성 언어에서 문자 언어로, 책에서 라디오와 텔레비전으로 발전해 왔다. 오늘날에는 인터넷을 이용한 음성, 문자, 이미지, 영상, 음악 등이 두루 결합한 '뉴 미디어'로 바뀌고 있다. 이렇게 새로운 매체가 나타나 널리 퍼지면 이전과는 다른 새로운 문화가 나타난다.

(   )

08 다음 ⊙과 ⓒ에 들어갈 낱말로 알맞은 것을 **보기**에서 찾아 쓰세요.

> **보기**
>
> 사건   상징   심상   허구

> 소설이나 영화 중에는 실제로 존재하는 인물이나 ⊙ 을/를 다루는 작품도 있다. 하지만 등장인물이 하는 말이나 행동은 작가가 그러했을 것으로 판단하여 꾸며낸 것이다. 이미 지난 일인 데다가, 유명한 인물이나 ⊙ (이)라 하더라도 모든 것을 다 기록해 두지는 않기 때문이다. 이런 점에서 역사적 사실을 소재로 한 소설이나 영화도 일정 부분은 ⓒ (이)라고 할 수 있다.

(1) ⊙: (   )   (2) ⓒ: (   )

[09~11] 다음 글을 읽고, 물음에 답하세요.

공동의 문제를 해결하는 방법

우리는 일상에서 여러 가지 갈등 상황을 겪는다. 편의점에 갔을 때 무엇을 살 것인지 고민하기도 하고, 나중에 어떤 직업을 가질 것인지 고민하기도 한다. 이러한 갈등은 대부분 개인이 스스로 결정하여 해결할 수 있다.

하지만 쉽게 해결하기 어려운 갈등 상황이 있는데, 이는 공동의 문제에 대해 구성원들의 ㉠생각이 다른 경우이다. 학급 현장 체험 학습이나 학년 전체의 수학여행을 어디로 갈 것인지를 결정하는 상황을 예로 들 수 있다. 두 경우 모두 ㉡구성원의 의견을 하나로 통일하기 어렵다. ㉢토의는 이런 문제 상황을 해결하는 데 도움이 된다.

토의는 여러 사람이 한자리에 모여서 공동의 문제를 해결하기 위해 의견을 나누는 말하기 방식이다. 토의 참여자들이 문제가 되는 ㉣사건이나 상황에 대해 다양한 의견을 자유롭게 나누는 과정에서 최선의 해결 방안을 찾아낼 수 있다. 토의를 하면서 다른 사람의 생각을 이해하고, 이를 바탕으로 자신의 주장을 조금씩 양보함으로써 해결의 실마리를 찾을 수 있기 때문이다. 토의를 할 때는 자신과 다른 의견을 존중하되, 자신의 의견을 내세울 때는 적절한 ㉤자료를 활용하는 것이 좋다.

한편, 공동의 문제나 사건에 대한 구성원들의 생각이 찬성과 반대로 크게 나뉜다면 토의보다는 찬반 의견이 제시되는 토론의 ㉥방식이 더 효율적이다.

09 ㉠과 뜻이 비슷한 낱말로 알맞은 것은 무엇인가요? (   )

① 갈등   ② 사건   ③ 상징   ④ 의견   ⑤ 허구

10 ㉡~㉥ 중 **보기**와 같은 뜻을 가진 낱말은 무엇인가요? (   )

> **보기**
>
> 큰 관심이나 주의를 끌 만한 일.

① ㉡   ② ㉢   ③ ㉣   ④ ㉤   ⑤ ㉥

11 다음 빈칸에 들어갈 낱말로 알맞은 것은 무엇인가요? (   )

이 글의 주제는 ☐☐은/는 공동의 문제가 일어났을 때 최선의 해결 방안을 찾을 수 있는 방법이라는 것이야.

① 갈등   ② 의견   ③ 토의   ④ 자료   ⑤ 구성원

디지털 속 한 문장

다음을 보고, 인물이라는 낱말을 넣어 자신이 읽은 책에 대해 소개하는 글을 써 보세요.

#인물 #소나기 #소녀 #소년

지난주에 읽은 「소나기」라는 소설의 한 장면을 그림으로 표현해 보았다. 소설에는 소녀와 소년, 두 인물이 주인공으로 나온다. 짧지만 깊었던 둘의 우정이 정말 아름답고 인상적이었다.

국어

05~08

주제별로 묶어 어휘를 의미적으로 연결하여 학습해 봐!

낱말은 어떻게 형성될까?

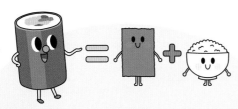

'김밥'은 '김'과 '밥'이라는 두 개의 **형태소**로 쪼갤 수 있어요. 그렇지만 '김'과 '밥'은 둘 다 더 이상 쪼갤 수 없지요.

'김'과 '밥'은 둘 다 하나의 형태소로만 이루어진 **단일**한 낱말이에요. 이 낱말을 더 쪼개면 뜻을 잃어버리게 되지요.

형태소

단일

형성

'김밥'은 '김'과 '밥'이라는 두 개의 낱말이 하나로 합쳐져서 **형성**된 낱말이에요.

파생

복합

'김'에 '그해에 난'이라는 뜻을 더하는 '햇-'을 붙이면 '햇김'이라는 낱말이 **파생**돼요. 이때 '햇-'은 홀로 쓰일 수 없는 말이에요.

'김', '밥', '햇-' 처럼 더 이상 쪼갤 수 없는 말을 **복합**하면 '김밥'이나 '햇김'과 같은 새로운 하나의 낱말을 만들 수 있어요.

다음 글을 읽으며, 빈칸에 들어갈 낱말을 낱말밭에서 찾아 써 보세요.

'하늘', '꽃', '책가방', '햇감자' 등과 같이 뜻을 지니며 홀로 쓰일 수 있는 말을 낱말이라고 한다. 이를 보면 하나의 낱말에는 뜻을 지닌 말이 하나 이상 들어 있음을 알 수 있다. 이때 뜻을 지닌 가장 작은 말의 단위를 (1) ㅎ ㅌ ㅅ (이)라고 한다. 즉 낱말은 하나 혹은 둘 이상의 형태소로 (2) ㅎ ㅅ 된다.

'하늘'과 '꽃'은 더 이상 쪼갤 수 없는 낱말이다. '하늘'을 '하'와 '늘'로 쪼개면 뜻이 사라져 버리기 때문이다. 이와 달리 '책가방'과 '햇감자'는 쪼갤 수 있는 낱말이다. '책가방'은 '책'과 '가방', '햇감자'는 '햇-'과 '감자'로 쪼갤 수 있다. '책가방'은 각각 뜻을 지닌 말인 '책'과 '가방'이 합쳐진 낱말이다. '햇감자'는 뜻을 지닌 말인 '감자'에 뜻을 더하는 말인 '햇-'이 붙은 낱말이다.

'하늘'과 '꽃'처럼 하나의 형태소로 (3) ㄷ ㅇ 하게 이루어져 더 이상 쪼갤 수 없는 낱말을 단일어라고 한다. 그리고 '책가방'처럼 두 개 이상의 말을 (4) ㅂ ㅎ 하여 새로운 하나의 낱말로 만든 것을 복합어라고 한다.

한편, '햇감자'에서 '햇-'은 '그해에 난'이라는 뜻을 더하는 말이다. 이런 말은 '햇김', '햇양파', '햇사과' 등과 같이 뜻을 지닌 말에 붙어서 새로운 낱말을 (5) ㅍ ㅅ 해 내는 데, 이렇게 형성된 낱말을 파생어라고 한다.

낱말밭 사전

확인 ☑

* **형성** 어떤 일정한 모양이나 구조를 갖춘 것이 됨. ☐

* **형태소** 뜻을 가진 가장 작은 말의 단위. ☐

* **단일** 단 하나로 되어 있음. ☐

* **파생** 바탕이 되는 무엇으로부터 다른 것이 갈라져 나와 생김. ☐

* **복합** 두 가지 이상이 하나로 합침. ☐

 확인과 적용

01 다음 뜻을 가진 낱말을 **보기**에서 찾아 쓰세요.

보기

                  파생   단일   복합

(1) 단 하나로 되어 있음. (   )

(2) 두 가지 이상이 하나로 합침. (   )

(3) 바탕이 되는 무엇으로부터 다른 것이 갈라져 나와 생김. (   )

02 다음 문장에 어울리는 낱말을 찾아 ○표 하세요.

(1) 우리들은 무분별한 환경 파괴에서 (허구 , 파생)될 수 있는 문제들을 생각해야 한다.

(2) 전문가들은 이번 일이 여러 (단일 , 복합) 요인이 어우러져 발생한 것으로 보고 있다.

03 다음 초성을 보고, 빈칸에 들어갈 알맞은 낱말을 쓰세요.

(1) ㅎ ㅅ

    ✎ 청소년 시절은 인격과 가치관을 (   )하는 데에 매우 중요한 시기이다.

(2) ㅎ ㅌ ㅅ

    ✎ 낱말을 구성하는 (   )을/를 쪼개면 의미가 달라지거나 사라져 버린다.

04 다음 빈칸에 공통으로 들어갈 낱말로 가장 알맞은 것은 무엇인가요? (   )

    우리나라는 '한국어'라는 하나의 [   ] 언어와 '한글'이라는 하나의 [   ] 문자를 사용한다. 현재 전 세계에는 약 4,900개의 언어가 존재하는데, 사용자 순으로는 한국어가 열세 번째 정도로 많다. 게다가 전 세계적으로 한국어를 사용하는 사람이 점차 늘고 있다.

① 단일   ② 복합   ③ 음성   ④ 파생   ⑤ 조정

05 다음 밑줄 친 낱말과 뜻이 비슷한 낱말을 **보기**에서 찾아 쓰세요.

> **보기**
>
> 형태소   형성   단일

> '산딸기'는 '산'과 '딸기'라는 두 개의 낱말로 나눌 수 있다. '산'과 '딸기'의 뜻을
> 볼 때, '산딸기'는 '산에서 나는 딸기'라는 뜻임을 짐작할 수 있다. 그리고 '방울토마
> 토'는 '방울'과 '토마토'로 나눌 수 있는데, 이를 통해 '방울 모양의 토마토'라는 뜻임
> 을 알 수 있다. 이처럼 뜻을 지닌 낱말끼리 합해서 새로운 낱말을 <u>구성</u>할 수 있다.

(   )

06 다음 ㉠과 ㉡에 들어갈 알맞은 낱말을 바르게 짝 지은 것은 무엇인가요? (   )

> 예지: 김치는 본래 소금에 절인 배추나 무를 양념에 버무려서 발효시킨 음식인데, 재
> 료에 따라 30여 가지의 김치로 [㉠]되었어. 요즘에는 무 대신 과일로 만든 김
> 치도 있대.
> 수현: 그래? 특이하네. 우리 동네의 어떤 식당은 한식과 서양의 요리를 섞은 음식을
> 팔아. 그런데 여러 가지 재료가 그저 [㉡]되어 있을 뿐 맛은 별로 없어.

① ㉠: 단일 – ㉡: 복합   ② ㉠: 복합 – ㉡: 단일   ③ ㉠: 복합 – ㉡: 파생
④ ㉠: 파생 – ㉡: 단일   ⑤ ㉠: 파생 – ㉡: 복합

2단계   활용

07 다음 **보기**와 같이 주어진 낱말을 넣어 짧은 문장을 만들어 쓰세요.

> **보기**
>
> 복합
>
> ✎ 나는 그곳을 떠나면서 아쉬움과 후련함이 <u>복합</u>된 감정을 느꼈다.

(1) 단일

✎ --

(2) 파생

✎ --

글을 이해하려면 어떻게 읽어야 할까?

윤빈이는 글에서 '과유불급'이라는 한자성어를 읽고, 무엇이든 과하면 좋지 않다는 뜻인 것 같다고 **추론**하였어요.

'과유불급'이라는 말을 국어사전에서 찾아보니, 무엇이든 지나친 것을 지적하는 데 두루 **적용**할 수 있는 말임을 알게 되었지요.

추론

적용

이 해

윤빈이는 초등학생들의 스마트폰 중독에 대한 글을 읽었어요. 그런데 한자 성어가 많아서 내용을 **이해**하기 어려웠어요.

요약

비판

모르는 낱말의 뜻과 드러나지 않은 내용 등을 추론하면서 글을 읽은 뒤, 글 전체의 내용을 한 문장으로 **요약**하였어요.

윤빈이는 글쓴이가 스마트폰 중독을 예방하기 위해 제시한 방법 중 현실성이 떨어지는 것이 있다고 생각하여 **비판**하기도 하였어요.

다음 글을 읽으며, 빈칸에 들어갈 낱말을 낱말밭에서 찾아 써 보세요.

글 읽기는 단순히 글자를 읽는 것이 아니라 그 속에 담겨 있는 글쓴이의 생각을 파악하는 활동이다. 이를 위해서는 여러 가지 능력이 필요하다.

먼저, 글을 제대로 읽으려면 무엇보다 글의 내용을 있는 그대로 (1) ㅇㅎ 해야 한다. 그런데 자신의 수준보다 어려운 낱말이나 표현이 나오면 글을 이해하기가 쉽지 않다. 이럴 때는 그 낱말이나 표현의 앞뒤 내용을 바탕으로 뜻을 짐작해야 한다. 때로는 글에 직접 드러나지 않은 내용도 미루어 짐작할 수 있어야 한다. 이를 (2) ㅊㄹ (이)라고 한다.

글을 모두 읽은 뒤에는 중요한 내용만 간추려 (3) ㅇㅇ 해야 한다. 이 과정에서 글의 내용을 되새기며 중심 내용을 정리할 수 있다. 내용을 정리한 뒤에는 그것을 (4) ㅂㅍ 할 수 있어야 한다. 예를 들어 정보를 전달하는 글을 읽을 때는 설명 대상이 적합한지, 설명 내용이 정확하고 객관적인지 등을 따져 보아야 하며, 주장하는 글을 읽을 때는 주장과 근거가 타당한지, 근거가 충분한지, 주장이 공정한지 등을 따져 보아야 한다.

한편, 글을 통해 알게 된 내용을 다른 상황에 (5) ㅈㅇ 할 수 있어야 한다. 즉 새로 익힌 낱말이나 표현, 글의 중심 내용 등을 다른 유사한 상황에 쓸 수 있어야 글의 내용을 제대로 이해했다고 할 수 있다.

낱말밭 사전

		확인 ☑
* **이해**	말이나 글의 뜻을 깨달아 앎. 또는 잘 알아서 받아들임.	☐
* **추론**	미루어 생각해서 이치에 맞게 따져 말함.	☐
* **적용**	알맞게 이용하거나 맞추어 씀.	☐
* **요약**	말이나 글에서 중요한 내용을 뽑아 간추림.	☐
* **비판**	옳고 그름을 따져서 밝히거나 잘못된 점을 지적함.	☐

01 다음 밑줄 친 낱말의 뜻으로 알맞은 것을 찾아 ○표 하세요.

> 우리는 옛날 사람들이 남긴 물건을 통해 그 시대 사람들의 생활을 <u>추론</u>할 수 있다.

① 미루어 생각해서 이치에 맞게 따져 말함. (   )

② 말이나 글에서 중요한 내용을 뽑아 간추림. (   )

02 다음 빈칸에 들어갈 낱말로 알맞은 것을 찾아 선으로 이으세요.

(1) 무릇 자신이 배운 것을 현실에 [   ]할 수 있어
야 한다.

• ㉠ 이해

(2) 어떠한 [   ](이)라도 정확한 증거가 있거나 사
실에 근거해야 한다.

• ㉡ 적용

(3) 나는 그 친구의 말이 너무 길고 어려워서 [   ]
이/가 잘 되지 않았다.

• ㉢ 추론

03 다음 밑줄 친 부분과 뜻이 비슷한 낱말을 보기에서 찾아 쓰세요.

> **보기**
>
> 비판   요약   적용

(1) 사회자는 토론 참여자의 발언 내용을 <u>간추려서 간략하게 정리</u>해 제시하였다.

(   )

(2) 사람들은 무너진 건물을 보며 부실 공사를 한 건설 회사가 <u>잘못한 점을 지적</u>하였다.

(   )

04 다음 밑줄 친 낱말과 뜻이 비슷한 낱말은 무엇인가요? (   )

> 우리는 행동이나 표정을 통해 그 사람의 마음을 <u>추리</u>할 수 있다. 예를 들어 눈썹이
> 위로 올라간 경우 호기심이나 흥미를 느끼고 있음을, 눈썹이 아래로 내려간 경우 혼
> 란스러움이나 두려움을 느끼고 있음을 짐작할 수 있다.

① 비판   ② 요약   ③ 토의   ④ 적용   ⑤ 추론

05 다음 빈칸에 공통으로 들어갈 낱말로 알맞은 것은 무엇인가요? (   )

> 조선 시대의 양반 가문에서는 자식이 부모를 [   ]하는 것은 거의 있을 수 없
> 는 일이었다. 부모의 말이 비록 잘못된 점이 있더라도 자식은 자기의 의견을 억누르
> 며 어떠한 [   ]도 없이 부모의 말을 따라야 했다. 이는 자식은 어떤 경우에도
> 부모에게 순종해야 한다는 당시의 절대적인 사회 윤리 때문이었다.

① 비판   ② 요약   ③ 토의   ④ 적용   ⑤ 추론

06 다음 ㉠과 ㉡에 들어갈 알맞은 낱말을 **보기**에서 찾아 쓰세요.

> **보기**
>
> 추론   이해

> 글에는 읽는 사람이 이미 알고 있을 만한 내용이 생략되기도 하고, 글의 주제가 드
> 러나지 않기도 한다. 따라서 글을 제대로 [㉠]하려면 [㉡]을/를 할 수 있
> 어야 한다. [㉡]은/는 이미 제시된 내용이나 배경지식을 바탕으로 생략된 내용
> 을 미루어 짐작하는 것이다.

(1) ㉠: (   )   (2) ㉡: (   )

2단계   활용

07 다음 낱말을 넣어 짧은 문장을 만들어 쓰세요.

> 적용   알맞게 이용하거나 맞추어 씀.

✎ --

08 다음 **보기**의 낱말 중 하나를 골라서 짧은 문장을 만들어 쓰세요.

> **보기**
>
> 비판   요약   이해   추론

낱말 ✎ --

문장 ✎ --

설명할 때 어떤 방법을 사용할까?

국어사전에서는 '케이팝'을 '현대 한국의 대중가요를 다른 나라의 대중가요에 상대하여 이르는 말.'이라고 **정의**하고 있어.

'케이팝 산업'을 **구체적**으로 말하면, 한국 대중가요와 관련된 콘텐츠를 생산하고 판매하여 수익을 내는 산업이라고 할 수 있어.

정 의

구 체 적

설 명

친구들에게 '케이팝 산업'에 대해 **설명**해 주기로 했어. 어떤 내용을 준비해야 할까?

예 시

대표적인 케이팝 가수의 **예시**를 들어볼까? 우리나라뿐만 아니라 해외에서도 유명한 BTS나 블랙핑크의 예를 들 수 있어.

열 거

케이팝 산업이 수익을 내는 방법을 **열거**해 보면 앨범, 콘서트, 팬 미팅, 가수와 관련한 상품 등이 있어.

다음 글을 읽으며, 빈칸에 들어갈 낱말을 낱말밭에서 찾아 써 보세요.

다른 사람에게 어떤 대상에 대한 정보나 지식을 알려 주는 것을 (1) ㅅ ㅁ (이)라고 한다. 설명은 상대방이 내용을 잘 알 수 있도록 쉽게 해야 한다. 이를 위해 사용하는 방법이 설명 방법이다.

대표적인 설명 방법으로 (2) ㅇ ㅅ 을/를 들 수 있다. 이는 설명하려는 대상에 대한 (3) ㄱ ㅊ ㅈ 이고 익숙한 예를 드는 것이다. '예를 들면'이나 '예컨대'와 같은 표현을 함께 사용하는 경우가 많다. 하나의 예로 부족할 때는 다른 예들을 나열하기도 하는데, 이를 (4) ㅇ ㄱ (이)라고 한다. 열거는 설명 대상의 특징이나 구체적인 예를 세 가지 이상 늘어놓는 방법이다. 흔히 '첫째, 둘째, 셋째' 같은 표현을 사용하여 나열하거나 대등한 대상을 연이어 나열한다.

설명 대상의 뜻을 분명하게 밝히는 방법인 (5) ㅈ ㅇ 도 자주 사용된다. 정의는 '사람이란 생각을 하고 언어를 사용하며, 도구를 만들어 쓰고 사회를 이루어 사는 동물이다.'와 같이 '무엇이란 무엇이다.'나 '무엇은 무엇이다.'와 같은 형식을 지니는 경우가 많다.

이 외에도 공통점이나 차이점을 중심으로 두 대상을 견주는 비교와 대조, 일정한 기준을 정해 대상을 나누는 분류, 원인과 결과의 관계를 밝히는 인과 등 여러 가지 설명 방법이 있다.

낱말밭 사전

확인 ☑

* **설명** 어떤 일이나 대상의 내용을 남이 잘 알 수 있도록 밝혀 말함. 또는 그 말. ☐

* **정의** 대상의 뜻을 분명하게 밝혀 정함. 또는 그 뜻. ☐

* **구체적** 일정한 모습과 성질을 갖춘 것. 또는 잘 알 수 있을 만큼 자세한 것. ☐

* **예시** 본보기가 될 만한 것을 들어 보임. ☐

* **열거** 여러 가지 예나 사실을 낱낱이 죽 늘어놓음. ☐

국어 주제 07

낱말밭 일일학습

1단계 확인과 적용

01 다음 낱말의 뜻으로 알맞은 것을 **보기**에서 찾아 기호를 쓰세요.

> **보기**
>
> ㉠ 본보기가 될 만한 것을 들어 보임.
>
> ㉡ 여러 가지 예나 사실을 낱낱이 죽 늘어놓음.
>
> ㉢ 대상의 뜻을 분명하게 밝혀 정함. 또는 그 뜻.

(1) 열거 (   )   (2) 예시 (   )   (3) 정의 (   )

02 다음 밑줄 친 낱말이 **보기**와 같은 뜻으로 바르게 사용된 것을 찾아 ○표 하세요.

> **보기**
>
> | 구체적 | 일정한 모습과 성질을 갖춘 것. 또는 잘 알 수 있을 만큼 자세한 것.

① 오빠는 자신이 생각한 일을 아버지에게 <u>구체적</u>으로 말하였다. (   )

② 그 사람의 진술은 <u>구체적</u>이라서 말하고자 하는 바가 애매하고 믿기 어려웠다.

                                                     (   )

03 다음 문장에 어울리는 낱말을 찾아 ○표 하세요.

(1) 관광객들은 여행 안내자의 (설명 , 열거)을/를 놓칠세라 귀를 기울였다.

(2) 예술은 아름다움을 표현하려는 인간의 활동이라고 (예시 , 정의)할 수 있다.

04 다음 빈칸에 들어갈 알맞은 낱말을 **보기**에서 찾아 쓰세요.

> **보기**
>
> 열거   정의   구체적

> 거스러미, 눈꼬리, 덜미, 명치, 미주알, 오금, …… . 이 낱말들의 공통점은 무엇일까?
>   한 낱말들은 모두 우리 몸과 관련된 순우리말이다. 하지만 이 낱말들이 몸
> 의 어느 부위를 뜻하는 말인지 아는 사람은 많지 않다.

                                                     (   )

05 다음 ㉠~㉤ 중 낱말의 쓰임이 알맞지 <u>않은</u> 것은 무엇인가요? (   )

>   부모의 도움 없이는 혼자서 숙제를 하지 못하거나 준비물을 챙기지 못하는 청소년들이 많다. 밥을 먹거나 옷을 입을 때도 부모가 챙겨 주어야 한다. 이런 ㉠예시는 얼마든지 ㉡열거할 수 있다. 이런 현상을 어떻게 ㉢설명해야 할까? 전문가들은 스스로 판단하는 능력이 떨어졌기 때문이라고 지적한다. 그래서 모든 것을 부모에게 ㉣정의하는 청소년들이 느는 것이다. 청소년들의 주체성을 높일 ㉤구체적인 방안을 마련해야 한다.

① ㉠   ② ㉡   ③ ㉢   ④ ㉣   ⑤ ㉤

06 다음 ㉠과 ㉡에 들어갈 알맞은 낱말을 **보기**에서 찾아 쓰세요.

> **보기**
>
> 정의   열거   구체적

> 진형: 나는 어른이 되면 돈을 아주 많이 벌고 싶어.
> 재희: 돈을 많이 벌어서 무엇을 할 건지 [㉠](으)로 말해 봐.
> 진형: 세계를 두루 다니며 맛있는 음식을 먹고 멋진 집과 차도 살 거야. 또 친구들에게 선물도 많이 할 거야.
> 재희: 멋진 꿈인데! 그런데 네가 [㉡]한 것이 모두 개인적인 행복에 몰려 있는 거 같아. 환경을 보호하는 일에 기부를 하거나 가난한 사람을 도우면 더 좋겠다.

(1) ㉠: (   )   (2) ㉡: (   )

2단계   **활용**

07 다음 **보기**와 같이 주어진 낱말을 넣어 짧은 문장을 만들어 쓰세요.

> **보기**
>
> 정의
>
> ✎ 수많은 사람들이 행복이 무엇인지 정의했다.

(1) 예시

✎ -----------------------------

(2) 설명

✎ -----------------------------

미술 박물관을 가자는 친구들과 우주 과학관을 가자는 친구들 사이에 갈등이 생기자, 그 두 곳을 두고 **논의**를 하기로 했어요.

양측은 미술 박물관에서는 특별 전시회를 볼 수 있다, 우주 과학관에서는 우주선 체험을 할 수 있다는 **논지**를 각각 내세웠어요.

논 의

논 지

갈 등

윤빈이네 반은 체험 학습을 어디로 갈 것인지 정하는 과정에서 **갈등**이 일어났어요.

판 단

양측의 논지를 들은 반 친구들은 긴 토의 끝에 전시 기간이 한정된 특별 전시회를 보는 것이 좋겠다고 **판단**했어요.

합 의

최종적으로 윤빈이네 반 학생들은 이번에는 미술 박물관을 가기로 하고, 다음 기회에는 우주 과학관을 가기로 **합의**를 했어요.

다음 글을 읽으며, 빈칸에 들어갈 낱말을 낱말밭에서 찾아 써 보세요.

사람마다 생김새가 다르듯이 생각도 서로 다르다. 그래서 사람들이 모여 살면 크고 작은 ⁽¹⁾ㄱ ㄷ 이/가 생기기 마련이다. 갈등은 '칡과 등나무'라는 한자에서 유래된 말로, 서로 얽혀 있어 풀기 어려운 상황을 뜻한다. 갈등은 개인과 개인 사이에서 일어나기도 하지만 집단과 집단 사이에서 일어나기도 한다. 갈등이 발생하면 불편해지는 경우가 많다. 하지만 이를 지혜롭게 해결하면 우리의 삶이 보다 나아질 수 있다.

갈등을 해결하기 위해서는 관련된 사람들이 모여 토의나 토론 등과 같은 ⁽²⁾ㄴ ㅇ 을/를 하는 것이 좋다. 이때 논의하는 주제에 대한 의견이나 생각 중에서 가장 중요하고 기본이 되는 것을 ⁽³⁾ㄴ ㅈ (이)라고 한다.

문제가 되는 상황에 대한 자기 생각을 상대에게 밝히고, 상대의 생각을 듣는 과정을 통해 서로의 입장을 이해할 수 있다. 즉 상대의 입장에서 생각해 볼 수 있는 시간을 갖는 것이다. 이렇게 상대의 입장을 이해하면, 어떻게 하는 것이 자신과 상대 모두에게 이익이 될 수 있는지 ⁽⁴⁾ㅍ ㄷ 할 수 있다. 그 결과 서로 조금씩 양보해서 절충하는 방식을 택하거나 한쪽이 상대의 의견을 받아들이는 방식으로 ⁽⁵⁾ㅎ ㅇ 할 수 있다.

낱말밭 사전

확인 ☑

* **갈등** 개인이나 집단 사이에 목표나 입장, 이익과 손해 등이 달라 생기는 충돌. ☐

* **논의** 어떤 문제에 대하여 서로 의견을 주고받음. ☐

* **논지** 어떤 문제에 대하여 자신의 생각을 밝히는 말이나 글의 기본 뜻. ☐

* **판단** 대상에 대한 옳고 그름이나 좋고 나쁨 등의 생각을 분명하게 정함. ☐

* **합의** 어떤 문제에 대한 의견이 서로 일치함. 또는 그 의견. ☐

 확인과 적용

01 다음 낱말의 뜻으로 알맞은 것을 **보기**에서 찾아 기호를 쓰세요.

> **보기**
> ㉠ 어떤 문제에 대한 의견이 서로 일치함. 또는 그 의견.
> ㉡ 대상에 대한 옳고 그름이나 좋고 나쁨 등의 생각을 분명하게 정함.
> ㉢ 개인이나 집단 사이에 목표나 입장, 이익과 손해 등이 달라 생기는 충돌.

(1) 갈등 (   )   (2) 판단 (   )   (3) 합의 (   )

02 다음 빈칸에 들어갈 낱말로 알맞은 것을 찾아 선으로 이으세요.

(1) 계층 간의 [   ]이/가 너무 심하면 사회가 혼란
스러워진다.   •

• ㉠ 갈등

(2) 우리는 상대 팀과의 [   ]을/를 통해서 다음 달
시합 날짜를 정했다.   •

• ㉡ 합의

03 다음 밑줄 친 낱말과 뜻이 비슷한 낱말을 **보기**에서 찾아 쓰세요.

> **보기**
> 갈등   논지   판단

(1) 나는 동생과 <u>충돌</u>하기 싫어서 동생의 놀림에 아무런 대꾸도 하지 않았다.

(   )

(2) 어느 쪽을 택해야 할지 <u>결론</u>을 내리기 어려울 때는 같은 경험이 있는 사람의 의견을 듣
는 것이 좋다. (   )

04 다음 밑줄 친 부분과 뜻이 비슷한 낱말은 무엇인가요? (   )

> 철수는 학급 회의에서 친구들에게 급식과 관련한 자기 의견을 길게 말했다. 철수가
> <u>하고자 하는 말</u>은 급식을 할 때 스스로 원하는 만큼 가져다 먹어 음식물 쓰레기를 줄
> 이자는 것이었다.

① 갈등   ② 논의   ③ 논지   ④ 판단   ⑤ 합의

05 다음 ㉠과 ㉡에 들어갈 알맞은 낱말을 바르게 짝 지은 것은 무엇인가요? (   )

> 우리 세 자매는 여름휴가를 어디로 갈 것인지를 두고   ㉠   을/를 하였다. 제주도, 울릉도, 해외 등 다양한 의견이 나왔고, 제주도와 울릉도로 대상을 줄여서 토의하였다. 그 결과, 제주도로 여름휴가를 가기로   ㉡   하였다. 이 과정에서 부모님께서는 어떤 의견도 제시하지 않고 회의가 제대로 이루어지는지 지켜보기만 하셨다.

① ㉠: 갈등 – ㉡: 논지   ② ㉠: 논의 – ㉡: 논지   ③ ㉠: 논의 – ㉡: 합의

④ ㉠: 합의 – ㉡: 갈등   ⑤ ㉠: 합의 – ㉡: 논지

06 다음 ㉠과 ㉡에 들어갈 알맞은 낱말을 **보기**에서 찾아 쓰세요.

> **보기**
>
> 갈등   판단

> 어떤 이익을 두고 두 편이   ㉠   하고 있는 상황을 가정해 보자. 이때 한쪽의 말만 들으면 결코 공정한   ㉡   을/를 내릴 수 없다. 반드시 양쪽의 말을 모두 들은 뒤에, 양쪽이 다 받아들일 수 있는 절충점을 찾아야 한다. 그래야 양쪽이 조금씩 양보하여 합의할 수 있다.

(1) ㉠: (   )   (2) ㉡: (   )

2단계   **활용**

07 다음 **보기**와 같이 주어진 낱말을 넣어 짧은 문장을 만들어 쓰세요.

> **보기**
>
> 갈등
>
> ✎ 기자가 되고 싶은 이모는 이를 반대하는 부모님과 갈등을 겪어 왔다.

(1) 합의

✎ _____

(2) 논지

✎ _____

낱말밭 주간학습

01 다음 문장의 빈칸에 들어갈 알맞은 낱말을 **보기**에서 찾아 쓰세요.

> **보기**
>
> 논의　　　요약　　　적용

(1) 법은 모든 국민에게 공평하게 (　　　　)되어야 한다.

(2) 우리는 문제의 원인을 짚어 보고 해결 방법을 (　　　　)하였다.

(3) 재현이는 소설책을 모두 읽고 독서 노트에 줄거리를 (　　　　)했다.

02 다음 초성을 보고, 빈칸에 들어갈 알맞은 낱말을 쓰세요.

(1) ㄴ ㅈ

✎ 글의 결론에는 글쓴이의 (　　　　)이/가 분명하게 드러난다.

(2) ㄱ ㅊ ㅈ

✎ 저학년은 자신의 마음을 (　　　　)(으)로 표현하지 못하는 경우가 많다.

03 다음 빈칸에 들어갈 알맞은 낱말을 **보기**에 있는 글자 카드로 만들어 보세요.

> **보기**
>
> 거　　의　　열　　합

(1) 다음에 (　　　　)된 낱말들은 모두 신체를 나타내는 순우리말이다.

(2) 우리 팀은 상대 팀과의 축구 경기를 일주일 미루기로 (　　　　)했다.

04 다음 빈칸에 공통으로 들어갈 낱말로 알맞은 것은 무엇일까요? (　　　　)

> 우리는 흔히 친구 간에 ☐☐이/가 발생하면 빨리 화해시키려 한다. 하지만 문제가 발생한 원인과 두 사람의 입장을 제대로 파악하지 못한 채 어설프게 개입하면 오히려 ☐☐만 더 키울 수 있다. 좋은 마음에서 한 일이 문제를 더 나쁘게 만들 수도 있는 것이다.

① 논의　　② 갈등　　③ 추론　　④ 이해　　⑤ 합의

05 다음 빈칸에 들어갈 알맞은 낱말을 찾아 ○표 하세요.

> '가시방석'은 '앉아 있기에 아주 불안스러운 자리.'를 뜻하는 말이다. 그런데 이 낱말을 '가시'와 '방석'으로 쪼개면, '가시'는 '바늘처럼 뾰족하게 돋친 것.', '방석'은 '앉을 때 밑에 까는 작은 깔개.'라는 각각 다른 낱말이 된다. 이를 볼 때 '가시방석'은 두 개의 낱말이 합하여 새로운 뜻을 가진 낱말로 [   ]된 것을 알 수 있다.

(적용 , 형성)

06 다음 밑줄 친 낱말과 뜻이 비슷한 낱말은 무엇인가요? (   )

> '발 없는 말이 천 리 간다'라는 속담이 있다. '발 없는'이라는 표현을 볼 때, 이 속담의 '말'은 네 발 달린 동물이 아니라 우리가 입으로 내는 음성임을 알 수 있다. 그리고 '천 리'는 매우 먼 거리를 뜻하므로, 이 속담은 입 밖으로 나온 말은 발이 없어도 아주 먼 거리까지 간다는 뜻이다. 그리고 여기에서 조금만 더 생각해 보면, 말을 삼가야 한다는 것을 비유적으로 이르는 말임을 깨달을 수 있다.

① 논의할   ② 비판할   ③ 이해할   ④ 형성할   ⑤ 합의할

07 다음 빈칸에 들어갈 낱말로 가장 알맞은 것은 무엇인가요? (   )

> 「춘향전」의 주인공 춘향은 평생을 약속한 몽룡이 한양으로 떠나고 난 뒤, 사또 변학도에게 자신의 곁에서 시중들라는 명령을 받는다. 춘향은 이 명령을 거부하면 죽을 수도 있었다. 이런 상황에서 춘향은 변학도의 명령과 몽룡과의 약속 사이에서 [   ]을/를 할 수밖에 없었을 것이다. 하지만 춘향은 이몽룡과의 약속을 선택하였다.

① 논의   ② 적용   ③ 추론   ④ 비판   ⑤ 갈등

08 다음 밑줄 친 부분과 뜻이 비슷한 낱말을 이 글에서 찾아 쓰세요.

> 우리가 즐겨 먹는 바나나는 전 세계적으로 사실상 단일 품종이다. 대부분의 동식물은 품종이 다양하다. 그런데 바나나는 더 많이 생산하려는 인간의 욕심 때문에 동일한 유전자를 지닌 하나의 품종만 재배되어 온 것이다. 이는 이 품종을 병들게 하는 바나나 병이 유행하면 순식간에 바나나가 멸종될 수도 있다는 것을 뜻한다.

(   )

언어는 의사소통의 기능에 따라 크게 듣기와 말하기, 읽기와 쓰기로 나뉜다. 그런데 상대방의 말을 잘 듣고 자기 생각을 제대로 말하는 능력을 갖추거나, 글의 내용을 잘 ㉠이해하면서 자기 생각을 글로 제대로 쓰는 능력까지 갖추는 것은 결코 쉬운 일이 아니다.

듣기 능력과 읽기 능력은 무엇보다 낱말에 대한 지식이 필요하다. 이를 위해서는 무작정 낱말을 외우기보다는 그 낱말이 어떤 식으로 형성되었는지를 이해할 수 있어야 한다. '날짐승'이 '날다'와 '짐승'이 ㉡복합되어 '나는 짐승'이라는 뜻을 나타낸다는 것을 알면, '길짐승'이나 '들짐승', '집짐승' 같은 낱말의 뜻도 어렵지 않게 알 수 있다.

그리고 낯선 낱말은 그것이 사용된 구체적인 상황에 따라 뜻을 추론할 수 있어야 한다. 예를 들어 '중식 제공'이라는 표현에서, '중식'은 '중국식 음식'과 '점심밥'이라는 전혀 다른 뜻으로 사용될 수 있으므로 앞뒤의 내용을 모두 고려해서 ㉢판단해야 한다.

듣기와 읽기를 잘할 수 있으면 자기 생각을 표현하는 말하기와 쓰기도 어렵지 않게 할 수 있다. 다만, 자신이 전달하려는 내용을 먼저 생각한 뒤에 머릿속으로 그것을 간단하고 분명하게 정리해야 한다. 그런 다음 그것에 벗어나지 않도록 말하거나 글을 써야 한다.

09 ㉠~㉢의 뜻으로 알맞은 것을 두 가지 찾아 ○표 하세요.

(1) ㉠: 말이나 글의 뜻을 깨달아 앎. (   )

(2) ㉡: 두 가지 이상이 하나로 합침. (   )

(3) ㉢: 알맞게 이용하거나 맞추어 씀. (   )

10 다음 밑줄 친 낱말과 뜻이 반대되는 낱말을 윗글에서 찾아 세 글자로 쓰세요.

피카소의 그림을 보면 무엇을 그렸는지 이해하기가 힘들다. 그런데 사람들은 피카소의 그림을 추상화라고 높게 평가한다. 이는 화가가 전달하려는 바를 익숙한 대상이나 상황이 아니라 추상적으로 그렸기 때문이다.

(   )

11 다음 ㉮와 ㉯에 들어갈 알맞은 낱말을 바르게 짝 지은 것은 무엇인가요? (   )

이 글은 의사소통 능력을 기르는 방법에 대해 [㉮]의 방법을 들어 [㉯] 하고 있어.

① ㉮: 열거 – ㉯: 추론   ② ㉮: 예시 – ㉯: 설명   ③ ㉮: 예시 – ㉯: 추론

④ ㉮: 정의 – ㉯: 추론   ⑤ ㉮: 정의 – ㉯: 요약

디지털 속 한 문장

정답 및 해설 13쪽

다음을 보고, 논의라는 낱말을 넣어 ㉠에 들어갈 대화 글을 써 보세요.

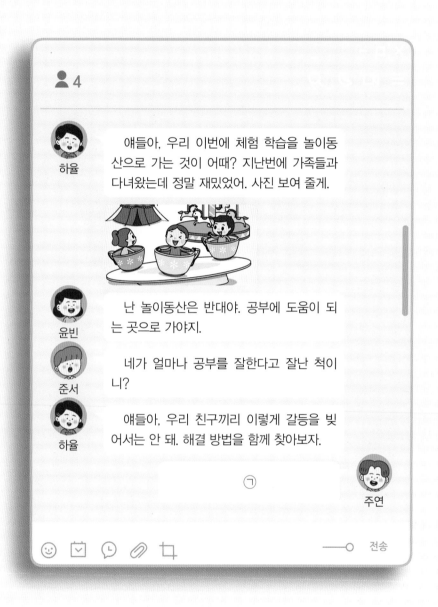

사회

01~04

주제별로 묶어 어휘를 의미적으로 연결하여 학습해 봐!

우리 주변에는 어떤 지형이 있을까?

우리나라의 지형은 동쪽이 높고 서쪽이 낮기 때문에 한강, 금강 등과 같은 큰 **하천**은 대부분 동쪽에서 서쪽과 남쪽으로 흘러요.

하 천

우리나라에서 큰 하천의 주변에 있는 **평야**는 땅이 기름져서 농사짓기에 유리해요. 그래서 옛날부터 많은 사람이 모여 살았어요.

평 야

지 형

우리나라는 전체적으로 동쪽이 높고 서쪽이 낮은 **지형**을 이루고 있어요.

해 안

우리나라는 삼면이 바다와 맞닿아 있어 서해안, 남해안, 동해안이 나타나요. 그리고 각 **해안**은 모습과 특징이 달라요.

산 지

우리나라는 땅의 약 70%가 **산지**일 정도로 산이 많아요. 그래서 산봉우리들이 이어진 산맥도 10개가 넘어요.

다음 글을 읽으며, 빈칸에 들어갈 낱말을 낱말밭에서 찾아 써 보세요.

땅은 높이가 높고 가파른 곳도 있으며, 낮고 평평한 곳도 있다. 물이 흐르는 곳도 있고, 물이 모여 있는 곳도 있다. 이처럼 다양한 땅의 생김새를 (1) ㅈ ㅎ (이)라고 한다.

우리나라는 높이 솟은 산들이 모여 이룬 (2) ㅅ ㅈ 이/가 많은 편이다. 높은 산지는 교통의 방해가 되기도 한다. 그러나 산지는 물과 공기를 깨끗하게 만들고 야생 동물이 살 수 있는 장소를 제공하며, 휴식의 공간이 되어 준다.

우리나라에서 높고 험한 산지는 주로 동쪽에 많고, 서쪽으로 갈수록 땅의 높이가 낮아진다. 이 때문에 강이나 시내 같은 (3) ㅎ ㅊ 의 큰 물줄기는 대부분 동쪽에서 서쪽이나 남쪽으로 흘러 바다에 이른다. 큰 강의 하류에는 넓은 (4) ㅍ ㅇ 이/가 있다. 예를 들어 낙동강의 하류에는 김해평야, 영산강의 하류에는 나주평야, 금강의 하류에는 논산평야가 있다. 평야 지역은 농사짓기에 유리해서 사람들이 모여 살고, 도시가 발달했다.

한편, 우리나라 동쪽과 서쪽, 남쪽은 바다로 둘러싸여 있다. 땅과 바다가 맞닿은 부분을 (5) ㅎ ㅇ (이)라고 하는데, 지역에 따라 해안선의 모습과 특징이 다르다. 서해안은 갯벌이 발달해 있고, 동해안은 모래사장이 발달해 있으며, 남해안은 크고 작은 섬들이 많다.

낱말밭 사전

확인 ☑

* **지형** 땅의 생긴 모양. ☐

* **하천** 강과 시내를 아울러 이르는 말. ☐

* **평야** 아주 넓고 평평한 땅. ☐

* **해안** 바다와 육지가 맞닿은 부분. ☐

* **산지** 산들이 모여 있는 지역. ☐

 1단계 확인과 적용 ~~~~~~~~~~~~~~~~~~~~~~~~~~~~~

01 다음 낱말의 뜻으로 알맞은 것을 찾아 선으로 이으세요.

(1) 하천 ·   · ㉠ 아주 넓고 평평한 땅.

(2) 평야 ·   · ㉡ 바다와 육지가 맞닿은 곳.

(3) 해안 ·   · ㉢ 강과 시내를 아울러 이르는 말.

02 다음 밑줄 친 부분과 뜻이 비슷한 낱말을 **보기**에서 찾아 쓰세요.

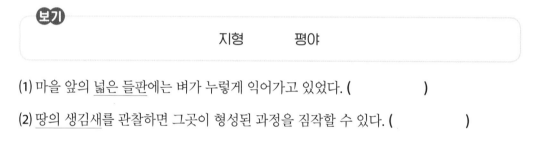

> **보기**
>
> 지형   평야

(1) 마을 앞의 <u>넓은 들판</u>에는 벼가 누렇게 익어가고 있었다. (   )

(2) <u>땅의 생김새</u>를 관찰하면 그곳이 형성된 과정을 짐작할 수 있다. (   )

03 다음 빈칸에 들어갈 알맞은 낱말을 **보기**에 있는 글자 카드로 만들어 쓰세요.

> **보기**
>
> 산   안   지   해

(1) 이곳의 (   )에서는 낙지를 비롯해 여러 가지 해산물이 잡힌다.

(2) 그들은 (   )을/를 일구어 농사를 지을 수 있는 땅으로 만들었다.

04 다음 빈칸에 들어갈 알맞은 낱말에 ○표 하세요.

> 이순신 장군은 임진왜란 때 수군을 지휘하여 조선을 구한 영웅으로, 뛰어난 군사 작전을 펼쳐 단 한 번도 진 적이 없기로 유명하다. 특히 한산도 대첩, 명량 대첩, 노량 대첩이 유명한데, 모두 남해의 바닷물 흐름과 섬이 많은 [   ]을/를 잘 이용한 전투로 평가받는다.

(지형 , 평야)

05 다음 밑줄 친 낱말과 뜻이 반대되는 낱말은 무엇인가요? (   )

> 일상에서 등산화를 신고 다니는 사람들이 있다. 그런데 대부분의 등산화는 일반 운동화보다 무겁다. 이 때문에 등산화를 신고 평지를 오래 걸으면 발목에 무리를 줄 수 있다. 즉 자신도 모르게 발목을 다칠 수 있는 것이다. 그러므로 등산화는 되도록 산을 오를 때 신고 일상에서 걷기용으로는 사용하지 않는 것이 좋다.

① 산지   ② 지형   ③ 평야   ④ 하천   ⑤ 해안

06 다음 ㉠과 ㉡에 들어갈 알맞은 낱말을 **보기**에서 찾아 쓰세요.

> **보기**
>
> 산지   하천

> 우리나라의 ⎡ ㉠ ⎤이/는 전쟁을 거치면서 거의 파괴되었으나 지금은 대부분 울창한 숲을 이루고 있다. 또한 경제 개발 과정에서 많은 ⎡ ㉡ ⎤도 심하게 오염되었지만, 이를 되살리려는 적극적인 노력을 통해 지금은 대부분 맑은 물이 흐른다. 이처럼 노력하면 환경을 되살릴 수도 있다. 그러나 처음부터 파괴하거나 오염시키지 않는 것이 가장 좋다.

(1) ㉠: (   )   (2) ㉡: (   )

2 단계 **활용**

07 다음 **보기**의 내용을 참고하여, **조건**에 맞는 문장을 만들어 쓰세요.

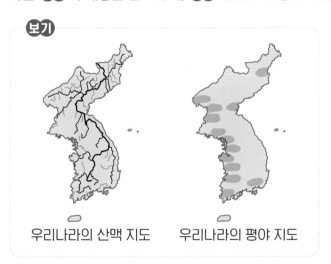

보기

우리나라의 산맥 지도   우리나라의 평야 지도

조건

1. '지형', '산지', '평야'의 세 낱말을 모두 넣어 한 문장으로 쓸 것.
2. **보기**에 제시된 두 지도를 모두 아우르는 내용을 담을 것.

빵을 밥만큼이나 자주 먹는 형은 큰 **기업**에서 만든 빵보다는 동네의 작은 빵집에서 만들어 파는 빵을 좋아해요.

기 업

모든 빵집은 **정부**가 재료나 매장의 위생 상태를 정기적으로 점검해요. 그래서 우리 형은 안심하고 빵을 살 수 있지요.

정 부

경 제

우리 형은 일을 해서 번 돈으로 종종 빵집에 들러 빵을 사요. 이처럼 돈을 벌거나 쓰는 활동을 **경제** 활동이라고 해요.

가 계

부모님도 빵을 좋아하셔서 우리는 다 같이 빵집에 갈 때도 있어요. 이렇게 소비를 주로 하는 개인이나 가정을 **가계**라고 해요.

주 체

빵을 만들거나 파는 기업, 빵집의 위생 상태를 점검하는 정부, 빵을 사는 형은 모두 경제 활동을 하는 경제 **주체**예요.

다음 글을 읽으며, 빈칸에 들어갈 낱말을 낱말밭에서 찾아 써 보세요.

우리는 살면서 여러 가지 물건이나 서비스를 이용한다. 예를 들어 옷이나 음식을 사기도 하고, 영화를 보기도 한다. 사람들은 일을 해서 돈을 벌고, 이 돈으로 필요한 것을 산다. 이처럼 생활에 필요한 물건이나 서비스를 생산하고 나누며 소비하는 활동을 (1) [ㄱ][ㅈ] (이)라고 한다. 그리고 이런 활동에 참여하는 (2) [ㅈ][ㅊ] 을/를 경제 주체라고 한다.

생산 활동을 해서 얻은 소득으로 소비를 하는 경제 주체를 (3) [ㄱ][ㄱ] (이)라고 한다. 쉽게 말하면, 우리가 속해 있는 가정을 가계라고 할 수 있다. 그리고 물건이나 서비스를 생산하여 돈을 버는 경제 주체를 (4) [ㄱ][ㅇ] (이)라고 한다. 가계와 기업은 경제 활동에서 밀접한 관계를 맺는다. 가계는 시장에서 기업이 만든 물건이나 서비스를 소비하고, 기업은 이를 통해 돈을 번다. 또한 기업은 사람들에게 일자리를 주고, 가계는 이를 통해 소득을 얻는다.

(5) [ㅈ][ㅂ] 은/는 국토와 국민을 지키며, 도로나 학교, 공원 같은 공공 시설을 만든다. 여기에 많은 돈이 들기 때문에 정부도 경제 활동을 하는 주체가 된다. 또 일자리를 제공하기도 하고, 기업이 만든 물건이나 서비스를 소비하기도 한다. 한편 가계와 기업은 정부에 세금을 낸다. 이렇게 가계, 기업, 정부는 상호 연결되어 경제 활동을 한다.

낱말밭 사전

확인☑

* **경제** 사람이 살아가는 데 필요한 물건이나 서비스를 생산, 소비, 분배하는 모든 활동. ☐

* **기업** 돈을 벌기 위해 물건이나 서비스를 생산하는 단체. ☐

* **정부** 법에 따라 나라의 정책과 집행 같은 행정을 맡아보는 국가 기관. ☐

* **가계** 생활을 하기 위해 돈을 쓰는 가정. ☐

* **주체** 사물의 작용이나 어떤 행동의 중심이 되는 것. ☐

 1단계 확인과 적용

01 다음 낱말의 뜻으로 알맞은 것을 **보기**에서 찾아 기호를 쓰세요.

> **보기**
> ㉠ 사물의 작용이나 어떤 행동의 중심이 되는 것.
> ㉡ 법에 따라 나라의 정책과 집행 같은 행정을 맡아보는 국가 기관.
> ㉢ 사람이 살아가는 데 필요한 물건이나 서비스를 생산, 소비, 분배하는 모든 활동.

(1) 경제 (   )   (2) 주체 (   )   (3) 정부 (   )

02 다음 빈칸에 들어갈 알맞은 낱말을 찾아 선으로 이으세요.

(1) ☐☐☐ 은/는 국민들에게 걷은 세금으로 나라 살
림을 꾸린다.   • ㉠ 기업

(2) 그는 작은 가게를 열심히 키워서 직원이 100명이 넘는
☐☐☐ (으)로 만들었다.   • ㉡ 정부

03 다음 밑줄 친 낱말이 **보기**와 같은 뜻으로 사용된 것을 찾아 ○표 하세요.

> **보기**
> 가계   생활을 하기 위해 돈을 쓰는 가정.

① 그 사람의 가계는 대대로 내려오는 교육자의 집안이다. (   )

② 물가는 오르는데 월급은 그대로라서 가계가 어려워지고 있다. (   )

04 다음 밑줄 친 낱말과 뜻이 비슷한 낱말에 ○표 하세요.

> 홍수나 태풍, 지진 등과 같은 자연재해로 피해를 본 사람에게는 국가가 다양한 방법
> 으로 도움을 준다. 돈이나 음식, 옷 등을 직접 지원하기도 하고, 임시로 지낼 곳을 마
> 련해 주기도 한다. 또한 정상적인 생활로 돌아가는 데 필요한 돈을 빌려 주기도 한다.

(가계 , 기업 , 정부)

05 다음 ㉠과 ㉡에 들어갈 알맞은 낱말을 바르게 짝 지은 것은 무엇인가요? ( )

> 올해 1월부터 6월까지 전국의 2인 이상 가족의 월평균 ㉠ 지출이 지난해 같은 기간보다 10% 이상 늘었다는 통계 결과가 나왔다. 이는 생활필수품의 가격이 큰 폭으로 올랐기 때문으로 분석된다. 이와 관련하여 ㉡ 에서는 수입해야 하는 재료의 가격이 대부분 올라서 상품 가격을 올릴 수밖에 없다고 주장하고 있다.

① ㉠: 가계 – ㉡: 기업　　② ㉠: 가계 – ㉡: 정부　　③ ㉠: 기업 – ㉡: 가계

④ ㉠: 기업 – ㉡: 정부　　⑤ ㉠: 정부 – ㉡: 기업

06 다음 빈칸에 공통으로 들어갈 낱말로 알맞은 것을 보기 에서 찾아 쓰세요.

> **보기**
>
> 가계　　　기업　　　정부

> 어떤 소비자는 물건을 살 때 가격이나 품질 외에도 인권이나 환경을 중요하게 여긴다. 즉 인권이나 동물의 삶, 환경 보호에 도움이 될 수 있는 상품을 산다. 이들은 상품을 만드는 ⬜ 도 따진다. 예를 들어, 비윤리적인 문제를 일으킨 ⬜ 의 상품은 최대한 멀리하고, 사회적 약자에게 도움을 주거나 동물 복지를 시행하는 ⬜ 의 상품을 사는 것이다.

( )

2단계 　활용

07 다음 보기 와 같이 주어진 낱말을 넣어 짧은 문장을 만들어 쓰세요.

> **보기**
>
> 주체
>
> ✎ 우리 반에서 생긴 문제는 우리가 주체가 되어 해결하는 것이 좋다.

(1) 경제

✎ --

(2) 정부

✎ --

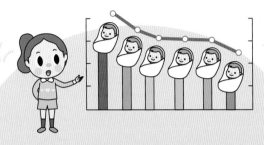

우리나라가 아이를 적게 낳는 **저출산** 국가가 되면서 앞으로 인구가 계속 줄어들 것이라고 예상되기 때문에 문제야.

저 출 산

게다가 우리나라는 **고령화** 속도도 매우 빠르기 때문에 앞으로 청년은 적고, 노인은 많은 나라가 될 수 있어.

고 령 화

인 구

우리나라의 인구가 약 5,000만 명이 넘는데. 그런데 왜 자꾸 **인구**가 문제라고 할까?

분 포

그리고 농촌은 노인의 비율이 매우 높고, 대도시에는 노동력을 지닌 계층이 몰려 있는 인구 분포도 문제야.

불 균 형

정리하면, 나이별 인구 비율과 지역별 인구 비율이 모두 문제가 있는 셈이야. 이런 **불균형**은 해결해야 할 문제야.

다음 글을 읽으며, 빈칸에 들어갈 낱말을 낱말밭에서 찾아 써 보세요.

1960년에 약 2,501만 명이었던 우리나라의 ⁽¹⁾[ㅇ ㄱ]은/는 2024년에 약 5,175만 명이 되었다. 그런데 2072년에는 약 3,600만 명으로 줄어들 것으로 예측된다. 이는 우리나라의 ⁽²⁾[ㅈ ㅊ ㅅ] 현상이 매우 심하기 때문이다. 2023년 우리나라의 출산율은 0.68명으로, 전 세계에서 가장 낮은 것으로 나타났다.

인구 중 노인의 비율이 늘어나는 ⁽³⁾[ㄱ ㄹ ㅎ] 속도는 상당히 빠른 편이라서, 50년 뒤에 전 세계가 5명 중 1명이 노인일 때 한국은 2명 중 1명이 노인일 것으로 전망된다. 우리나라 인구를 100명이라고 가정할 때, 2072년에는 0세~14세의 유소년층이 6명, 15세~64세의 청장년층이 46명, 65세 이상의 노년층이 48명이 될 것으로 보인다. 저출산과 고령화 현상이 함께 일어나면서 어린 사람은 줄어들고 나이가 많은 사람은 늘어나, 연령대별 인구 ⁽⁴⁾[ㅂ ㅍ]이/가 정상적인 범위에서 벗어나게 되는 것이다.

한편, 도시와 시골 간의 인구 분포의 ⁽⁵⁾[ㅂ ㄱ ㅎ]도 심각한 문제이다. 현재 우리나라 전체 인구의 약 90%가 도시에 살고 있으며, 10% 정도만 농어촌 같은 시골에서 살고 있다. 또한 시골 인구는 노년층이 대부분이며, 15세~34세의 청년층은 대도시로 몰리고 있다.

낱말밭 사전

확인 ✓

* **인구** 한 나라나 일정한 지역에 사는 사람의 수. ☐

* **저출산** 한 사회에서 아이를 적게 낳음. ☐

* **고령화** 한 사회에서 노인 인구의 비율이 높아지는 일. ☐

* **분포** 일정한 범위에 흩어져 퍼져 있음. ☐

* **불균형** 어느 한쪽으로 치우쳐 고르지 아니함. ☐

확인과 적용

01 다음 뜻을 가진 낱말을 **보기**에서 찾아 쓰세요.

> **보기**
>
> 고령화   저출산

(1) 한 사회에서 아이를 적게 낳음. (   )

(2) 한 사회에서 노인 인구의 비율이 높아지는 일. (   )

02 다음 빈칸에 들어갈 알맞은 낱말을 찾아 선으로 이으세요.

(1) 전 세계의 [　　　　]이/가 빠르게 늘어나면서 자
연환경이 심하게 파괴되었다. •

       • ㉠ 인구

(2) 편식 등으로 인한 영양 섭취의 [　　　　]은/는 건
강에 문제를 일으킬 수 있다. •

       • ㉡ 불균형

03 다음 밑줄 친 부분과 뜻이 비슷한 낱말을 **보기**에서 찾아 쓰세요.

> **보기**
>
> 분포   고령화   저출산

(1) 이 나비는 전국에 흔하게 <u>퍼져 있으므로</u> 어디에서나 어렵지 않게 볼 수 있다.

                                           (   )

(2) 이제는 <u>노인 인구의 비율이 높아지는</u> 상황에 맞는 사회 환경을 만들어야 한다.

                                           (   )

04 다음 빈칸에 공통으로 들어갈 낱말로 알맞은 것은 무엇인가요? (   )

> 생활의 편리성에서 도시와 시골의 [　　　　]이/가 갈수록 심해지고 있다. 우선 시
> 골은 도시보다 병원이나 의사 수가 훨씬 적다. 그리고 문화를 즐길 수 있는 시설의
> [　　　　]도 크다. 예를 들어 영화관이 한 군데도 없는 시골이 적지 않다.

① 분포   ② 인구   ③ 고령화   ④ 불균형   ⑤ 저출산

05 다음 보기에서 밑줄 친 낱말과 같은 낱말이 들어갈 문장에 ○표 하세요.

> **보기**
>
> 중국이나 인도 같이 <u>인구</u>가 많은 나라는 국제 사회에서 영향력이 크다.

① 우리나라는 농사를 짓는 [　　　　]가 갈수록 줄어들고 있다. (　　　　)

② 언어의 사용은 [　　　　]를 동물들과 구별해 주는 기준이 된다. (　　　　)

06 다음 ㉠과 ㉡에 들어갈 알맞은 낱말을 보기에서 찾아 쓰세요.

> **보기**
>
> 고령화　　　　불균형　　　　저출산

> 우리나라는 아이를 적게 낳는 [㉠] 가정이 많아지면서 어린이의 수가 점점 줄어들고 있다. 실제로 입학생이 없어서 폐교되는 초등학교가 매년 나타나고 있다. 반면에 의료 기술의 발달 등으로 평균 수명이 길어지면서 [㉡] 현상은 매우 빠르게 진행되고 있다. 이는 우리나라의 국가 경쟁력을 떨어뜨릴 수 있다. 따라서 [㉠]와/과 [㉡]에 대한 대책을 서둘러 마련해야 한다.

(1) ㉠: (　　　　　　　　) 　　(2) ㉡: (　　　　　　　　)

2단계 **활용**

07 다음 보기의 내용을 참고하여, 조건에 맞는 문장을 만들어 쓰세요.

> **보기**
>
> 우리나라 인구 분포
>
>
>
> ※붉은 색일수록 인구 밀도가 높음.

> **조건**
>
> '인구'와 '분포'라는 낱말을 모두 사용하여 완성된 문장으로 쓸 것.

사회 주제 04 법의 역할을 알아볼까?

노비는 마음대로 결혼할 **권리**도 없고, 공부를 할 권리도 없었어요. 주인의 명령만 따라야 했지요.

권 리

왕족이나 양반들은 사회 **질서**를 유지하기 위해서는 신분 제도가 엄격해야 한다고 생각했어요.

질 서

법

옛날에는 태어나자마자 특정한 신분이 되도록 **법**으로 정해 두는 신분 제도가 있었어요.

인 권

시대가 달라지면서 **인권**에 대한 생각이 널리 퍼졌어요. 사람은 모두 평등하고 자유로워야 한다고 생각하게 된 것이죠.

보 장

현대 사회는 사람이면 누구나 마땅히 지녀야 하는 기본적 권리를 법과 여러 가지 방법으로 **보장**하고 있어요.

다음 글을 읽으며, 빈칸에 들어갈 낱말을 낱말밭에서 찾아 써 보세요.

모든 사람은 성별, 국적, 인종, 신체적 특징 등에 관계없이 자유롭고 평등하다. 또한 누구나 행복하게 살아갈 ⁽¹⁾ ㄱ ㄹ 이/가 있다. 이처럼 사람이기 때문에 누구나 당연히 누리는 기본적 권리를 ⁽²⁾ ㅇ ㄱ (이)라고 한다. 인권에는 생명권, 자유권, 평등권 등과 같이 살아가는 데 필요한 것과 관련된 권리만이 아니라 행복을 추구할 권리, 교육을 받을 권리, 정치에 참여할 권리 등 인간답게 살아가는 데 필요한 권리도 포함된다.

이런 인권을 ⁽³⁾ ㅂ ㅈ 하는 데 꼭 필요한 것이 법이다. ⁽⁴⁾ ㅂ 은/는 사람들이 반드시 지켜야 할 행동이나 해서는 안 되는 행동을 정해 놓은 사회 규범을 말한다. 교통 신호를 지키거나 불량 식품을 팔지 못하게 하는 것, 초등학교를 졸업하고 중학교에 진학하는 것 등 우리의 일상생활에는 수많은 법이 적용되고 있다.

법은 누구나 지켜야 하는 강제성을 지니고 있다는 점에서 사람들이 양심에 따라 자율적으로 지키는 도덕과 구분된다. 이런 점 때문에 법은 개인의 권리를 보장하는 동시에 사회의 ⁽⁵⁾ ㅈ ㅅ 을/를 유지해, 사람들이 자유롭고 안전하게 살 수 있게 하는 버팀목이 된다. 따라서 자신의 권리를 지키기 위해서라도 법을 지켜야 한다.

낱말밭 사전

확인 ☑

* **법** 국가가 온 국민이 지키도록 만든 사회 규범.

* **권리** 어떤 일을 직접 하거나 다른 사람에게 요구할 수 있는 올바른 자격.

* **질서** 사물이나 사회가 혼란 없는 상태를 유지하게 하는 순서나 차례.

* **인권** 사람답게 살기 위해 모든 사람이 당연히 누려야 할 기본적 권리.

* **보장** 어떤 일이 이루어지도록 조건을 마련하거나 확실하게 약속함.

01 다음 뜻을 가진 낱말을 (보기)에서 찾아 쓰세요.

> **보기**
>
> 권리　　　법　　　질서

(1) 국가가 온 국민이 지키도록 만든 사회 규범. (　　　　　)

(2) 사물이나 사회가 혼란 없는 상태를 유지하게 하는 순서나 차례. (　　　　　)

(3) 어떤 일을 직접 하거나 다른 사람에게 요구할 수 있는 올바른 자격. (　　　　　)

02 다음 문장에 어울리는 낱말을 찾아 ○표 하세요.

(1) 모든 사람은 행복하게 살 (권리 , 질서)가 있다.

(2) 외국인 근로자의 (인권 , 보장)도 우리 국민과 동등하게 보호하고 있다.

(3) 청소년들에게 밝은 미래를 (인권 , 보장)하기 위해 사회가 노력해야 한다.

03 다음 밑줄 친 낱말이 (보기)와 같은 뜻으로 사용된 것을 찾아 ○표 하세요.

> **보기**
>
> | 법 | 국가가 온 국민이 지키도록 만든 사회 규범.

① 현아는 선생님께 국어 공부를 효과적으로 하는 법을 배웠다. (　　　　　)

② 시대에 맞지 않는 법은 사람들을 불편하게 하므로 바꾸어야 한다. (　　　　　)

04 다음 밑줄 친 부분과 뜻이 비슷한 낱말을 (보기)에서 찾아 쓰세요.

> **보기**
>
> 보장　　　질서

> 　국가는 국민들에게 인간다운 삶이 가능한 여건을 마련해 주어야 한다. 우리나라는 생활이 어려운 사람에게 돈이나 생활필수품을 지급하고, 교육의 기회를 제공하여 그들이 보다 나은 삶을 살아갈 수 있도록 돕는다.

(　　　　　)

05 다음 밑줄 친 낱말과 뜻이 반대되는 낱말로 알맞은 것은 무엇인가요? ( )

> 짧은 기간에 사회가 빠르게 변하면 많은 사람들이 혼란을 겪는다. 자신이 그동안 옳다고 여겨왔던 생각이나 규범이 갑자기 변해버린 주변 환경과 어긋나게 되면서 어떻게 해야 하는지 갈피를 잡기 어려워지기 때문이다. 이에 따라 세대 간에 갈등이 일어나기도 한다. 이런 현상은 오늘날에도 쉽게 찾아볼 수 있다.

① 법   ② 권리   ③ 보장   ④ 질서   ⑤ 인권

06 다음 ㉠과 ㉡에 들어갈 알맞은 낱말을 **보기**에서 찾아 쓰세요.

> **보기**
>
> 권리   질서   보장

> 매년 5월 셋째 월요일은 '성년의 날'로, 미성년자가 성인이 된 것을 축하하는 날이다. 우리나라는 만 열아홉 살이 되면 법적으로 성인이 된다. 그러면 성인으로서 누릴 수 있는 ⟨ ㉠ ⟩이/가 법으로 ⟨ ㉡ ⟩된다. 하지만 이와 함께 성인의 책임도 부여된다. 즉 미성년 때는 할 수 없었던 ⟨ ㉠ ⟩이/가 생기지만 그에 따른 사회적 책임도 함께 발생하는 것이다.

(1) ㉠: ( )   (2) ㉡: ( )

2 단계 **활용**

07 다음 밑줄 친 낱말을 넣어 짧은 문장을 만들어 쓰세요.

> 전시장에서는 사람들이 <u>질서</u> 있게 자동차를 관람하고 있었다.

08 다음 **보기**에 주어진 세 낱말을 모두 넣어 문장을 만들어 쓰세요.

> **보기**
>
> 일제   인권   보장

01 다음 빈칸에 들어갈 알맞은 낱말을 찾아 선으로 이으세요.

(1) [　　　]은/는 오늘날에 맞지 않는 규제를 없애고 있다. •

• ㉠ 하천

(2) 우리의 문제는 우리가 [　　　]이/가 되어 해결해야 한다. •

• ㉡ 정부

(3) 작년 여름에 [　　　]의 물이 넘쳐서 동네에 있는 집들이 물에 잠겼다. •

• ㉢ 주체

02 다음 밑줄 친 낱말이 바르게 사용된 것을 두 가지 찾아 ○표 하세요.

(1) 이순신 장군은 일본과의 전투에서 남해안의 지형을 이용하였다. (　　　)

(2) 선장은 폭풍우가 휘몰아치자 안전한 평야를 찾아서 배를 정박하였다. (　　　)

(3) 한반도의 기온이 점차 높아지면서 식물 분포가 예전과 달라지고 있다. (　　　)

03 다음 빈칸에 공통으로 들어갈 낱말로 알맞은 것은 무엇인가요? (　　　)

• 법과 [　　　]은/는 사람들을 안전하게 지켜주는 중요한 원칙이다.
• 어린이들은 단체 놀이를 하면서 규칙과 [　　　]의 필요성을 배운다.

① 경제　　　② 분포　　　③ 정부　　　④ 주체　　　⑤ 질서

04 다음 밑줄 친 부분과 비슷한 뜻을 가진 낱말을 보기 에서 찾아 쓰세요.

보기

분포　　　산지　　　질서

　　강화도는 고대부터 인류 활동이 이루어진 곳으로, 고인돌이 특정 지역에 흩어져 있다. 고인돌은 고대인들의 무덤이나 제단으로 사용되었을 것으로 추측된다. 고고학자들은 고인돌을 이 지역의 역사와 문화를 이해하는 데 중요한 자료로 활용하고 있다.

(　　　)

정답 및 해설 **18**쪽

05 다음 빈칸에 공통으로 들어갈 알맞은 낱말을 찾아 ○표 하세요.

> 기업은 물건이나 서비스를 생산하기 위해 일거리를 제공하고, ⬜⬜⬜ 은/는 이를 통해 소득을 얻는다. ⬜⬜⬜ 은/는 그 돈으로 기업이 생산한 물건이나 서비스를 소비한다.

(정부 , 가계)

06 다음 ㉠~㉤ 중 바르게 사용되지 <u>않은</u> 낱말을 찾아 기호를 쓰세요.

> 일부 ㉠기업이 판매하는 장난감에서 어린이의 건강을 해칠 수 있는 물질이 포함되었다는 조사 결과가 나왔다. 이에 ㉡정부는 어린이가 사용하는 제품에 대한 안전 규정을 담고 있는 ㉢법을 보완하기로 하였다. 어린이의 안전에 관한 ㉣질서를 꼼꼼하게 ㉤보장하는 규정이 시행되면, 어린이들이 지금보다 더 안전하게 놀 수 있을 것이다.

(   )

07 다음 ㉠과 ㉡에 들어갈 알맞은 낱말을 바르게 짝 지은 것은 무엇인가요? (   )

> 평지보다 수백 미터 이상 높은 ⬜㉠⬜ 지형은 자연환경이 풍부하고 경치가 아름다운 곳이 많다. 그래서 관광객이 많이 모이는 곳에는 사람들이 여가 생활을 즐길 수 있는 휴양 시설이 마련되어 있다. 반면, 평탄한 ⬜㉡⬜ 지형은 땅이 기복이 작고 평평하여 사람들이 모여 살기에 적합하다. 이 때문에 도시가 주로 발달한다.

① ㉠: 산지 – ㉡: 하천   ② ㉠: 산지 – ㉡: 평야   ③ ㉠: 평야 – ㉡: 해안

④ ㉠: 평야 – ㉡: 하천   ⑤ ㉠: 하천 – ㉡: 해안

08 다음 밑줄 친 부분과 뜻이 비슷한 낱말은 무엇인가요? (   )

> 옛날에는 태어나자마자 사회적 신분이 정해졌다. 대개 부모의 신분을 따랐고, 그로 인해 사회적 권리가 달랐다. 예를 들어, 부모 중 한 명이 노비이면 그 자녀들은 모두 노비가 되어야 했다. 그런데 노비에게는 <u>사람으로서의 기본적인 권리</u>가 거의 보장되지 않았다. 이는 노비와 함께 천민 계층에 속하는 백정, 무당 등도 마찬가지였다.

① 경제   ② 인구   ③ 인권   ④ 주체   ⑤ 질서

저출산과 고령화

현재 우리나라는 아이를 적게 낳는 ㉠저출산 현상이 심각해지고 있다. 이는 노인 ㉡인구가 매우 빠르게 늘어나는 ㉢고령화 현상과 맞물리면서 국가 차원의 문제가 되고 있다. 젊은 사람은 줄어들고 노인은 늘어나면서 여러 가지 사회 문제가 발생하고 있다.

사회적인 면에서 청년 세대는 줄어들고 노인 세대가 늘어나는 인구 [㉮]이/가 심해져서 세대 갈등이 나타날 수 있으며, 경제적인 면에서는 ㉣경제 활동을 할 인구가 줄어들어 국가 경쟁력이 떨어질 수 있다. 동시에 부양해야 할 노인 인구는 많이 늘어나 사회적으로 큰 비용이 들게 된다.

㉯ 저출산과 고령화는 서로 떼어 놓고 생각할 수 없으므로 국가적 차원에서 함께 대비해야 한다. 먼저, 아이를 낳고 기르는 데 부담이 적은 환경을 만들 수 있도록 법으로 ㉤보장해야 한다. 예를 들어 기업의 육아 휴직 제도와 양육비나 교육비에 대한 정부 지원을 확대하면 부모가 아이를 키우는 데 드는 부담을 덜어 줄 수 있다. 또한, 노인이 행복하게 살 수 있는 환경도 만들어야 한다. 예를 들어 노인을 위한 전문 시설을 늘리고, 노인 일자리를 만들어서 사회 활동을 할 수 있도록 도와야 한다.

09 ㉠~㉤의 뜻으로 바르지 <u>않은</u> 것은 무엇인가요? (   )

① ㉠: 한 사회에서 아이를 적게 낳음.

② ㉡: 한 나라나 일정한 지역에 사는 사람의 수.

③ ㉢: 한 사회에서 노인 인구의 비율이 높아지는 일.

④ ㉣: 돈이나 물자, 시간, 노력 등을 들이거나 써서 없앰.

⑤ ㉤: 어떤 일이 이루어지도록 조건을 마련하거나 확실하게 약속함.

10 ㉮에 들어갈 낱말로 알맞은 것은 무엇인가요? (   )

① 권리   ② 보장   ③ 주체   ④ 질서   ⑤ 불균형

11 다음 밑줄 친 낱말과 뜻이 비슷한 낱말을 ㉯에서 찾아 쓰세요.

> 우리 <u>회사</u>는 새로운 상품을 개발한 뒤 사회 관계망 서비스를 이용한 광고를 시작하였다.

(   )

🌸 디지털 속 한 문장

정답 및 해설 18쪽

다음을 보고, **지형**이라는 낱말을 넣어 ㉠에 들어갈 답글을 써 보세요.

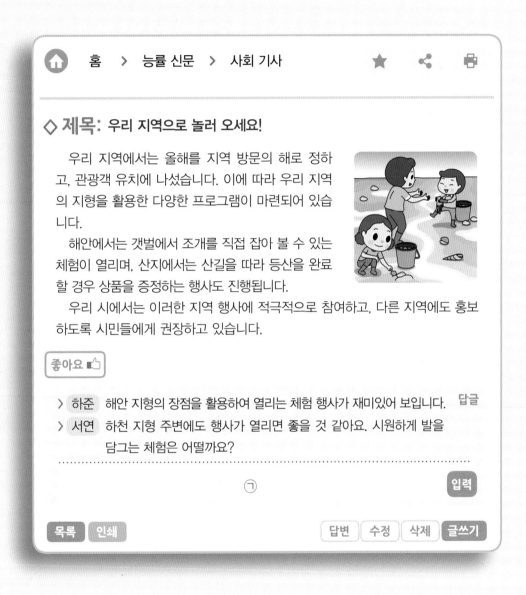

🏠 홈 > 능률 신문 > 사회 기사 ★ ⤴ 🖨

◇ **제목: 우리 지역으로 놀러 오세요!**

　　우리 지역에서는 올해를 지역 방문의 해로 정하고, 관광객 유치에 나섰습니다. 이에 따라 우리 지역의 지형을 활용한 다양한 프로그램이 마련되어 있습니다.

　　해안에서는 갯벌에서 조개를 직접 잡아 볼 수 있는 체험이 열리며, 산지에서는 산길을 따라 등산을 완료할 경우 상품을 증정하는 행사도 진행됩니다.

　　우리 시에서는 이러한 지역 행사에 적극적으로 참여하고, 다른 지역에도 홍보하도록 시민들에게 권장하고 있습니다.

[좋아요 👍]

❯ [하준] 해안 지형의 장점을 활용하여 열리는 체험 행사가 재미있어 보입니다. 답글

❯ [서연] 하천 지형 주변에도 행사가 열리면 좋을 것 같아요. 시원하게 발을 담그는 체험은 어떨까요?

....

㉠　　　　　　　　　　　　　　　　　　　[입력]

[목록] [인쇄]　　　　　　　　　　　[답변] [수정] [삭제] [글쓰기]

사회

05~08

주제별로 묶어 어휘를 의미적으로 연결하여 학습해 봐!

마을 사람들은 **움집**에서 살아요. 움집은 땅을 평평하게 파서 기둥과 서까래를 고깔처럼 세우고 풀로 덮은 반지하 집이에요.

움 집

마을 사람들은 조와 수수 농사를 짓고 있어요. 그래도 식량이 부족해 야생에서 먹을 것을 **채집**해야 해요.

채 집

신 석 기

저는 **신석기** 시대에 살고 있어요. 우리 마을은 조개와 물고기가 많은 강가에 있어요.

수 렵

마을 사람들은 가축도 길러요. **수렵**을 하면서 소나 돼지 같은 짐승을 산 채로 잡아다가 직접 키우고 있어요.

토 기

마을 사람들은 불을 이용해 무엇을 굽기도 해요. 예를 들어 식량을 저장하는 빗살무늬 **토기**를 굽지요.

다음 글을 읽으며, 빈칸에 들어갈 낱말을 낱말밭에서 찾아 써 보세요.

　　인류 역사의 초기에는 사회가 형성되지 않았기에 인류가 사용하던 도구를 기준으로 시대를 구분한다. 이에 따라 인류 역사의 첫 부분을 석기 시대로 정하고, 석기 시대를 다시 구석기 시대와 (1)　ㅅ　ㅅ　ㄱ　시대로 나눈다. 석기는 돌도끼, 돌 화살촉, 갈돌 등 돌로 만든 여러 가지 생활 도구를 말한다. 구석기 시대에는 돌을 깨서 만든 뗀석기를 주로 사용하였으며, 신석기 시대에는 돌을 갈아서 만든 간석기를 주로 사용하였다.

　　신석기 시대는 지금으로부터 약 1만 년 전에 시작되었는데, 동굴 같은 곳에서 살며 주로 (2)　ㅅ　ㄹ　생활을 하던 구석기 시대와 달리 조나 수수 같은 곡식을 재배하는 농경 생활을 하였다. 그래서 위험한 짐승이 적고 먹을 것을 구하기 쉬운 강가나 해안가에 (3)　ㅇ　ㅈ　을/를 짓고 마을을 이루어 살았다. 땅을 파서 지붕을 얹은 움집은 가운데에 불을 피울 수 있는 화덕이 있어, 추위나 거센 바람을 피하기에 적합하였다.

　　그런데 농사만으로는 식량이 충분하지 않았기에 야생 식물의 뿌리나 열매를 (4)　ㅊ　ㅈ　하기도 하였고, 그물을 만들어서 조개나 물고기를 잡기도 하였다. 이렇게 구한 식량은 흙을 빚어서 만든 (5)　ㅌ　ㄱ　에 저장하였다. 또한 수렵을 하면서도 짐승을 산 채로 잡아 직접 키우기도 하였다.

낱말밭 사전

확인 ☑

＊ **신석기** 돌을 갈아서 정교하게 만든 여러 가지 도구. ☐

＊ **움집** 추위나 비바람을 가리기 위해 땅을 파고 지붕을 덮어 만든 집. ☐

＊ **채집** 널리 찾아서 얻거나 캐거나 잡아서 모으는 일. ☐

＊ **수렵** 총이나 활, 올가미 등으로 산이나 들의 짐승을 잡는 일. ☐

＊ **토기** 주로 옛날에, 흙으로 만들어 구운 그릇. ☐

 1단계 **확인과 적용**

01 다음 낱말의 뜻으로 알맞은 것을 찾아 선으로 이으세요.

(1) 토기 •   • ㉠ 주로 옛날에, 흙으로 만들어 구운 그릇.

(2) 채집 •   • ㉡ 돌을 갈아서 정교하게 만든 여러 가지 도구.

(3) 신석기 •   • ㉢ 널리 찾아서 얻거나 캐거나 잡아서 모으는 일.

02 다음 빈칸에 들어갈 알맞은 낱말을 **보기**에서 찾아 쓰세요.

보기

신석기   토기

(1) 신석기 시대에 흙을 구워서 만든 (   )이/가 발견되어 학자들의 관심을 끌고 있다.

(2) 그 지역에서는 사냥을 하기 위해 사용되었던 날카로운 (   )이/가 많이 발굴 되고 있다.

03 다음 문장에 어울리는 낱말을 찾아 ○표 하세요.

(1) 나의 고향에는 야생 동물 보호를 위한 (토기 , 수렵) 금지 구역이 있다.

(2) 부모님이 어렸을 때는 방학 숙제로 곤충 (채집 , 수렵)을 하기도 했다고 한다.

04 다음 밑줄 친 낱말과 뜻이 비슷한 낱말을 **보기**에서 찾아 쓰세요.

보기

토기   수렵   채집

우리나라에서도 사냥을 할 수 있다. 다만 일 년 내내 가능한 것이 아니라 정부가 사냥을 할 수 있는 기간과 지역, 동물의 종류 등을 엄격하게 제한한다. 예를 들어 사냥 기간이라도 해가 진 이후부터 다음 날 해가 뜰 때까지는 사냥을 할 수 없다.

(   )

05 다음 ㉠과 ㉡에 들어갈 알맞은 낱말을 보기 에서 찾아 쓰세요.

보기

| 수렵 | 채집 | 토기 | 신석기 |

돌을 갈아서 만든 도구인 간석기는 뗀석기보다 더 정교했다. 예를 들어 돌창이나 돌 화살촉은 돌을 깨서 만든 뗀석기보다 더 뾰족하고 날카로워서 짐승을 잡는 ㉠ 활동이나 물고기를 잡는 어로 활동에 큰 도움이 되었다. 또한 농사 도구도 더 다양하게 만들 수 있었다. 간석기를 ㉡ 라고도 하며, 이런 도구를 사용한 시대를 ㉡ 시대라고 한다.

(1) ㉠: (   ) (2) ㉡: (   )

06 다음 ㉠, ㉡과 뜻이 비슷한 낱말을 바르게 짝 지은 것은 무엇인가요? (   )

귀한 약초를 ㉠찾아다니며 모으느라고 깊은 산속까지 들어간 그는 그만 산속에서 길을 잃었다. 게다가 해가 지고 있었다. 어두울 때 산속에서 움직이는 것은 매우 위험하다. 그때 그의 눈에 ㉡땅을 파고 위에 거적을 덮어둔 토굴집이 눈에 띄었다. 산삼을 캐러 다니는 사람들이 만들어 둔 것이었다. 그는 그 안에 들어가서 산속의 추위를 피할 수 있었다.

① ㉠: 채집 – ㉡: 수렵   ② ㉠: 채집 – ㉡: 움집   ③ ㉠: 채집 – ㉡: 토기
④ ㉠: 수렵 – ㉡: 움집   ⑤ ㉠: 수렵 – ㉡: 토기

활용

07 다음은 원시 사회의 생활을 묘사한 그림입니다. 그림의 내용을 조건 에 맞게 한 문장으로 만들어 쓰세요.

조건
'신석기'와 '움집'이라는 두 낱말을 모두 사용할 것.

공주시에 있는 무령왕릉은 처음 만들어졌을 때의 모습과 유물을 거의 그대로 보존하고 있는 백제의 **고분**이에요.

고 분

고분에는 벽면이나 천장에 **벽화**가 그려져 있는데, 이 그림을 통해 당시 사람들의 생활 모습을 짐작할 수 있어요.

벽 화

문 화 유 산

태리는 고구려, 백제, 신라가 있던 삼국 시대의 **문화유산**을 찾아보았어요.

금 관

신라의 유물 중에는 왕이 쓰던 **금관**이나 금귀고리와 금 허리띠 등 금으로 된 화려한 유물이 많아요.

불 상

고구려는 삼국 중 불교를 가장 먼저 받아들인 나라예요. 그래서 절을 많이 지었고, 여러 가지 **불상**도 만들었어요.

다음 글을 읽으며, 빈칸에 들어갈 낱말을 낱말밭에서 찾아 써 보세요.

삼국 시대에는 고구려, 백제, 신라가 있었다. 세 나라의 사람들은 각자 자신들만의 독특한 문화를 이루며 살았다. 그렇기 때문에 각 나라의 (1) [ㅁ][ㅎ][ㅇ][ㅅ] 을/를 보면 그 나라 사람들의 생활 모습과 사회적 특성을 살펴볼 수 있다.

예를 들면 백제의 무령왕릉은 벽돌을 쌓아 만든 (2) [ㄱ][ㅂ] (으)로, 그 안에 금은 장신구와 돌짐승, 청동 거울, 도자기 등과 같은 유물이 함께 묻혀 있다. 이를 통해 백제의 예술 수준이 매우 높았고, 중국과의 교류가 활발했음을 알 수 있다. 고구려의 고분인 무용총 안을 보면 천장과 벽에 (3) [ㅂ][ㅎ] 이/가 그려져 있는데, 사냥과 말타기를 즐겨했던 고구려 사람들의 생활 모습을 볼 수 있다. 신라 시대에는 왕이나 왕비가 죽었을 때, 무덤 안에 금으로 된 관인 (4) [ㄱ][ㄱ] 와/과 다양한 장신구를 죽은 사람의 몸과 함께 넣었다. 이 유물을 통해 무덤에 묻힌 인물의 지위와 권력을 알 수 있다.

한편, 고구려, 백제, 신라는 모두 불교를 믿었기에 부처의 모습을 닮은 조각상인 (5) [ㅂ][ㅅ] (이)라는 공통된 문화유산을 가지고 있다. 이처럼 삼국은 자신만의 독특한 문화와 전통을 형성하면서도 공통된 문화유산도 가지고 있다.

낱말밭 사전

확인 ☑

* **문화유산** 장래의 문화 발전을 위하여 다음 세대에게 전할 만한 가치를 지닌 문화적 재산. ☐

* **고분** 매우 오래전에 만들어진 무덤. ☐

* **벽화** 건물이나 동굴, 무덤 등의 벽에 그린 그림. ☐

* **금관** 예전에, 주로 임금이 쓰던 황금으로 만든 관. ☐

* **불상** 부처의 모습을 표현한 조각. ☐

1단계 확인과 적용

01 다음 뜻을 가진 낱말을 **보기**에서 찾아 쓰세요.

> **보기**
>
> 고분   금관   불상

(1) 부처의 모습을 표현한 조각. (   )

(2) 매우 오래전에 만들어진 무덤. (   )

(3) 예전에, 주로 임금이 쓰던 황금으로 만든 관. (   )

02 다음 빈칸에 들어갈 알맞은 낱말을 찾아 선으로 이으세요.

(1) 신라의 왕이 묻혀 있는 [   ]들은 경주에 몰려 있다.   •   • ㉠ 고분

(2) 유명한 화가가 이 건물의 벽면에 [   ]을/를 그렸다.   •   • ㉡ 벽화

(3) 우리나라의 수원에 위치한 화성은 세계적인 [   ](이)다.   •   • ㉢ 문화유산

03 다음 문장에 어울리는 낱말을 찾아 ○표 하세요.

(1) 이 산의 높은 절벽에는 (금관 , 불상)을 새겨 놓은 곳이 많다.

(2) (금관 , 불상)은 왕과 왕비가 지위를 나타내기 위해 사용한 장신구이다.

(3) 마을 골목의 담장에 (벽화 , 고분)을/를 그려 마을 분위기를 밝게 바꾸었다.

04 다음 밑줄 친 부분과 뜻이 비슷한 낱말은 무엇인가요? (   )

> 선조들이 만든 문화재나 가치 있는 문화 양식은 우리 역사와 문화를 이해하고 지키는 데 도움을 주는 소중한 문화적 재산이다. 이는 과거의 지혜와 아름다움을 존중하고 미래 세대에게 전달할 수 있도록 과거와 현재를 연결하는 다리 역할을 한다. 우리의 문화를 후대에 계속 전하기 위해서 이를 보존하고 소중히 여겨야 한다.

① 고분   ② 금관   ③ 벽화   ④ 불상   ⑤ 문화유산

05 다음 ㉠과 ㉡에 들어갈 알맞은 낱말을 바르게 짝 지은 것은 무엇인가요? ( )

> 지만: 우리 할머니 댁은 경주에 있어. 경주는 과거에 신라 시대의 수도여서 당시의 문화를 알 수 있는 금관이나 벽화 등의 다양한 ㉠ 이 남아 있어.
>
> 희정: 나도 경주에 가 본 적 있어. 그때 왕의 무덤인 ㉡ 을 보고 깜짝 놀랐었어. 처음 봤을 때는 잘 가꾸어진 언덕인 줄 알았거든.
>
> 지만: 너도 그랬구나. 사실 나도 처음 봤을 때는 미끄럼을 타며 놀 수 있게 만든 곳인 줄 알았어. 경주는 역사와 문화가 살아 숨 쉬는 곳이야. 다음에 함께 가자.

① ㉠: 고분 – ㉡: 불상   ② ㉠: 불상 – ㉡: 고분   ③ ㉠: 불상 – ㉡: 금관
④ ㉠: 문화유산 – ㉡: 고분   ⑤ ㉠: 문화유산 – ㉡: 불상

06 다음 빈칸에 공통으로 들어갈 낱말로 알맞은 것은 무엇인가요? ( )

> 삼국 시대의 □□□ 은/는 우리의 문화와 예술을 대표하는 중요한 유물이다. 특히 백제와 고구려의 □□□ 은/는 독특한 형식을 지녀 예술적 가치가 높다. 백제는 인상이 부드럽고 우아하다는 점이 특징이며, 고구려는 강렬하며 현실적이라는 특징을 보인다. 한편, □□□ 은/는 불교라는 종교적 의미뿐만 아니라 국민들을 하나로 모으는 역할을 하기도 했다.

① 고분   ② 금관   ③ 불상   ④ 벽화   ⑤ 문화유산

2단계 활용

07 다음 보기와 같이 주어진 낱말을 넣어 짧은 문장을 만들어 쓰세요.

> **보기**
>
> 벽화
>
> ✎ 농촌을 여행지로 만들기 위해 오래된 담벼락에 아름다운 벽화를 그렸다.

(1) 불상

✎ --

(2) 문화유산

✎ --

사회 주제 07 고려는 어떤 나라와 교류했을까?

고려는 거란이 발해를 망하게 한 오랑캐 **부족**이라고 무시하고 이런저런 핑계를 대며 멀리했어요.

부족

960년, 거란을 멀리한 고려는 중국 서쪽에 건국한 송나라와 공식적으로 외교 하면서 **친선** 관계를 유지했어요.

친선

교류

926년, 발해를 멸망시키며 요나라를 세운 거란은 고려에 선물을 보내며 자신들과 **교류**하자고 했어요.

외교

참지 못한 거란은 결국 993년에 고려를 쳐들어왔어요. 긴 싸움 끝에 고려는 거란과 형식적인 **외교** 관계를 맺었어요.

무역

한편, 고려는 송나라, 거란, 여진, 아랍 등 여러 나라와 **무역**을 활발하게 하여 세계에 고려라는 이름을 알렸어요.

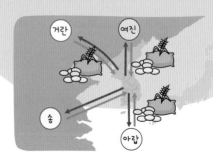

다음 글을 읽으며, 빈칸에 들어갈 낱말을 낱말밭에서 찾아 써 보세요.

고려는 왕건이 후삼국을 통일하여 세운 나라로, 고구려의 후손이라는 뜻에서 나라 이름을 고려로 지었다. 나라의 주체성을 유지하면서 주변의 나라나 (1)〔ㅂ ㅈ〕와/과 정치적, 경제적, 문화적으로 (2)〔ㄱ ㄹ〕하면서 평화로운 관계를 맺으려 노력하였다.

특히 송나라와는 고려가 먼저 나서서 정식으로 (3)〔ㅇ ㄱ〕관계를 맺고, 오늘날의 외교관에 해당하는 사신을 정기적으로 보내는 등 (4)〔ㅊ ㅅ〕관계를 유지하였다. 송나라 또한 고려와의 친선 관계를 중요하게 여겼다. 이를 바탕으로 고려는 송나라에 금과 은, 화문석, 인삼 등을 수출하고 송나라에서 비단, 약의 재료, 책, 차 등을 수입하는 등 활발한 (5)〔ㅁ ㅇ〕이/가 이루어졌다.

송나라와의 무역이 활발해지자 그들과 무역을 하던 아라비아 상인들도 고려에 들어왔다. 그들로 인해 코리아(KOREA)라는 영문 이름이 서방에 알려졌다. 그리고 황해도 예성강 하류의 벽란도라는 나루는 외국 상인들로 북적거리는 국제 무역항이 되었다. 송나라만큼은 아니지만 거란이나 여진 같은 다른 민족과도 무역이 이루어졌다. 거란과는 세 차례나 전쟁을 치르기도 했지만, 농기구와 문방구를 수출하는 등 무역은 끊기지 않았다. 다만 일본과는 친선 관계였으나 무역량은 그리 많지 않았다.

낱말밭 사전

확인 ☑

* **교류** 사람들이 자주 만나면서 문화나 사상, 물건 같은 것을 주고받는 일. ☐

* **부족** 같은 언어와 문화를 가진 채, 한 지역에서 생활하는 공동체. ☐

* **친선** 나라나 단체들이 서로 친하여 사이가 좋음. ☐

* **외교** 다른 나라와 정치적, 경제적, 문화적 관계를 맺는 일. ☐

* **무역** 나라와 나라 사이에 물건이나 서비스를 사고파는 것. ☐

01 다음 낱말의 뜻으로 알맞은 것을 토기에서 찾아 기호를 쓰세요.

> **보기**
> ㉠ 나라나 단체들이 서로 친하여 사이가 좋음.
> ㉡ 나라와 나라 사이에 물건이나 서비스를 사고파는 것.
> ㉢ 같은 언어와 문화를 가진 채, 한 지역에서 생활하는 공동체.

(1) 무역 (   )   (2) 부족 (   )   (3) 친선 (   )

02 다음 문장에 어울리는 낱말을 찾아 ○표 하세요.

(1) 사상이 다른 나라끼리 스포츠를 이용하여 (친선 , 무역)을 다지는 경우도 있다.

(2) 국경이 붙어 있는 나라끼리는 대부분 (교류 , 부족)이/가 많지만 분쟁도 적지 않다.

03 다음 빈칸에 들어갈 알맞은 낱말을 찾아 선으로 이으세요.

(1) 전 세계의 모든 [   ]은/는 나름대로 각자 고유
한 문화를 가지고 있다.   • ㉠ 무역

(2) 지하자원이 많지 않은 우리나라는 [   ]을/를
통해 필요한 자원을 구한다.   • ㉡ 부족

04 다음 글에서 밑줄 친 부분과 뜻이 비슷한 낱말을 토기에서 찾아 쓰세요.

> **보기**
> 교류   부족

> 동양과 서양이 서로의 문화를 이해하며 존중하기 시작한 것은 그리 오래되지 않았
> 다. 문화란 돈으로 사거나 팔 수 있는 것이 아니라, 자연스럽게 <u>서로 자주 접하면서
> 알게 되는 것</u>이기 때문이다.

(   )

05 다음 밑줄 친 낱말과 뜻이 비슷한 낱말은 무엇인가요? ( )

> 다른 나라와의 관계에서 자기 나라의 이익만 너무 중시하면 양국의 <u>우호</u> 관계에 금이 갈 수 있다. 이런 점은 인간관계에서도 마찬가지다. 항상 자신의 이익만 챙기는 이기적인 행동을 하면 오랫동안 알고 지낸 사이라 하더라도 관계가 서먹해질 가능성이 크다. 좋은 관계를 유지하려면 서로 양보하는 마음을 바탕으로 때로는 조금 손해도 볼 수 있어야 한다.

① 교류   ② 무역   ③ 부족   ④ 외교   ⑤ 친선

06 다음 ㉠과 ㉡에 들어갈 알맞은 낱말을 바르게 짝 지은 것은 무엇인가요? ( )

> 산맥으로 가로막혀 있던 두 지역을 이어주는 고속도로가 만들어지면서 두 지역 간에 상품과 서비스의 [㉠] 이/가 활발하게 이루어지고 있다. 그리고 자연스럽게 두 지역 사람 간의 [㉡] 관계도 이전보다 눈에 띄게 좋아지고 있다. 이를 볼 때, 경제적인 [㉠] 이/가 문화적이고 심리적인 차원의 [㉡] 을/를 이끈다고 할 수 있다.

① ㉠: 교류 – ㉡: 무역   ② ㉠: 교류 – ㉡: 친선   ③ ㉠: 부족 – ㉡: 교류
④ ㉠: 부족 – ㉡: 친선   ⑤ ㉠: 친선 – ㉡: 교류

활용

07 다음 **보기** 는 고려와 주변국과의 관계를 나타낸 그림입니다. 이를 바탕으로 **조건** 에 맞는 문장을 만들어 쓰세요.

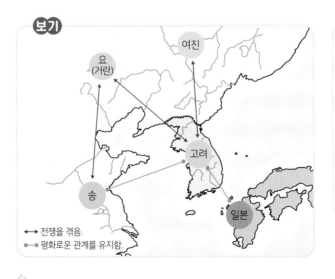

조건

1. '외교', '친선', '대립'이라는 세 낱말을 모두 활용할 것.
2. '고려는 송나라와는 ~를 하고, 거란과는 ~를 하였다.'라는 문장 형식으로 쓸 것.

사회
주제 08 조선의 개혁은 어떻게 이루어졌을까?

권력을 지닌 신하들이 아직도 백성들의 생활보다 자기가 속한 **붕당**의 이익을 더 많이 생각하는 것이 문제야.

붕 당

나의 할아버지인 영조 왕께서 처음으로 시행하셨던 **탕평책**을 계속 유지해서 신하들 간의 다툼을 줄여야겠어.

탕 평 책

개 혁

나는 조선의 왕, 정조! 백성을 위한 정치를 제대로 하기 위해 조선을 변화시킬 **개혁** 정책을 더 강하게 추진해야겠어!

실 학

실학을 배운 젊은 학자들을 뽑아 나랏일을 맡겨야겠어. 그들은 백성의 실생활을 중요하게 여긴다고 해.

왕 권

낡은 이론만 고집하는 지금의 신하들과는 다른, 새로운 시각을 지닌 인재들이 궁 안에 들어오면 나의 **왕권**도 더 강해질 거야.

다음 글을 읽으며, 빈칸에 들어갈 낱말을 낱말밭에서 찾아 써 보세요.

조선 시대에는 16세기 중반부터 ⁽¹⁾[ㅂ | ㄷ] (이)라는 정치 집단이 나타났다. 서로 정치적 입장이나 학문이 다른 붕당들은 다양한 의견을 제시하면서 균형을 이루어 나라를 이끌어가기도 하였다. 하지만 점점 의견 대립과 경쟁이 심해지더니 나중에는 매우 심하게 대립하면서 권력 다툼을 하였다. 이 과정에서 왕의 힘도 점점 약해졌다.

조선의 제21대 왕인 영조는 붕당으로 인한 문제점들을 해결하기 위해 각 붕당에서 인재를 골고루 뽑아 나랏일을 맡기는 ⁽²⁾[ㅌ | ㅍ | ㅊ] (이)라는 정책을 시행하였다. 이를 통해 이전보다 정치 질서가 안정될 수 있었고 ⁽³⁾[ㅇ | ㄱ] 도 점차 강화되었다. 그래서 영조의 뒤를 이은 정조도 탕평책을 계승하였다.

한편, 전쟁의 상처와 부패한 관리들의 횡포로 백성들의 생활이 점점 어려워졌다. 하지만 당시 사대부들의 학문으로는 실생활과 관련된 백성들의 문제를 해결하기 어려웠다. 그래서 백성들의 실생활 향상을 목적으로 하는 새로운 학문이 나타났다. 이를 ⁽⁴⁾[ㅅ | ㅎ] (이)라고 한다. 과학적 지식으로 농업과 상업을 발전시키려 한 실학자들은 정조 때 큰 역할을 하였다.

이렇게 영조와 정조는 백성을 괴롭혔던 제도들을 없애는 동시에 여러 가지 새로운 제도를 시행하여 조선 사회의 ⁽⁵⁾[ㄱ | ㅎ] 을/를 이끌었다.

낱말밭 사전

확인 ☑

* **개혁** 제도나 기구 등을 새롭게 뜯어고침. ☐

* **붕당** 조선 시대에 정치적 생각이나 학문을 같이하는 사람들의 정치 집단. ☐

* **탕평책** 조선 영조 때에 정치적 집단에 상관없이 나랏일을 할 인재를 고루 뽑던 정책. ☐

* **실학** 조선 후기에 백성의 실생활에 도움이 되는 것을 목표로 하는 학문. ☐

* **왕권** 임금이 지닌 권력이나 권리. ☐

01 다음 뜻을 가진 낱말을 보기 에서 찾아 쓰세요.

보기

개혁   왕권

(1) 임금이 지닌 권력이나 권리. (   )

(2) 제도나 기구 등을 새롭게 뜯어고침. (   )

02 다음 초성을 보고, 빈칸에 들어갈 알맞은 낱말을 쓰세요.

(1) ㅅ ㅎ

✎ 정약용은 오늘날까지 큰 영향을 끼친 (   )의 대표적인 학자로 평가받고 있다.

(2) ㅌ ㅍ ㅊ

✎ 조선의 영조는 정당들이 벌이는 싸움으로 인한 피해를 막기 위해 (   )을/를 썼다.

03 다음 빈칸에 들어갈 알맞은 낱말을 보기 에 있는 글자 카드로 만들어 쓰세요.

보기

권   왕   당   붕

(1) 조선 시대에 과거 시험을 볼 때는 자신이 속한 (   )을 언급할 수 없었다.

(2) 중세 시대 유럽에서는 특정 종교의 최고 지도자 권력이 (   )보다 강하였다.

04 다음 밑줄 친 부분과 뜻이 비슷한 낱말로 알맞은 것은 무엇인가요? (   )

일부 역사학자는 조선 시대의 벼슬아치들이 <u>정치적 입장이나 학문적 생각이 같은 사람들끼리 무리를 이루어</u> 자신들의 이익만 좇았다고 주장한다. 하지만 입장이나 생각이 다른 사람들이 격렬하게 토론하면서 올바른 정책을 만들어 내기도 하였다.

① 개혁   ② 붕당   ③ 실학   ④ 왕권   ⑤ 탕평

05 다음 밑줄 친 낱말과 뜻이 비슷한 낱말을 **보기** 에서 찾아 쓰세요.

> **보기**
>
> 개혁   탕평책   붕당   실학

> 많은 사람이 학생들의 과도한 성적 경쟁을 막아야 한다고 말한다. 문제 해결을 위해 교육 제도를 완전히 <u>쇄신</u>해야 한다는 주장과 갑자기 제도를 바꾸면 혼란만 생기므로 천천히 변경해야 한다는 주장이 있다. 하지만 현재의 교육 제도에도 장점이 있다. 따라서 현재 교육 제도의 장점은 살리고 단점은 없앨 수 있는 방법을 찾아야 한다.

(   )

06 다음 ㉠과 ㉡에 들어갈 알맞은 낱말을 바르게 짝 지은 것은 무엇인가요? (   )

> 조선 시대 허균은 『홍길동전』을 지은 작가로 유명하지만, 그는 뛰어난 정치가이자 학자였다. 광해군 때 활동한 허균은 [㉠] 정치와 신분 질서의 문제점을 지적하였다. 그리고 나라를 이끌 인재를 [㉠]이나 신분에 상관없이 능력만으로 뽑아야 한다고 주장하며 과거 제도를 [㉡]하는 방향을 제시하였다.

① ㉠: 붕당 – ㉡: 개혁   ② ㉠: 붕당 – ㉡: 실학   ③ ㉠: 붕당 – ㉡: 왕권

④ ㉠: 실학 – ㉡: 개혁   ⑤ ㉠: 실학 – ㉡: 왕권

2단계   활용

07 다음 **보기** 의 내용을 참고하여, **조건** 에 맞는 문장을 만들어 쓰세요.

> **보기**
>
> 조선의 제21대 왕인 영조가 세운 탕평비에는 한자로 '두루 사귀며 편을 가르지 않음은 군자의 공정한 마음이요, 편을 가르며 두루 사귀지 않음은 소인의 사사로운 마음이다.'라고 적혀 있다.

> **조건**
>
> 1. 탕평비를 통해 알 수 있는 영조의 태도를 제시할 것.
> 2. '탕평책'과 '붕당'이라는 두 낱말을 모두 사용할 것.
> 3. '탕평비에는 …이/가 드러나 있다.'라는 문장 형식으로 쓸 것.

낱말밭 주간학습

01 다음 빈칸에 들어갈 알맞은 낱말을 **보기**에서 찾아 쓰세요.

> **보기**
>
> 벽화   부족   외교

(1) 오늘날에도 일부 (   ) 사회에서는 목숨이 위험한 성인식을 치른다.

(2) 고대의 (   )을/를 보면 당시에 살았던 사람들의 생활을 엿볼 수 있다.

(3) 옛날 우리나라는 주변 국가인 중국과 일본에 종종 (   ) 사절을 보냈다.

02 다음 문장에 어울리는 낱말을 찾아 ○표 하세요.

(1) 해녀들은 주로 전복, 굴, 김, 미역 등을 (수렵 , 채집)한다.

(2) 이 지역에서는 돌을 갈아서 만든 (신석기 , 토기)가 많이 발견되고 있다.

(3) 우리 회사는 올해부터 아프리카의 몇몇 나라와 (무역 , 개혁)을 시작하였다.

03 다음 빈칸에 들어갈 알맞은 낱말을 **보기**에서 찾아 쓰세요.

> **보기**
>
> 개혁   붕당   친선

> 오랫동안 앙숙이었던 두 나라는 스포츠를 통해 서로 교류하면서 [   ] 관계를 맺기 시작하였다.

(   )

04 다음 밑줄 친 부분과 뜻이 비슷한 낱말은 무엇인가요? (   )

> 초기 인류로 볼 수 있는 석기 시대의 사람들은 주로 손으로 열매를 따 먹거나 <u>올가미나 돌창, 돌도끼 등을 사용하여 짐승을 잡아</u> 식량으로 삼았을 것으로 짐작된다. 또한 조개를 잡거나 그물로 물고기를 잡기도 하였다.

① 벽화   ② 붕당   ③ 수렵   ④ 외교   ⑤ 채집

05 다음 밑줄 친 부분과 뜻이 비슷한 낱말을 찾아 ○표 하세요.

> 약 1만 년 전, 모든 것이 얼어붙었던 빙하기가 끝나고 날씨가 따뜻해지자, 지구의 자연환경이 크게 변하였다. 수많은 식물이 자라났고, 얼음이 녹으며 불어난 물속에는 물고기와 조개가 풍성해졌다. 이 시대의 사람들은 간석기로 사냥하거나 물고기를 잡았다. 그리고 흙으로 모양을 빚은 뒤 불에 구워서 만든 그릇에 곡식을 저장하였다.

(고분 , 움집 , 토기)

06 다음 빈칸에 공통으로 들어갈 낱말로 알맞은 것은 무엇인가요? (   )

> 조선 시대의 ☐☐☐ 은 오늘날로 치면 출신 학교나 지역을 중심으로 이루어진 정치 세력이라고 할 수 있다. ☐☐☐ 이 처음 등장했을 때는 서로 견제하면서 백성을 위한 유익한 정책을 제안하였다. 하지만 점차 경쟁이 심해지면서 큰 싸움이 여러 번 일어났고, 그때마다 많은 신하들이 사약을 받거나 먼 곳으로 귀양을 갔다. 그래서 영조는 ☐☐☐ 으로 인한 문제를 해결하기 위해 탕평책을 실시하였다.

① 부족   ② 붕당   ③ 실학   ④ 왕권   ⑤ 움집

07 다음 밑줄 친 부분과 뜻이 비슷한 낱말로 알맞은 것은 무엇인가요? (   )

> 전 세계에는 수많은 국가가 있지만, 그 어떤 국가도 국민에게 필요한 자원을 모두 갖고 있지는 않다. 가지고 있더라고 그것을 개발할 기술이 없거나 엄청난 비용이 든다. 그래서 국가들은 다른 국가와 물건이나 서비스 같은 상품을 서로 거래한다.

① 무역   ② 붕당   ③ 수렵   ④ 채집   ⑤ 친선

08 다음 ㉠과 ㉡에 들어갈 알맞은 낱말을 바르게 짝 지은 것은 무엇인가요? (   )

> 불교는 삼국 시대에, 우리나라에 전해졌다. 4세기 말에 중국을 통해 고구려에 먼저 들어오고, 곧이어 고구려와의 ☐ ㉠ ☐ 이/가 활발했던 백제에 전해졌다. 이에 따라 고구려나 백제에서 만들어진 초창기 ☐ ㉡ ☐ 은/는 중국의 영향을 많이 받았을 것으로 짐작된다. 하지만, 이 시기의 불상이 발견되지 않아 확인할 수는 없다.

① ㉠: 벽화 – ㉡: 고분   ② ㉠: 교류 – ㉡: 불상   ③ ㉠: 개혁 – ㉡: 고분

④ ㉠: 개혁 – ㉡: 벽화   ⑤ ㉠: 불상 – ㉡: 친선

역사란 무엇인가

역사를 연구하는 학문이 처음 생겼을 때 역사학자들은 과거의 유물이나 유적을 가지고 그 당시의 모습을 그대로 알아내는 것에 집중하였다. 예를 들면, 신라의 ㉠고분에서 나온 금관과 장신구들을 보고 신라의 왕이나 왕족들의 차림새를 알아내거나, 고려 시대에 관한 기록이나 유물을 보고 당시 고려의 ㉡외교 관계나 ㉢무역 물품이 무엇인지를 알아내는 것이다.

하지만, 이 방법은 구석기나 신석기 시대 같이 역사적 유물이나 유적이 많지 않은 경우에는 적용하기 어렵다. 신석기 시대 사람들이 살았던 ㉣움집의 터를 보고 당시 사람들의 집 모양을 추측할 수는 있지만 그들이 실제로 어떻게 살았으며 ㉮함께 모여 살던 공동체 내의 관계가 어떠했는지는 알 수 없다. 이러한 한계는 기록이나 유물이 많지 않은 삼국 시대 이전의 역사에도 거의 모두 적용된다.

그래서 역사적 사실에 대한 평가가 더 중요하다는 입장이 나타났다. 물론 평가 대상이 되는 역사적 사실은 객관적이어야 한다. 예를 들어 조선 시대에 영조가 붕당 때문에 탕평책이라는 ㉤개혁 정책을 펼쳤고, 정조가 실학을 받아들였다는 것은 객관적 사실이다. 하지만 이런 사실보다 왕이 신하들의 세력 다툼을 막기 위해 적극적으로 노력했으며, 현실과 동떨어진 이론보다 백성의 삶을 더 중요하게 여긴 ㉯ 의 정신을 가졌었다는 평가가 우리에게 교훈을 준다는 것이다. 그렇지만 이런 평가는 시대의 변화에 따라 달라질 수 있다.

09 ㉠~㉤의 뜻으로 바르지 <u>않은</u> 것은 무엇인가요? (   )

① ㉠: 매우 오래 전에 만들어진 무덤.

② ㉡: 나라나 단체들이 서로 친하여 사이가 좋음.

③ ㉢: 나라와 나라 사이에 물건이나 서비스를 사고파는 것.

④ ㉣: 추위나 비바람을 가리기 위해 땅을 파고 지붕을 덮어 만든 집.

⑤ ㉤: 제도나 기구 등을 새롭게 뜯어고침.

10 ㉮와 뜻이 비슷한 낱말은 무엇인가요? (   )

① 고류   ② 부족   ③ 채집   ④ 수렵   ⑤ 친선

11 ㉯에 들어갈 낱말로 알맞은 것은 무엇인가요? (   )

① 붕당   ② 실학   ③ 유물   ④ 정책   ⑤ 탕평책

🌸 디지털 속 한 문장

정답 및 해설 **23**쪽

다음을 보고, 신석기라는 낱말을 넣어 이에 대한 자신의 생각을 써 보세요.

#신석기

어제 친구들과 역사 박물관에 갔었다. 박물관에는 각 시대마다 당시 생활 모습이 재현되어 있었는데, 신석기 시대가 가장 인상적이었다. 특히 신석기 시대 사람들이 살던 움집은 정말 아늑해 보여서 들어가 보고 싶을 정도였다.

주제별로 묶어 어휘를 의미적으로 연결하여 학습해 봐!

우리 몸에는 어떤 기관이 있을까?

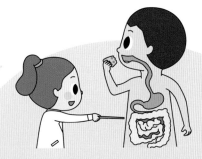

음식물은 '입 → 식도 → 위 → 작은창자 → 큰창자'를 거치면서 여러 영양소로 분해되어 몸 안에서 소화가 되지요.

소 화

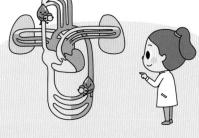

영양소는 혈액을 통해 몸속의 모든 세포에 공급되어요. 그리고 혈액은 혈관을 통해 온 몸을 순환해요.

순 환

기 관

우리 몸은 각각 역할을 맡은 여러 기관으로 이루어져 있어요.

배 설

우리 몸이 혈액의 영양소를 이용하는 과정에서 필요 없는 찌꺼기가 생기는데, 이는 땀이나 소변으로 배설돼요.

감 각

우리가 몸 외부에서 느끼는 자극인 시각, 청각, 후각, 미각, 촉각 등은 주로 감각 기관을 통해 인식되어요.

다음 글을 읽으며, 빈칸에 들어갈 낱말을 낱말밭에서 찾아 써 보세요.

우리는 몸을 구성하고 있는 여러 가지 ⁽¹⁾[ㄱ][ㄱ] 이/가 원활하게 작용해야 생명을 유지할 수 있다. 각 기관은 서로 영향을 주고받으므로 한 기관에 문제가 생기면 다른 기관에도 문제가 발생할 수 있다.

산소를 얻고 이산화 탄소를 내뱉는 숨쉬기 과정은 코, 기관(숨통), 기관지, 폐 등의 호흡 기관을 통해 이루어진다. 그리고 음식물을 먹어서 영양소를 얻는 일은 ⁽²⁾[ㅅ][ㅎ] 기관을 통해 이루어진다. 소화 기관은 입, 식도, 위, 작은창자, 큰창자, 항문 등이 포함된다. 산소와 영양소는 혈액을 통해 몸속 구석구석에 공급된다. 혈액이 온몸을 도는 일은 ⁽³⁾[ㅅ][ㅎ] 기관을 통해 이루어진다. 심장에서 나온 혈액이 혈관을 따라 온몸을 거치고 다시 심장으로 돌아오는 순환 과정이 살아 있는 동안 계속 반복된다. 그런데 산소와 영양소를 이용하여 몸에 필요한 에너지를 만들어내는 과정에서 혈액에 찌꺼기 물질이 생긴다. 이를 그냥 두면 몸에 해롭기 때문에 혈액 속에 있는 이런 찌꺼기 물질을 몸 밖으로 내보내야 한다. 이를 ⁽⁴⁾[ㅂ][ㅅ] (이)라고 한다. 이는 콩팥과 방광 등의 배설 기관을 통해 이루어진다. 한편, 시각, 청각, 후각, 미각, 촉각 등과 같은 외부의 자극은 눈, 코, 귀, 혀, 피부 등의 ⁽⁵⁾[ㄱ][ㄱ] 기관을 통해 느낄 수 있다.

낱말밭 사전

확인 ☑

* **기관**	생물의 몸에서 일정한 모양과 기능을 가지고 있는 부분.	☐
* **소화**	먹은 것을 분해하여 영양분을 흡수하기 쉬운 형태로 바꾸는 일.	☐
* **순환**	주기적으로 자꾸 되풀이하여 도는 과정.	☐
* **배설**	몸에서 혈액 속의 영양분을 흡수하고 남은 찌꺼기를 몸 밖으로 내보내는 일.	☐
* **감각**	눈, 코, 귀, 혀, 살갗을 통하여 바깥의 어떤 자극을 알아차림.	☐

01 다음 낱말의 뜻으로 알맞은 것을 **보기**에서 찾아 기호를 쓰세요.

> **보기**
> ㉠ 주기적으로 자꾸 되풀이하여 도는 과정.
> ㉡ 생물의 몸에서 일정한 모양과 기능을 가지고 있는 부분.
> ㉢ 먹은 것을 분해하여 영양분을 흡수하기 쉬운 형태로 바꾸는 일.

(1) 기관 (   )   (2) 소화 (   )   (3) 순환 (   )

02 다음 빈칸에 들어갈 알맞은 낱말을 찾아 선으로 이으세요.

(1) 현미는 몸속의 오염 물질을 [   ]하게 하는 효과
가 있다.   • ㉠ 감각

(2) 그는 병을 앓고 난 뒤부터 맛을 느끼는 [   ]을
잃어버렸다.   • ㉡ 배설

03 다음 밑줄 친 낱말이 **보기**의 뜻으로 사용된 것을 찾아 ○표 하세요.

> **보기**
> 소화   먹은 것을 분해하여 영양분을 흡수하기 쉬운 형태로 바꾸는 일.

① 소방관들은 불이 난 지 30분 만에 소화 작업을 마쳤다. (   )

② 동양인 중에는 우유를 잘 소화하지 못하는 체질이 있는 사람도 있다. (   )

04 다음 밑줄 친 부분을 모두 포함하는 낱말을 이 글에서 찾아 두 글자로 쓰세요.

> 일반적으로 우리가 감각 기관을 통해 느낄 수 있는 것은 시각, 청각, 미각, 후각, 촉각 등의 다섯 가지뿐이라고 생각한다. 하지만 이 외에도 우리 몸에는 몸의 균형을 잡아 주는 평형 감각과 외부에서 들어오는 음식을 느껴 소화를 돕는 내장 감각도 존재한다.

(   )

05 다음 밑줄 친 부분과 뜻이 비슷한 낱말로 알맞은 것은 무엇인가요? ( )

> 흔히 청소년기를 돌도 삭일 나이라고 말한다. 신체적으로 성장하는 시기이면서 공부와 운동 등으로 신체 활동이 매우 활발하게 이루어지기 때문이다. 그래서 어떤 것을 먹어도 몸에서 충분히 받아들일 수 있으며, 먹는 양도 매우 많다. 이런 특성 때문에 옛날부터 청소년을 가리켜 돌도 씹어 먹을 수 있다고 말하는 것이다.

① 감각 　　② 기관 　　③ 배설 　　④ 소화 　　⑤ 순환

06 다음 ㉠과 ㉡에 들어갈 알맞은 낱말을 바르게 짝 지은 것은 무엇인가요? ( )

> 생명을 유지하는 데 필요한 산소와 영양소는 피를 통해 몸 안 곳곳에 전달된다. 그런데 몸이 산소와 영양소를 이용하여 에너지를 만드는 과정에서 필요 없는 노폐물이 만들어진다. 핏속에 있는 이런 노폐물을 방광을 통해 몸 밖으로 내보내는 것을 [㉠](이)라고 한다. 이와 달리 배출은 사람이 먹은 음식물이 [㉡]되고 남은 찌꺼기를 항문을 통해 내보내는 것을 말한다. 따라서 생물학적으로 [㉠]와/과 배출은 다르다.

① ㉠: 배설 – ㉡: 소화 　　② ㉠: 배설 – ㉡: 순환 　　③ ㉠: 소화 – ㉡: 순환
④ ㉠: 소화 – ㉡: 배설 　　⑤ ㉠: 순환 – ㉡: 소화

활용

2 단계

07 다음 **보기**의 낱말 중 하나를 골라서 짧은 문장을 각각 만들어 쓰세요.

보기
> 감각　　기관　　순환

(1) 낱말 ✎ _____

문장 ✎ _____

(2) 낱말 ✎ _____

문장 ✎ _____

우리는 숲과 동굴, 도시 등 지구 곳곳에서 살며 생태계의 생산자인 식물의 가루받이에 큰 도움을 주고 있어요.

생 산 자

우리는 생태계의 1차 소비자에 해당하는 곤충을 먹어서 그 수를 조절해요. 한 종의 생물이 너무 많아지면 문제가 생기거든요.

소 비 자

생 태 계

나는 박쥐예요. 사람들은 대부분 나를 싫어해요. 하지만 나는 지구 생태계에서 매우 중요한 역할을 하고 있어요.

먹 이 사 슬

과학자들은 우리의 수가 줄어들면 먹이사슬이 혼란스러워져 짧은 시간에 해충이 늘어날 것이라고 경고해요.

분 해 자

우리 박쥐의 생명이 다하면 어떻게 될까요? 곰팡이 같은 분해자에 의해 자연의 일부로 돌아가게 돼요.

다음 글을 읽으며, 빈칸에 들어갈 낱말을 낱말밭에서 찾아 써 보세요.

이 세상에 있는 모든 생물은 서로 밀접한 관계를 맺고 있다. 또한 온도나 햇빛, 물 같은 비생물적 요소와도 서로 영향을 주고받는다. 우리 인간을 보더라도 여러 가지 식물이나 동물을 이용한 음식을 먹고 있으며, 물을 마시지 않으면 생명을 유지할 수 없다. 그러면서 인간은 지구상의 식물과 동물들을 지키기 위해 노력하고 있기도 하다. 생물 요소와 비생물 요소 간의 이러한 관계를 [(1) ㅅ ㅌ ㄱ](이)라고 한다.

생태계는 주로 나무나 풀 같은 식물이 해당하는 [(2) ㅅ ㅅ ㅈ]와/과 이를 먹이로 삼아 생명을 유지하는 [(3) ㅅ ㅂ ㅈ], 죽은 생물체를 비생물적 요소로 분해하여 다른 생물이 이용할 수 있게 하는 [(4) ㅂ ㅎ ㅈ](으)로 나눌 수 있다.

소비자는 다시 1차 소비자, 2차 소비자, 최종 소비자로 나뉜다. 생산자와 이들 소비자는 서로 먹고 먹히는 [(5) ㅁ ㅇ ㅅ ㅅ]을/를 이루고 있다. 따라서 이 중에서 하나가 없어지거나 개체 수에 큰 변화가 생기면 생태계에 일시적인 혼란이 생길 수 있다. 예를 들어, 생산자 중 한 종이 없어지면 그 생산자를 먹이로 삼던 생물의 종이 줄어들게 될 것이다. 하지만 오랜 시간이 걸리더라도 생태계의 생물들은 언젠가는 다시 균형을 이루게 된다.

낱말밭 사전

확인 ☑

* **생태계** 일정한 지역이나 환경에서 생물 요소와 비생물 요소가 서로 영향을 주고받는 체계. ☐

* **생산자** ① 물건을 만들어 내는 사람. ② 생태계에서 햇빛 등을 이용하여 살아가는 데 필요한 영양 성분을 스스로 만드는 생물. ☐

* **소비자** ① 물건을 사서 쓰는 사람. ② 생태계에서 영양 성분을 스스로 만들지 못하고 다른 생물을 먹이로 하여 살아가는 생물. ☐

* **먹이 사슬** 생태계에서 먹고 먹히는 관계가 사슬과 같이 이어져 있는 것. ☐

* **분해자** 생태계에서 주로 죽은 생물이나 동물의 배출물을 분해하여 영양 성분을 얻는 생물. ☐

01 다음 뜻을 가진 낱말을 보기에서 찾아 쓰세요.

> **보기**
>
> 생산자   분해자

(1) 생태계에서 주로 죽은 생물이나 동물의 배출물을 분해하여 영양 성분을 얻는 생물.

(   )

(2) 생태계에서 햇빛 등을 이용하여 살아가는 데 필요한 영양 성분을 스스로 만드는 생물.

(   )

02 다음 문장에 어울리는 낱말을 찾아 ◯표 하세요.

(1) 풀이나 나무와 같은 식물은 생태계에서 (생산자 , 소비자 , 분해자)의 역할을 한다.

(2) 메뚜기나 참새와 같은 동물은 생태계에서 (생산자 , 소비자 , 분해자)의 역할을 한다.

(3) 세균이나 곰팡이와 같은 미생물은 생태계에서 (생산자 , 소비자 , 분해자)의 역할을 한다.

03 다음 빈칸에 들어갈 알맞은 낱말을 찾아 선으로 이으세요.

(1) 외래 생물이 우리나라에 들어오면서 토종 [　　　] 이/가 위협받는 경우도 있다.　　　•

•　㉠　생태계

(2) 인간이 버린 오염 물질은 [　　　]에 따라 최상 위 포식자인 인간에게 되돌아온다.　　　•

•　㉡　먹이 사슬

04 다음 밑줄 친 부분과 비슷한 뜻을 가진 낱말을 보기에서 찾아 쓰세요.

> **보기**
>
> 생산자   소비자   분해자   먹이 사슬

> 태양은 지구의 다양한 생물들이 서로 영향을 주고받는 먹이 관계에서 에너지를 만들어 내는 근원이다. 초식 동물의 먹이가 되는 녹색식물은 광합성을 통해 산소를 생산하는데, 이 과정에서 자신의 영양분을 태양의 빛 에너지를 이용하여 만들어 내기 때문이다.

(   )

05 다음 ㉠과 ㉡에 들어갈 알맞은 낱말을 바르게 짝 지은 것은 무엇인가요? (   )

> 최근 농촌에서는 멧돼지나 고라니의 수가 너무 많아서 문제가 되고 있다. 하지만 사실 이런 현상은 인간이 만들어 낸 것이다. 인간의 무분별한 개발과 사냥으로   ㉠   의 먹이 사슬에서 인간을 제외한 가장 높은 곳에 있는   ㉡   인 호랑이나 표범 같은 육식 동물이 거의 사라졌다. 이로 인해 잡식 동물인 멧돼지나 초식 동물인 고라니가 늘어난 것이기 때문이다.

① ㉠: 생태계 – ㉡: 분해자   ② ㉠: 생태계 – ㉡: 생산자   ③ ㉠: 생태계 – ㉡: 소비자
④ ㉠: 생산자 – ㉡: 생태계   ⑤ ㉠: 분해자 – ㉡: 생태계

06 다음 ㉠와 ㉡에 들어갈 알맞은 낱말을 **보기**에서 찾아 쓰세요.

보기

생산자   소비자   분해자

> 인간 사회나 생태계 모두   ㉠   와   ㉡   는 서로 밀접한 관계를 맺고 있다. 둘은 별개가 아니라 서로서로 필요로 하기 때문이다. 인간 사회를 예로 들면,   ㉡   가 바라는 물건을 만들어 내지 못하는   ㉠   는 망할 수밖에 없고,   ㉠   가 물건을 만들지 않으면   ㉡   의 삶이 매우 불편해진다. 이런 점은 생태계에서도 마찬가지다.

(1) ㉠: (   )   (2) ㉡: (   )

2단계 **활용**

07 다음 **보기**의 내용을 참고하여, **조건**에 맞는 문장을 만들어 쓰세요.

보기

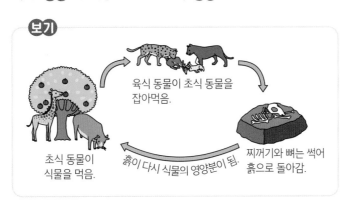

육식 동물이 초식 동물을 잡아먹음.

초식 동물이 식물을 먹음.

흙이 다시 식물의 영양분이 됨.

찌꺼기와 뼈는 썩어 흙으로 돌아감.

조건

1. **보기**에서 드러나는 내용을 간략하게 정리해 제시할 것.
2. '생태계'와 '먹이 사슬'이라는 두 낱말을 모두 사용할 것.

낱말밭

첫 번째 돌은 공룡 화석이나 물고기 화석
이 많이 나오는 **퇴적암**이에요. 암석 중에서
가장 많아요.

퇴 적 암

검고 구멍이 뚫려 있는 두 번째 돌은 **현무
암**이에요. 화산 활동으로 마그마가 땅으로
나와서 빠르게 굳어진 암석이에요.

현 무 암

암 석

여러분, 오늘은 지구 표면을 덮고 있는 여
러 가지 **암석**을 공부할 거예요. 모두 앞에
있는 암석 표본을 보세요.

화 강 암

흰색 바탕에 붉고 푸른 점이 박혀 있는 세
번째 돌은 **화강암**이에요. 마그마가 땅속 깊
은 곳에서 천천히 굳어진 암석이에요.

변 성 암

줄무늬가 있는 마지막 돌은 **변성암**이에
요. 화강암 같은 것이 아주 높은 열이나 압력
을 받아서 변한 암석이랍니다.

다음 글을 읽으며, 빈칸에 들어갈 낱말을 낱말밭에서 찾아 써 보세요.

지구의 겉 부분을 구성하는 단단한 물질을 ⁽¹⁾[ㅇ ㅅ](이)라고 한다. 암석은 생성 과정에 따라 크게 세 가지로 나뉜다.

지구 암석의 대부분을 차지하는 ⁽²⁾[ㅌ ㅈ ㅇ]은/는 다양한 퇴적물이 바다나 호수 밑에 쌓인 뒤 단단히 굳어져서 만들어진다. 자갈이 주로 퇴적된 역암, 모래가 주로 퇴적된 사암, 진흙이 주로 퇴적된 이암, 동물의 뼈나 조개껍데기 같은 것이 주로 퇴적된 석회암으로 나뉜다.

화성암은 지구 내부의 마그마가 굳어진 암석이다. 이는 화산 폭발 등으로 땅의 표면에 나온 마그마가 빠르게 식은 화산암, 마그마가 땅속 깊은 곳에서 천천히 식은 심성암으로 나뉜다. 예를 들어 제주도에 많은 검은 색의 ⁽³⁾[ㅎ ㅁ ㅇ]은/는 화산암이고, 광택이 나고 단단하여 건축에 많이 사용되는 ⁽⁴⁾[ㅎ ㄱ ㅇ]은/는 심성암이다.

⁽⁵⁾[ㅂ ㅅ ㅇ]은/는 퇴적암이나 화성암이 높은 열이나 압력을 받아 성질이 변한 암석이다. 석회암이 변한 대리암, 이암이나 화강암이 변한 편마암, 현무암이 변한 각성암 등이 있다.

한편, 암석은 환경에 따라 다른 암석으로 변화할 수 있다. 예를 들어 화성암이 잘게 부서져서 퇴적암이 되며, 퇴적암이 높은 열과 압력을 받아 변성암이 된다.

낱말밭 사전

확인 ☑

* **암석** 지구의 표면을 구성하고 있는 단단한 물질. ☐

* **퇴적암** 이미 있던 바위나 돌의 부스러기, 생물의 유해 등이 일정한 곳에 쌓여 굳어진 암석. ☐

* **현무암** 화산 폭발로 땅 위로 나온 마그마가 빠르게 굳어서 생긴 암석으로 검은색이나 짙은 회색을 띰. ☐

* **화강암** 마그마가 땅속에서 천천히 굳어서 생긴 암석으로 흰 바탕에 불그레한 빛과 검정색 등이 박혀 있음. ☐

* **변성암** 이미 있던 암석이 열이나 압력, 화학 작용 등으로 변하여 새롭게 만들어진 암석. ☐

과학 주제 03 낱말밭 일일학습

1단계 확인과 적용

01 다음 낱말의 뜻으로 알맞은 것을 **보기**에서 찾아 기호를 쓰세요.

> **보기**
> ㉠ 이미 있던 암석이 열이나 압력, 화학 작용 등으로 변하여 새롭게 만들어진 암석.
> ㉡ 이미 있던 바위나 돌의 부스러기, 생물의 유해 등이 일정한 곳에 쌓여 굳어진 암석.
> ㉢ 화산 폭발로 땅 위로 나온 마그마가 빠르게 굳어서 생긴 암석으로 검은색이나 짙은 회색을 띰.

(1) 변성암 (   )   (2) 퇴적암 (   )   (3) 현무암 (   )

02 다음 초성을 보고, 빈칸에 들어갈 알맞은 낱말을 쓰세요.

(1) | ㅇ | ㅅ |

✎ 오랜 세월 동안 바람에 의해 이 지역의 (   )들이 서서히 깎여 갔다.

(2) | ㅎ | ㅁ | ㅇ |

✎ 제주도는 화산섬이기 때문에 어디에서나 (   )을/를 쉽게 볼 수 있다.

(3) | ㅎ | ㄱ | ㅇ |

✎ 그 건물의 옥상에는 석공이 (   )을/를 정으로 쪼아 만든 섬세한 돌조각이 있다.

03 다음 밑줄 친 부분과 뜻이 비슷한 낱말을 **보기**에서 찾아 쓰세요.

> **보기**
> 퇴적암   화강암   변성암

(1) 진흙이나 모래와 같은 작은 알갱이나 자갈 그리고 생물의 조직 등이 쌓여서 만들어진 암석이 지구 표면의 80% 가까이를 덮고 있다. (   )

(2) 이미 만들어진 암석에 열이나 압력이 가해져 형성된 암석에는 내부의 구성 물질이 녹았다가 재결합하는 과정에서 생긴 줄무늬가 있는 경우가 많다. (   )

04 다음 밑줄 친 낱말과 뜻이 비슷한 낱말을 **보기**에서 찾아 쓰세요.

보기

| 퇴적암 | 현무암 | 화강암 |

금이 든 '금돌', 은이 든 '은돌', 쇠가 든 '쇠돌', 옥으로 된 '옥돌', 동글납작하게 닳은 '몽돌', 낚싯줄 끝에 매다는 '봉돌' 등 '돌'이 들어가는 말들이 많다. '쑥돌'이라는 말도 있다. 흰 바탕에 녹색에 가까운 잔 점이 많아 마치 쑥떡처럼 보인다고 붙은 이름인데, 마그마가 땅속 깊은 곳에서 천천히 식어서 형성된 암석을 말한다.

(   )

05 다음 ⊙과 ⓒ에 들어갈 알맞은 낱말을 바르게 짝 지은 것은 무엇인가요? (   )

화석은 아주 오래전에 살았던 생물체의 유해나 흔적이 ⊙ 속에 남아 있는 것을 말한다. 그런데 대부분의 화석은 퇴적물이 쌓여서 만들어진 ⓒ 에서 발견된다. 이는 생물체의 유해나 흔적이 퇴적물에 묻혀 그대로 보존되기 때문이다. ⓒ 중에서도 특히 진흙이 쌓인 이암이나 생물의 파편이 쌓인 석회암에서 많이 발견된다.

① ⊙: 암석 – ⓒ: 퇴적암   ② ⊙: 암석 – ⓒ: 화강암   ③ ⊙: 변성암 – ⓒ: 현무암
④ ⊙: 퇴적암 – ⓒ: 화강암   ⑤ ⊙: 화강암 – ⓒ: 퇴적암

활용

06 다음 **보기**의 내용을 참고하여, **조건**에 맞는 문장을 만들어 쓰세요.

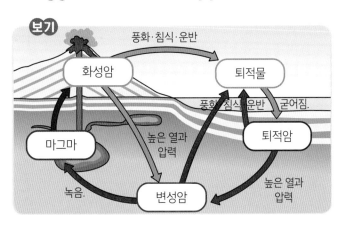

조건
1. **보기**에서 알 수 있는 내용을 간략하게 정리할 것.
2. '암석'과 '순환'이라는 두 낱말을 모두 활용할 것.

과학 주제 04 기상 상태는 어떻게 나타낼까?

장마철의 평균 **기온**은 20℃ 내외에서 30℃ 내외 사이인데, 비가 내리면 최고 기온이 22~25℃ 정도에 그쳐요.

기 온

기온이 아주 높지 않아도 우리가 덥다고 느끼는 것은 습도가 높기 때문이에요. 습도가 높으면 몸으로 느끼는 온도가 높아져요.

습 도

기 상

우리나라에는 보통 6월 20일경부터 약 한 달간 비가 많이 내리는 **기상** 현상이 나타나는데, 이를 장마라고 해요.

기 압

장마철에는 사람들의 기분이 우울해지는 경우가 많아요. 이는 습도가 높아지고 외부의 **기압**이 낮아져서 그래요.

일 조

장마는 농작물에도 부정적인 영향을 미쳐요. **일조** 시간이 부족해서 수박, 참외, 토마토 등이 잘 자라지 못해요.

다음 글을 읽으며, 빈칸에 들어갈 낱말을 낱말밭에서 찾아 써 보세요.

더위와 추위, 가볍게 내리는 이슬비와 한순간에 퍼 붓는 소나기, 부드러운 바람과 세찬 태풍, 아침과 저녁의 노을 등 일상의 여러 가지 날씨를 ⁽¹⁾[ㄱ][ㅅ](이)라고 한다.

우리가 흔히 접하는 기상 정보는 ⁽²⁾[ㄱ][ㅇ]이다. 우리나라는 봄, 여름, 가을, 겨울의 네 계절이 있는 온대 지역이라서 기온 차이가 큰 편이다. 가장 무더운 달인 8월은 23~27℃인데, 가장 추운 달인 1월은 -6~7℃이며, 1년 평균 기온은 10~16℃이다.

네 계절이 있는 까닭에는 ⁽³⁾[ㄱ][ㅇ]의 영향도 크다. 겨울에는 대륙 위에 형성되는 고기압의 영향을 받아 춥고 건조한 날씨를, 여름에는 북태평양에 형성되는 고기압의 영향으로 무더운 날씨를 보인다. 봄과 가을에는 이동성 고기압의 영향으로 맑고 건조한 날이 많다.

특히 6월 하순부터 약 한 달간에 걸친 장마 기간에는 ⁽⁴⁾[ㅅ][ㄷ]이/가 80% 이상으로 높아진다. 습도가 높으면 불쾌감이 들기도 하고, 곰팡이가 잘 피고 음식물이 부패하기 쉽다. 게다가 비가 잦거나 구름이 많이 끼면 햇볕이 내리쬐는 ⁽⁵⁾[ㅇ][ㅈ] 시간이 적어져 농작물의 성장에도 좋지 않은 영향을 끼친다.

낱말밭 사전

확인☑

* **기상** 바람, 구름, 비, 눈, 더위, 추위 등 대기 중에서 일어나는 현상.

* **기온** 공기의 온도.

* **습도** 공기 중에 수증기가 들어 있는 정도.

* **기압** 공기의 무게로 생기는 누르는 힘.

* **일조** 햇볕이 내리쬠.

01 다음 문장의 빈칸에 들어갈 알맞은 낱말을 찾아 선으로 이으세요.

(1) ⬜⬜⬜이/가 높은 날에는 빨래가 잘 마르지 않는다. •

• ㉠ 기압

(2) 사막 지역은 낮의 평균 ⬜⬜⬜이/가 40도를 넘는다. •

• ㉡ 기온

(3) 높은 산에 오르면 ⬜⬜⬜이/가 낮아져 귀가 멍멍
해진다. •

• ㉢ 습도

(4) 지구 온난화로 인한 결과로, 지구의 기온이 높아지면
서 ⬜⬜⬜이/가 혼란스러워지고 있다. •

• ㉣ 기상

02 다음 밑줄 친 낱말이 **보기**의 뜻으로 사용된 것을 찾아 ○표 하세요.

(1) **보기**

| 기상 | 바람, 구름, 비, 눈, 더위, 추위 등 대기 중에서 일어나는 현상.

① 지구촌 곳곳에 기상 이변으로 인한 피해가 일어나고 있다. (   )

② 나는 보통 기상을 해서 등교하기까지 한 시간 정도 걸린다. (   )

(2) **보기**

| 일조 | 햇볕이 내리쬠.

① 겨울에는 여름에 비해 일조 시간이 적다. (   )

② 정보 통신 기술은 국가 경쟁력에 일조를 한다. (   )

03 다음 밑줄 친 낱말과 뜻이 비슷한 낱말로 알맞은 것은 무엇인가요? (   )

매년 봄이면 황사가 밀려오면서 미세 먼지가 심해져 사람들의 건강을 위협한다. 그래서 일기 예보를 할 때 예상되는 미세 먼지의 농도를 '좋음', '보통', '나쁨', '매우 나쁨'의 네 단계로 구분하여 알려 준다. '나쁨'이나 '매우 나쁨'일 때는 꼭 마스크를 쓰고 외출해야 한다.

① 기상   ② 기온   ③ 습도   ④ 기압   ⑤ 일조

04 다음 밑줄 친 부분과 뜻이 비슷한 낱말로 알맞은 것은 무엇인가요? (   )

> 지난달에 비가 자주 내리면서 비닐하우스에서 수박이나 토마토를 재배하는 농가의 시름이 깊어지고 있다. 한창 <u>햇볕</u>이 내리쬐어야 할 봄철에 비가 잦으면서 작물의 성장이 눈에 띄게 더뎌졌기 때문이다. 또한 연일 흐린 날씨로 벌들이 활동을 멈추면서 수정마저 제대로 이루어지지 않아 농부들을 더욱 힘들게 만들고 있다.

① 기상　　　② 기온　　　③ 습도　　　④ 기압　　　⑤ 일조

05 다음 ㉠과 ㉡에 들어갈 알맞은 낱말을 보기에서 찾아 쓰세요.

보기

기온　　　습도

> ㉠ 이/가 높은 여름철에는 비가 자주 내려 ㉡ 도 높아지는 때가 많다. 이런 고온 다습한 환경이 되면 사람들이 불쾌감을 느끼는 정도가 높아진다. 이와 함께 곰팡이나 세균이 번식하기 좋아서 음식물이 쉽게 부패한다. 그러므로 제습기를 사용해 집안의 ㉡ 을/를 낮추는 것이 좋다. 또한 집안 곳곳에 숯을 놓아두는 것도 도움이 된다.

(1) ㉠: (   ) (2) ㉡: (   )

 2단계　활용

06 다음 보기의 내용을 참고하여, 조건에 맞는 문장을 만들어 쓰세요.

보기

집의 앞면이 남쪽을 향하도록 지은 집을 남향집이라고 한다. 남향집은 동쪽에서 해가 떠서 서쪽으로 해가 질 때까지 햇볕을 오랫동안 받을 수 있다.

조건

1. '일조'와 '햇볕'이라는 두 낱말을 모두 사용할 것.
2. 보기에서 알 수 있는 남향집의 장점을 제시할 것.

낱말밭 주간학습

01 다음 빈칸에 들어갈 알맞은 낱말을 찾아 선으로 이으세요.

(1) 과일이 잘 익으려면 충분한 [　　　] 시간이 필요하다. •

• ㉠ 소화

(2) 지렁이는 땅을 기름지게 만드는 [　　　]의 역할을 한다. •

• ㉡ 습도

(3) 장마철에는 [　　　]가 높아서 빨래가 잘 마르지 않는다. •

• ㉢ 일조

(4) 불편한 자리에서 먹은 음식은 대개 [　　　]가 잘 안된다. •

• ㉣ 분해자

02 다음 문장에 어울리는 낱말을 찾아 ○표 하세요.

(1) 높은 산에 올라가면 (기압 , 습도)이/가 높아져서 물이 잘 끓지 않는다.

(2) 추운 곳에서 오래 있었더니 온몸이 얼어서 (감각 , 기상)을 잘 못 느끼겠다.

03 다음 밑줄 친 낱말이 **보기**의 뜻으로 사용된 것을 찾아 ○표 하세요.

> **보기**
>
> 기관　　생물의 몸에서 일정한 모양과 기능을 가지고 있는 부분.

① 우리 몸에는 일반적으로 다섯 가지의 감각 <u>기관</u>이 존재한다. (　　　　)

② 옛날에는 비행기가 <u>기관</u> 고장을 자주 일으켜 추락하는 일이 많았다. (　　　　)

04 다음 빈칸에 공통으로 들어갈 낱말로 알맞은 것은 무엇인가요? (　　　　)

> 비행기가 이륙할 때 귀가 먹먹해지는 현상이나 날씨가 흐릴 때 나이 드신 분들의 무릎이 쑤시는 것은 모두 [　　　]이/가 변했기 때문이다. 또한 봄바람이나 태풍이 부는 것도 때문이다. [　　　]은/는 공기의 무게로 생기는 누르는 힘을 뜻한다.

① 기관　　　　② 기상　　　　③ 기압　　　　④ 기온　　　　⑤ 습도

05 다음 빈칸에 들어갈 낱말로 알맞은 것은 무엇인가요? (   )

> 이 섬은 자연의 아름다움을 느끼며 여행하기에 좋다. 작년에는 해안을 따라 섬 전체를 한 바퀴 도는 [   ] 도로가 개통되었다. 자동차보다는 자전거를 타고 도로를 도는 것이 섬의 아름다움을 감상하기에 더 적절하다.

① 기관   ② 기상   ③ 배설   ④ 순환   ⑤ 일조

06 다음 밑줄 친 부분을 모두 포함하는 낱말을 이 글에서 찾아 두 글자로 쓰세요.

> 지구 땅속 깊은 곳에서 암석이 지구 내부의 열 때문에 녹아서 액체처럼 된 물질을 마그마라고 한다. 마그마가 땅속에서 식어 단단하게 굳으면 심성암, 화산 폭발로 마그마가 지표로 나와 굳으면 화산암이 된다. 심성암이 화산암보다 마그마가 식는 속도가 느리고, 알갱이는 더 크다. 그리고 심성암과 화산암을 묶어 화성암이라 한다.

(   )

07 다음 밑줄 친 부분과 뜻이 비슷한 낱말로 알맞은 것은 무엇인가요? (   )

> 음식물은 식도, 위, 작은창자, 큰창자 등을 거치면서 매우 잘게 쪼개진 후 몸에 흡수된다. 이 과정에서 찌꺼기가 생기는데, 이것이 항문을 통해 몸 밖으로 내보내진 것이 대변이다. 그리고 몸 안에서 영양소가 분해될 때 물, 이산화 탄소, 암모니아 등이 생긴다. 이러한 노폐물은 신장과 방광을 거쳐 몸 밖으로 내보내지며, 이것이 소변이다.

① 기상   ② 배설   ③ 소화   ④ 순환   ⑤ 암석

08 다음 ㉠과 ㉡에 들어갈 알맞은 낱말을 보기에서 찾아 쓰세요.

보기

기압   기온   일조   먹이 사슬

> 지구의 온실가스는 비닐하우스의 비닐과 비슷한 역할을 한다. [㉠]을/를 통해 비닐하우스로 들어온 열의 일부를 밖으로 빠져나가지 않도록 붙잡아 둠으로써 비닐하우스 안의 [㉡]을/를 적절하게 유지하는 것이다. 그러나 비닐이 너무 두꺼우면 내부의 열이 제대로 빠져나가지 못해 비닐하우스 안의 [㉡]이/가 점점 높아질 수 있다. 지구에서 발생하는 이러한 현상이 바로 지구 온난화이다.

(1) ㉠: (   ) (2) ㉡: (   )

[09~11] 다음 글을 읽고, 물음에 답하세요.

지구 온난화의 원인과 그로 인한 문제

온실가스가 처음부터 자연에 해를 끼친 것은 아니다. 오히려 태양에서 지구로 오는 열을 가두는 역할을 하여 지구를 생물들이 살기에 적합한 환경으로 만들어 주었다. 만약 자연적인 온실 효과가 없었다면, 지구 표면에서 복사된 열의 대부분이 지구 바깥으로 빠져나가게 되어 지구의 온도가 지금보다 훨씬 낮아졌을 것이고, 현재와 같은 ㉮ 이/가 형성되지 않았을 것이다.

그러나 화석 연료의 사용이 빠르게 늘어나면서 대기 중에 온실가스가 너무 많이 쌓여 지구 온난화 현상이 발생하고 있다. 지구의 ㉠기온 상승은 우리가 ㉡감각으로도 느낄 수 있을 정도로 두드러지며 그 진행 속도가 매우 빨라 지구상의 생물들이 적응하기 어렵다. 이런 현상이 계속되면 여러 가지 문제가 발생할 수 있다.

먼저, 남극과 북극의 빙하가 녹으면서 바닷물 수위가 높아진다. 이에 따라 최소 4억 명 이상의 사람들이 살고 있는 지역이 물에 잠길 수 있다. 실제로 바닷물에 잠겨 사라질 위기에 처한 섬나라도 있다. 또 예측하기 어려운 ㉢기상 변화로 강한 태풍이나 장마, 가뭄, 홍수 등을 발생시킨다. 이러한 기상 변화는 생태계의 먹이 사슬에서 가장 밑에 있는 ㉯ 역할을 하는 식물이나 플랑크톤이 제대로 성장하기 어렵게 만들기도 한다. 이에 따라 생태계의 질서가 깨져 많은 동식물의 생존이 위협받을 수도 있다.

---

09 ㉠~㉢의 뜻이 바르게 쓰인 것을 두 가지 찾아 ○표 하세요.

(1) ㉠: 공기의 온도. (   )

(2) ㉡: 눈, 코, 귀, 혀, 살갗을 통하여 바깥의 어떤 자극을 알아차림. (   )

(3) ㉢: 일정한 지역이나 환경에서 생물 요소와 비생물 요소가 서로 영향을 주고받는 체계.

(   )

10 ㉮와 ㉯에 들어갈 알맞은 낱말을 바르게 짝 지은 것은 무엇인가요? (   )

① ㉮: 암석 – ㉯: 분해자　　　② ㉮: 화석 – ㉯: 소비자

③ ㉮: 순환 – ㉯: 생산자　　　④ ㉮: 순환 – ㉯: 분해자

⑤ ㉮: 생태계 – ㉯: 생산자

11 다음 대화의 빈칸에 들어갈 알맞은 낱말을 윗글에서 찾아 두 글자로 쓰세요.

> 선생님: 이 글에 이어서 글을 쓰려면 어떤 내용이 좋을까요?
> 학생: 이 글은 지구의 [   ]이/가 높아지면서 생길 문제를 제시하고 있습니다. 따라서 지구 온난화를 막을 방법에 대한 내용이 좋을 것 같습니다.

(   )

디지털 속 한 문장

정답 및 해설 **28**쪽

다음을 보고, 기상이라는 낱말을 넣어 ⊙에 들어갈 대화 글을 써 보세요.

기정 지난여름에 폭염으로 인해 기온이 너무 높았었잖아. 그래서 농작물이 잘 자라지 못했다고 해.

기화 앗, 저런! 내가 좋아하는 토마토가 잘 자라지 못하고 있구나.

기정 이번 겨울에는 몹시 추운 추위가 올 것으로 예상된다고 하던데. 갈수록 기상 상태가 걱정이다.

기화 맞아, 이런 이상 기상 현상은 지구 온난화 때문이라는 말도 들었어.

⊙

예지

과학

05~08

주제별로 묶어 어휘를 의미적으로 연결하여 학습해 봐!

모닥불의 온도는 불꽃이 빨간색일 때 600~800℃, 노란색일 때 1,100℃, 푸른색일 때 1,400℃ 이상이래요.

온도

모닥불 가까이 있으면 얼굴이 따가워져요. 모닥불의 열이 직접 이동하는 복사 현상 때문이래요.

복사

열

부모님과 캠핑하러 가서 모닥불을 피웠어요. 나무 장작에 불을 붙이니 활활 타오르면서 빛과 함께 뜨거운 열이 났어요.

전도

고기를 석쇠에 얹어 모닥불에 구웠더니 맛있게 익었어요. 석쇠와 고기에 모닥불의 열이 전도되기 때문이래요.

대류

라면도 먹으려고 코펠에 물을 끓였어요. 물이 끓는 것은 대류 현상이 일어나 열이 물 전체에 전달되기 때문이래요.

다음 글을 읽으며, 빈칸에 들어갈 낱말을 낱말밭에서 찾아 써 보세요.

뜨거운 정도가 다른 두 물체가 접촉하면 시간이 흐르면서 두 물체의 (1) [ㅇ][ㄷ] 이/가 같아진다. 이는 온도가 높은 물체에서 온도가 낮은 물체로 (2) [ㅇ] 이/가 이동하기 때문이다. 열의 이동 방식은 세 가지로 나뉜다.

첫 번째는 온도가 높은 고체 부분에서 온도가 낮은 고체 부분으로 열이 이동하는 현상인 (3) [ㅈ][ㄷ] 이다. 예를 들어, 쇠로 된 프라이팬의 아래쪽을 가열하면 곧 프라이팬 전체가 뜨거워지는 것은 전도에 의한 것이다.

두 번째는 액체나 기체에서 온도가 높아진 물질이 위로 올라가고, 위에 있던 온도가 낮은 물질이 아래로 내려오면서 열이 고루 전달되는 현상인 (4) [ㄷ][ㄹ] 이다. 물이 들어 있는 주전자의 아랫부분만 가열해도 주전자 속 물이 뜨거워지는 것은 대류를 통해 열이 물 전체로 이동했기 때문이다.

세 번째는 다른 물질의 도움 없이 열이 직접 이동하는 현상인 (5) [ㅂ][ㅅ] 이다. 우리가 태양의 볕을 쬐면 따뜻해지는 것은 복사에 의한 태양열의 이동 때문이다.

일반적으로 열의 이동, 즉 온도의 변화가 이루어지는 과정은 전도, 대류, 복사 중 두 가지 이상의 방식이 함께 이루어진다. 추운 날 방 안에 난로를 켜면 시간이 흐르면서 방 전체가 점차 따뜻해지는 것은 복사와 대류가 함께 이루어지기 때문이다.

낱말밭 사전

확인 ☑

* **열** 특정 물체나 공간을 뜨겁게 해주는 기운. ☐

* **온도** 따뜻함과 차가움의 정도. 또는 그것을 나타내는 숫자. ☐

* **복사** 물체로부터 열이나 빛 등의 전자기파가 사방으로 퍼져 나가는 현상. ☐

* **전도** 열 또는 전기가 물체 속을 이동하는 현상. ☐

* **대류** 열을 받은 기체나 액체가 이동함으로써 열이 전달되는 현상. ☐

01 다음 뜻을 가진 낱말을 **보기**에서 찾아 쓰세요.

보기
> 복사   전도   대류

(1) 열 또는 전기가 물체 속을 이동하는 현상. (   )

(2) 물체로부터 열이나 빛 등의 전자기파가 사방으로 퍼져 나가는 현상. (   )

02 다음 문장에 어울리는 낱말을 찾아 ○표 하세요.

(1) 며칠 동안 밤의 (온도 , 복사)가 25도를 넘는 열대야가 계속되고 있다.

(2) 방 안에 난로를 피우면 공기의 (대류 , 열) 현상으로 방 안이 따뜻해진다.

(3) 태양에서 (복사 , 전도)되는 에너지 때문에 지구에 생명이 탄생할 수 있었다.

03 다음 밑줄 친 낱말이 **보기**의 뜻으로 사용된 것을 찾아 ○표 하세요.

보기
> 열   특정 물체나 공간을 뜨겁게 해주는 기운.

① 이 벽지는 열에 매우 강한 소재로 만들어졌다. (   )

② 선생님께서는 아이들에게 열을 다해 국어를 가르쳤다. (   )

③ 나와 싸우던 중 화가 난 친구가 열을 내서 말하기 시작했다. (   )

04 다음 밑줄 친 부분과 뜻이 비슷한 낱말로 알맞은 것은 무엇인가요? (   )

> 우리는 물체나 날씨의 따뜻함이나 차가움의 정도를 정확하게 파악하기 위해서 사전에 약속된 수치로 표현한다. 이때 많은 나라에서 '℃'를 단위로 하는 섭씨를 사용하지만, 미국 같은 일부 국가에서는 '°F'를 단위로 하는 화씨를 사용하기도 한다.

① 열   ② 대류   ③ 복사   ④ 온도   ⑤ 전도

05 다음 빈칸에 들어갈 알맞은 낱말을 **보기**에서 찾아 쓰세요.

> **보기**
>
> 대류   복사   전도

> 특정 공간에 온도의 변화가 생길 경우 온도가 높은 기체는 위로 올라가고 온도가 낮은 기체는 아래로 내려오는 [   ] 현상이 나타난다. 이를 고려할 때 에어컨 같은 냉방 기구는 높은 곳에 설치하는 것이 효율적이고, 난로 같은 난방 기구는 낮은 곳에 설치하는 것이 효율적임을 알 수 있다.

(   )

06 다음 ㉠과 ㉡에 들어갈 알맞은 낱말을 **보기**에서 찾아 쓰세요.

> **보기**
>
> 열   대류   전도

> 일반적으로 요리를 할 때 사용하는 냄비나 프라이팬의 몸체 부분은 [㉠]이/가 잘 전달되는 금속으로 만들지만, 손잡이는 나무나 플라스틱 재질로 만드는 경우가 많다. 이는 나무나 플라스틱이 [㉡]에 따른 [㉠]의 이동이 잘 일어나지 않기 때문이다. 이처럼 [㉠]의 이동을 차단하는 것을 단열이라고 한다.

(1) ㉠: (   )   (2) ㉡: (   )

2 단계   **활용**

07 다음 **보기**의 내용을 참고하여, **조건**에 맞는 문장을 만들어 쓰세요.

> **보기**
>
>

> **조건**
>
> 1. **보기**에서 나타나는 열의 이동 방식을 간단하게 정리할 것.
> 2. '대류', '상승', '하강'의 세 낱말을 모두 사용할 것.

먼저 전지를 살펴볼까요? 전지의 양쪽 끝을 보면, 볼록하게 튀어나온 부분이 플러스극(+), 평평한 부분이 마이너스극(−)입니다.

전 지

전선의 양 끝을 전지의 플러스극과 마이너스극에 각각 연결하면, 전지에서 나온 전기가 전선을 따라 흐릅니다.

전 선

전 기

전기의 흐름을 관찰하는 실험을 해 봅시다. 책상 위에 실험에 필요한 준비물을 준비해 두었어요.

전 구

가운데에 전구가 연결된 전선의 양 끝을 전지의 두 극에 각각 연결해 봅시다. 자, 전구에 불이 들어오죠?

회 로

여러 가지 부품들을 서로 연결하여 전기가 잘 흐를 수 있도록 구성한 통로를 회로라고 합니다.

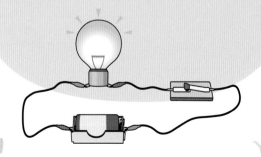

다음 글을 읽으며, 빈칸에 들어갈 낱말을 낱말밭에서 찾아 써 보세요.

모든 물질은 원자라고 부르는 아주 작은 알갱이로 이루어져 있다. 원자는 하나의 원자핵과 이를 둘러싼 여러 개의 전자로 구성되어 있다. 원자핵과 전자는 평소에는 변화가 없는 안정된 상태를 유지하는데, 성질이 다른 물질과 접촉할 경우에는 그 부분의 전자가 한쪽에서 다른 쪽으로 이동한다. 이런 전자의 흐름으로 인해 생기는 에너지를 (1) ㅈ ㄱ (이)라고 한다.

일상에서 우리는 전기를 이용하여 전등의 (2) ㅈ ㄱ 에 불을 밝히고, 텔레비전을 보며, 컴퓨터나 스마트폰 같은 기기를 사용한다. 이는 전기 기기 내부가 필요한 곳에 필요한 만큼 전기가 흐를 수 있도록 구성되어 있기 때문이다. 이렇게 여러 전기 부품 사이에 전기가 흐르도록 만든 통로를 전기 (3) ㅎ ㄹ (이)라고 한다. 텔레비전이나 스마트폰 같은 전기 기기를 분해해 보면 많은 구리 선이 그려진 기판과 다양한 전기 부품, 고무 재질로 둘러싸인 가늘고 굵은 (4) ㅈ ㅅ 들이 서로 연결된 것을 확인할 수 있다. 이 구리 선이나 전선을 통해 전기가 흐른다. 그리고 이 회로에는 전기를 공급하는 장치도 달려 있다. 전기 공급은 대개 전기꽂이 즉 플러그를 통해 이루어지지만, 소형 전기 기기에는 건전지 같은 (5) ㅈ ㅈ 을/를 이용하는 경우가 많다.

낱말밭 사전

확인 ✓

* **전기** 주로 물질 안에 있는 전자의 이동으로 생기는 에너지. ☐

* **전지** 화학 반응이나 온도 차, 빛 등을 이용하여 전기를 발생시키는 장치. ☐

* **전선** 전기가 흐르도록 만든 선. ☐

* **전구** 전기를 이용하여 빛을 내는 유리 기구. ☐

* **회로** 여러 전기 부품을 서로 연결해 전기가 흐르도록 만든 통로. ☐

 확인과 적용

01 다음 뜻을 가진 낱말을 **보기**에서 찾아 기호를 쓰세요.

> **보기**
>
> 전선　　　　전구　　　　회로

(1) 전기가 흐르도록 만든 선. (　　　　　)

(2) 전기를 이용하여 빛을 내는 유리 기구. (　　　　　)

02 다음 빈칸에 들어갈 낱말로 알맞은 것을 찾아 선으로 이으세요.

(1) 밝기를 조절할 수 있는 [　　　　]가 널리 사용되고
　　있다.　　　　　　　　　　　　　　　　　　　•

　　　　　　　　　　　　　　　　　　　　　　　• ㉠ 전구

(2) [　　　　]를 갈아 끼우자, 시곗바늘이 움직이기 시작
　　했다.　　　　　　　　　　　　　　　　　　　•

　　　　　　　　　　　　　　　　　　　　　　　• ㉡ 전지

03 다음 밑줄 친 낱말이 **보기**의 뜻으로 사용된 것을 찾아 ○표 하세요.

> **보기**
>
> | 전기 | 주로 물질 안에 있는 전자의 이동으로 생기는 에너지.

① 조선 후기에는 전기에 비하여 신분 질서가 많이 흔들렸다. (　　　　　)

② 마을에 큰불이 나서 전기 공급이 몇 시간이나 중단되었다. (　　　　　)

04 다음 밑줄 친 부분과 뜻이 비슷한 낱말을 **보기**에서 찾아 쓰세요.

> **보기**
>
> 전구　　　　전선　　　　전지

> 　전기 자동차는 가솔린이나 디젤 같은 화석 연료를 사용하는 엔진 대신, 배터리를
> 통해 전기 에너지를 동력으로 사용한다. 배터리에 충전된 전기 에너지만으로 자동차
> 를 운행해야 하므로 배터리의 성능을 높이는 일이 매우 중요하다.

(　　　　　　　　　　)

05 다음 ㉠과 ㉡에 들어갈 알맞은 낱말을 바르게 짝 지은 것은 무엇인가요? (   )

> 콘센트에서 전기꽂이를 뽑을 때는 ㉠ 을/를 잡아당기지 않도록 조심해야 한다. 또한 물 묻은 손으로 ㉡ 이/가 흐르고 있는 전기 기기나 ㉠ 을/를 만져서도 안 된다. ㉡ 은/는 가전제품을 작동시켜 우리의 생활을 편리하게 하지만, ㉡ 이/가 흐르는 물체에 맨살이 닿으면 감전이 되어 크게 다칠 수 있다.

① ㉠: 전구 – ㉡: 전지   ② ㉠: 전선 – ㉡: 전구   ③ ㉠: 전선 – ㉡: 전기

④ ㉠: 전지 – ㉡: 전구   ⑤ ㉠: 전지 – ㉡: 전기

06 다음 ㉠과 ㉡에 들어갈 알맞은 낱말을 **보기**에서 찾아 쓰세요.

> **보기**
>
> 전기   회로

> 각종 전자 제품에는 ㉠ 이/가 구성된 기판이 있다. 이 기판에는 여러 가지 전자 부품들이 결합하여 있으며, 전원선을 통해 외부의 ㉡ 이/가 공급되면 기판에 배열된 ㉠ 을/를 따라 ㉡ 이/가 흐르면서 제품이 작동한다.

(1) ㉠: (   )   (2) ㉡: (   )

2단계   활용

07 다음 **보기**의 내용을 참고하여, **조건**에 맞는 문장을 만들어 쓰세요.

> **보기**
>
> 두 개 이상의 전지를 서로 다른 극끼리 연결하는 것을 직렬연결이라 하고, 서로 같은 극끼리 연결하는 것을 병렬연결이라 한다.
>
>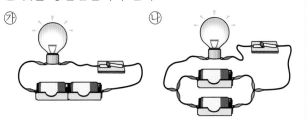

> **조건**
>
> 1. ㉮와 ㉯의 차이점을 제시할 것.
> 2. '전지'와 '회로'라는 두 낱말을 모두 넣어 쓸 것.
> 3. 한 문장으로 쓸 것.

가방 안에 넣어 둔 단단한 초콜릿이 더운 날씨로 인해 **융해**되어 녹아 버리는 것처럼 물질의 상태가 변하기도 해요.

융해

고깃국을 냉장고에 넣어 두면 기름이 굳는 **응고**가 일어나요. 기름이 하얗게 엉겨서 뜨는 것은 액체가 고체로 변한 거예요.

응고

물질

세상의 온갖 것을 이루고 있는 여러 **물질**은 대부분 고체나 액체, 기체 중에서 한 가지 상태로 존재해요.

기화

주전자 속의 물을 팔팔 끓일 때 물이 수증기가 되는 **기화**도 일상에서 흔히 볼 수 있는 상태 변화예요.

승화

아이스크림을 포장할 때 흔히 쓰는 드라이아이스는 액체 상태를 거치지 않고 고체 상태에서 바로 기체가 되는 **승화**를 해요.

다음 글을 읽으며, 빈칸에 들어갈 낱말을 낱말밭에서 찾아 써 보세요.

이 세상의 ⁽¹⁾[ㅁ ㅈ]은/는 거의 고체, 액체, 기체 중 한 가지 상태로 존재한다. 하지만 하나의 상태로만 고정된 것이 아니라 다른 상태로 변하기도 한다. 상태 변화에 영향을 미치는 요소는 온도와 압력이다. 예를 들어 액체인 물에 열을 가해 온도를 높이면 기체인 수증기로 변하고, 물의 온도를 0℃ 이하로 낮추면 고체인 얼음으로 변한다. 이처럼 물질의 상태가 변하는 것을 상태 변화라고 한다.

대표적인 물질의 상태 변화를 살펴보면, 먼저 고체가 액체로 변하는 것을 ⁽²⁾[ㅇ ㅎ](이)라고 하고, 액체가 기체로 변하는 것을 ⁽³⁾[ㄱ ㅎ](이)라고 한다. 또 기체가 액체로 변하는 것을 액화라고 하며, 액체가 고체로 변하는 것을 ⁽⁴⁾[ㅇ ㄱ](이)라고 한다. 그리고 고체가 기체로 변하거나 기체가 고체로 변하는 것은 모두 ⁽⁵⁾[ㅅ ㅎ](이)라고 한다.

물질의 상태가 변하더라도 그 물질의 성질은 변하지 않는다. 물질을 구성하는 입자, 즉 물질을 구성하는 아주 작은 알갱이들의 종류나 개수는 변하지 않은 채 입자 간의 거리와 배열만 달라지기 때문이다. 예를 들어 물과 수증기와 얼음은 모두 산소와 수소로 구성된다. 다만, 상태 변화가 일어나면 그 물질의 부피만 달라진다. 대개 고체에서 액체, 액체에서 기체, 고체에서 기체로 변하면 부피가 늘어나고, 반대의 경우에는 부피가 줄어든다.

낱말밭 사전

확인 ☑

* **물질** 세상을 이루는 요소로, 부피와 무게가 있는 모든 것. ☐

* **융해** ① 녹아 풀어짐. 또는 녹여서 풂. ② 고체에 열을 가했을 때 액체로 되는 현상. ☐

* **응고** 액체 등이 엉겨서 뭉쳐 딱딱하게 굳어짐. ☐

* **기화** 액체가 기체로 변함. 또는 그런 현상. ☐

* **승화** 고체가 곧바로 기체로 변하거나 기체가 곧바로 고체로 변하는 현상. ☐

과학
주제 07

낱말밭
일일학습

1
단계

확인과 적용

01 다음 낱말의 뜻으로 알맞은 것을 찾아 각각 선으로 이으세요.

(1) 물질 •

(2) 융해 •

(3) 승화 •

• ㉠ 고체에 열을 가했을 때 액체로 되는 현상.

• ㉡ 세상을 이루는 요소로, 부피와 무게가 있는 모든 것.

• ㉢ 고체가 곧바로 기체로 변하거나 기체가 곧바로 고체로 변하는 현상.

02 다음 빈칸에 들어갈 낱말을 보기에 있는 글자 카드로 만들어 쓰세요.

보기

| 물 | 기 | 질 | 화 |

(1) 오랫동안 강에 오염 ( )을/를 몰래 흘려보낸 업체가 적발되었다.

(2) 어항의 물이 시간이 지나면서 조금씩 줄어드는 것은 ( )되었기 때문이다.

03 다음 밑줄 친 낱말이 보기의 뜻으로 사용된 것을 찾아 ○표 하세요.

보기

승화 고체가 곧바로 기체로 변하거나 기체가 곧바로 고체로 변하는 현상.

① 이 노래는 개인적인 아픔을 음악으로 승화시켰다는 평가를 받고 있다. ( )

② 나프탈렌은 기체로 승화되면서 악취를 없애고 해충을 퇴치하는 효과를 낸다.

( )

04 다음 밑줄 친 부분과 뜻이 비슷한 낱말을 보기에서 찾아 쓰세요.

보기

기화   승화   응고   융해

'달고나'를 아시나요? 달고나는 불 위에 올린 국자에 설탕을 녹여서 소다를 넣어 부드럽게 부풀게 한 후, 모양 틀로 찍어서 만드는 과자예요. 액체 상태의 설탕을 다시 단단하게 굳혀 만드는 것이지요. 우리나라에서는 1960년대부터 유행했다고 해요. 요즘에는 잘게 부숴서 커피에 넣어 먹기도 해요.

( )

05 다음 밑줄 친 부분과 뜻이 비슷한 낱말은 무엇인가요? (   )

> 무거운 소금 자루를 지고 이 마을 저 마을을 다니는 나귀가 있었다. 주인이 소금 장수였기에 나귀는 항상 소금 자루를 싣고 다녀야 했다. 그러던 어느 날 강을 건너던 나귀가 그만 물에 빠지고 말았다. 한참 허우적대다가 겨우 물에서 나온 나귀는 문득 짐이 가벼워진 것을 느꼈다. 등에 실려 있던 소금이 절반 가까이 강물에 <u>녹아 버렸기</u> 때문이다.

① 기화   ② 물질   ③ 승화   ④ 융해   ⑤ 응고

06 다음 ㉠과 ㉡에 들어갈 알맞은 낱말을 바르게 짝 지은 것은 무엇인가요? (   )

> 물질의 상태 변화가 일어날 때, 그 과정에서 물질은 주변의 열을 빼앗거나 주변으로 열을 내놓는다. 예를 들어, 액체가 기체로 증발할 때는 주변의 열을 흡수하여 빼앗고, 액체가 엉겨서 단단하게 굳어질 때는 주변으로 자신의 열을 내놓는다. 따라서 열을 더하지 않은 상태에서 물이 ㉠ 될 경우에는 주변 기온이 낮아지고, 물이 ㉡ 될 경우에는 주변 기온이 높아진다.

① ㉠: 기화 – ㉡: 융해   ② ㉠: 기화 – ㉡: 응고   ③ ㉠: 융해 – ㉡: 응고

④ ㉠: 응고 – ㉡: 기화   ⑤ ㉠: 응고 – ㉡: 승화

활용

07 다음 **보기**의 내용을 참고하여, **조건**에 맞는 문장을 만들어 쓰세요.

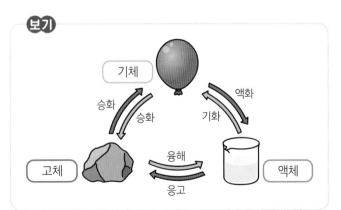

보기

기체 / 승화 / 승화 / 액화 / 기화 / 고체 / 융해 / 응고 / 액체

조건

1. **보기**의 그림에서 알 수 있는 내용을 쓸 것.
2. '물질'과 '상태'라는 두 낱말을 모두 넣어 쓸 것.
3. 한 문장으로 쓸 것.

낱말밭

산불의 **온도**는 최고 약 1,200℃에 달해요. 그래서 수십 년에서 수백 년 동안 생성된 산림을 순식간에 파괴해요.

온 도

산불을 **소화**하는 방법은 크게 세 가지예요. 일단 불에 탈 수 있는 물질을 없애거나 불길과의 접촉을 막는 거예요.

소 화

연 소

누군가가 산에 불을 지르지 않아도 나무에 벼락이 떨어져 마른 낙엽이나 나뭇가지가 **연소**되어 산불이 나기도 해요.

발 화 점

화재가 난 지역에는 물을 많이 뿌려요. 이는 온도를 **발화점** 이하로 낮추어 불이 더 이상 타지 않도록 하기 위한 것이에요.

산 소

불길이 치솟을 때 흙이나 모래를 뿌리기도 해요. 연소되는 물질과 **산소**의 접촉을 차단해 불을 끄기 위해서예요.

다음 글을 읽으며, 빈칸에 들어갈 낱말을 낱말밭에서 찾아 써 보세요.

어떤 물질에 불이 붙어서 타는 현상을 ⁽¹⁾[ㅇ | ㅅ](이)라고 한다. 연소가 될 때는 열과 빛이 나며, 이산화 탄소와 물 같은 물질이 새로 만들어진다. 연소가 이루어지려면 세 가지 조건이 필요하다.

첫째, 연료가 되는 탈 물질이 있어야 한다. 나무, 종이 같은 고체, 석유, 휘발유 같은 액체, 천연가스 같은 기체 등 연료의 종류는 매우 다양하다.

둘째, ⁽²⁾[ㅂ | ㅎ | ㅈ] 이상의 ⁽³⁾[ㅇ | ㄷ]이/가 필요하다. 물질이 연소하려면 그 물질의 발화점에 도달할 때까지 물질을 가열하거나 주변의 온도를 높여 주어야 한다. 이때 발화점이 낮은 물질일수록 불이 빨리 붙는다.

셋째, ⁽⁴⁾[ㅅ | ㅅ]이/가 있어야 한다. 물질에 불이 붙더라도 연소가 잘되기 위해서는 산소가 계속 공급되어야 한다. 촛불이 타고 있을 때 유리관으로 덮으면, 불꽃이 점점 작아지다가 결국 꺼진다. 이는 유리관 안에 있던 산소가 모두 없어졌기 때문이다.

어떤 물질이 불에 타고 있을 때 그것을 ⁽⁵⁾[ㅅ | ㅎ]시키려면 연소의 세 가지 조건 중 한 가지 이상을 없애면 된다. 즉 연료를 없애거나, 발화점 이하로 온도를 낮추거나, 산소를 차단하면 된다.

낱말밭 사전

확인 ☑

* **연소** 탈 물질이 산소와 반응하여 빛과 열을 내며 타는 현상.   ☐

* **온도** 따뜻함과 차가움의 정도. 또는 그것을 나타내는 숫자.   ☐

* **소화** 불을 끔.   ☐

* **발화점** 탈 물질이 열에 의해 스스로 불이 붙어 타기 시작하는 최저 온도.   ☐

* **산소** 생물이 숨 쉬는데 꼭 필요한 기체 물질로, 공기를 이루는 주요 성분.   ☐

01 다음 문장에서 밑줄 친 낱말의 뜻으로 알맞은 것을 찾아 ○표 하세요.

> 너무 높지도 낮지도 않은 적당한 실내 <u>온도</u>는 공부할 때 집중력을 높여 준다.

① 따뜻함과 차가움의 정도. 또는 그것을 나타내는 숫자. (   )

② 탈 물질이 산소와 반응하여 빛과 열을 내며 타는 현상. (   )

02 다음 빈칸에 들어갈 알맞은 낱말을 **보기**에서 찾아 쓰세요.

> **보기**
>
> 발화점   온도   연소

(1) 작은 창고에서 시작된 불 때문에 시장의 상점 대부분이 (   )되었다.

(2) 바닷물의 (   )이/가 높아졌기 때문인지, 근처 바다에서 명태가 잘 잡히지 않는다.

(3) 종이의 (   )이/가 물의 끓는점보다 높기 때문에, 종이 냄비로 라면을 끓일 수 있다.

03 다음 밑줄 친 낱말이 **보기**의 뜻으로 사용된 것을 찾아 ○표 하세요.

> **보기**
>
> 산소   생물이 숨 쉬는데 꼭 필요한 기체 물질로, 공기를 이루는 주요 성분.

① 물고기는 물속에 녹아 있는 <u>산소</u>로 호흡한다. (   )

② 추석에는 조상의 <u>산소</u>를 찾아 성묘를 하는 사람들이 많다. (   )

04 다음 밑줄 친 부분과 뜻이 비슷한 낱말을 이 글에서 찾아 쓰세요.

> 어떤 물질이든 <u>불에 탈 때</u>는 열과 빛을 내므로 불꽃의 주변은 밝아지고 온도가 높아진다. 그래서 캠프장에서 모닥불을 피워 고기나 고구마 등을 구워 먹고, 장작이 연소하면서 나는 주황색과 빨간색이 섞인 불꽃을 구경할 수 있는 것이다.

(   )

05 다음 글에서 밑줄 친 낱말과 뜻이 반대되는 낱말을 **보기**에서 찾아 쓰세요.

> **보기**
>
> 소화   발화점   산소

> 어제 오후 3시쯤 주택가에서 방화로 여겨지는 화재가 발생하였다. 다행히 근처를 지나던 마을 주민이 불이 난 것을 발견하고 소방서에 신고하였고, 소방관들이 15분 만에 진화하여 큰 피해를 막았다. 경찰은 인근 폐쇄 회로 TV(CCTV)를 통해 불을 지른 것으로 보이는 사람을 확인하여 찾고 있다.

(   )

06 다음 ㉠과 ㉡에 들어갈 알맞은 낱말을 바르게 짝 지은 것은 무엇인가요? (   )

> 진주: 봄에 소나무가 많은 곳에 산불이 자주 난대. 왜 그럴까?
> 진호: 아마 솔잎의 ㉠ 이/가 다른 나무의 낙엽보다 낮아서 그런 게 아닐까?
> 진주: 그렇다면 떨어져 쌓인 솔잎이 많은 곳에서는 불이 빠른 속도로 퍼질 테니 짧은 시간 안에 소방관들이 ㉡ 하기도 어려울 거야.
> 진호: 이 내용이 맞는지, 여러 나무와 낙엽의 ㉠ 을/를 조사해 봐야겠다.

① ㉠: 소화 – ㉡: 연소   ② ㉠: 연소 – ㉡: 소화   ③ ㉠: 연소 – ㉡: 발화점
④ ㉠: 발화점 – ㉡: 소화   ⑤ ㉠: 발화점 – ㉡: 연소

2단계 활용

07 다음 **보기**에 주어진 두 낱말을 모두 넣어 하나의 문장을 만들어 쓰세요.

> **보기**
>
> 산소   호흡

08 다음 **보기**에 주어진 세 낱말을 모두 넣어 하나의 문장을 만들어 쓰세요.

> **보기**
>
> 산소   연소   온도

01 다음 빈칸에 들어갈 알맞은 낱말을 **보기**에서 찾아 쓰세요.

> **보기**
>
> 대류   발화점   전선

(1) 수현이의 책상 위에는 여러 전자 기기의 (   )들이 마구 엉켜 있었다.

(2) 난로를 피우면 열기의 (   ) 현상이 일어나 방 안 전체가 따뜻해진다.

(3) 일반적인 올리브유는 (   )이/가 낮아서 음식을 튀기는 용도로 사용하기에 적
합하지 않다.

02 다음 밑줄 친 낱말이 바르게 사용된 것을 찾아 ○표 하세요.

(1) ① 오늘날의 지구는 대기 오염 때문에 <u>전도</u>가 점점 상승하고 있다. (   )

  ② 건물을 지을 때는 단열 작업을 잘해야 열의 <u>전도</u>를 막을 수 있다. (   )

(2) ① 철수는 오래된 필름 카메라의 <u>전지</u>를 새것으로 갈아 끼웠다. (   )

  ② 가로등의 밝은 <u>전지</u> 주위에는 날벌레가 수없이 날고 있었다. (   )

03 다음 밑줄 친 낱말이 **보기**의 뜻으로 사용된 것을 찾아 ○표 하세요.

> **보기**
>
> | 복사 | 물체로부터 열이나 빛 등의 전자기파가 사방으로 퍼져 나가는 현상.

① 누군가 회사 컴퓨터에서 중요한 문서 파일을 몰래 <u>복사</u>해 갔다. (   )

② 불을 지핀 난로에 가까이 있으면 <u>복사</u>되는 열 때문에 따뜻해진다. (   )

04 다음 빈칸에 공통으로 들어갈 낱말로 알맞은 것은 무엇인가요? (   )

> 연료, 발화점 이상의 온도, 산소는 물질의 [   ]이/가 일어나기 위해 꼭 필요
> 한 조건이다. 이 중 어느 하나라도 충족되지 않으면 [   ] 반응이 일어나지 않으
> 며, 비록 [   ] 반응이 일어나더라도 물질의 불은 곧 꺼지게 된다.

① 소화   ② 연소   ③ 대류   ④ 응고   ⑤ 온도

05 다음 빈칸에 공통으로 들어갈 낱말로 알맞은 것은 무엇인가요? (   )

> 두부를 만들기 위해서는 먼저 물에 불린 콩을 갈아서 짜낸 콩 물을 끓인다. 이 콩 물에 간수를 조금씩 부으면서 주걱으로 천천히 저으면 콩 물 속의 단백질 성분이 점차 [   ]되기 시작한다. 이렇게 [   ]된 것을 면포를 깐 틀에 넣고 무거운 돌 같은 것으로 눌러서 굳히면 두부가 된다.

① 대류   ② 액화   ③ 연소   ④ 응고   ⑤ 전도

06 다음 ㉠과 ㉡에 들어갈 알맞은 낱말을 바르게 짝 지은 것은 무엇인가요? (   )

> 여름철에는 태양 빛이 내리쬐는 지구 면적이 넓어진다. 이 때문에 태양에서 [㉠]되는 열에너지의 양이 많아져서 기온이 높아진다. 이런 여름철에는 열대야라는 말을 흔히 들을 수 있다. 열대야는 오후 7시부터 다음 날 오전 9시까지의 최저 기온이 25℃ 이상인 날을 말한다. 밤에도 방 밖의 [㉡]이/가 25℃ 이하로 내려가지 않으면 너무 더워서 사람이 잠들기 어려울 수 있다.

① ㉠: 대류 – ㉡: 복사   ② ㉠: 복사 – ㉡: 물질   ③ ㉠: 복사 – ㉡: 온도

④ ㉠: 연소 – ㉡: 물질   ⑤ ㉠: 연소 – ㉡: 온도

07 다음 빈칸에 공통으로 들어갈 알맞은 낱말을 찾아 ○표 하세요.

> '감전'은 '느낄 감(感)'에 '번개 전(電)'으로 이루어져 있다. 한자의 뜻에 따라 감전은 [   ]를 느끼는 것이다. 구체적으로는 전류가 흐르고 있는 물체에 맨살이 닿아서 순간적으로 [   ] 충격을 받는 일을 말한다.

(전구 , 전지 , 전기)

08 다음 밑줄 친 부분과 뜻이 비슷한 낱말을 보기에서 찾아 쓰세요.

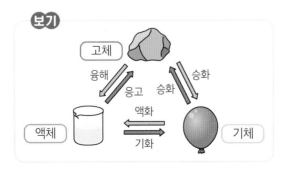

> 물을 가열하여 온도를 높이면 수증기가 되고, 물을 냉각시켜 섭씨 0℃ 이하로 낮추면 얼음이 된다. 그리고 수증기를 냉각하면 물이 되고, 얼음에 열을 가해도 물이 된다.

(   )

장작불을 잘 피우는 방법

캠핑을 가면 대부분 장작불을 피우지만, 장작에 불을 붙이는 일은 쉽지가 않다. 겨우 불을 붙여도 장작의 일부만 타고 연기만 나는 경우가 많다. 장작불을 잘 피우는 방법을 알아보자.

먼저, 잘 마른 장작과 함께 불쏘시개를 준비해야 한다. 불쏘시개는 가는 나뭇가지나 마른 낙엽을 모아도 되지만, 직접 만들어도 된다. 종이컵 안에 휴지를 뭉쳐 반 정도 채운 뒤, 그 휴지가 축축하게 젖을 만큼 식용유를 부으면 된다. 이렇게 만들면 점화가 매우 잘 된다. 다음으로, 준비한 불쏘시개를 화덕 가운데에 두고, 이를 중심으로 장작을 쌓는다. 이때 장작과 장작 사이에 공기가 잘 통하도록 쌓아야 한다. 장작에 ㉠불이 붙어서 타려면 산소가 충분히 공급되어야 하기 때문이다. 마지막으로, 휴대용 토치로 불쏘시개와 장작을 가열하여 불을 붙인다. 이때 아래쪽 장작에 불을 지펴야 한다. 불꽃은 열의 대류 현상 때문에 아래에서 위로 타오르기 때문이다.

어떤 물질이든지 공기 중에서 일정한 ㉡ 에 이르면 연소하면서 빛과 ㉢ 을/를 낸다. 장작도 마찬가지이다. 그래서 장작불을 이용하여 고기를 구울 수도 있고, 붉은빛의 불꽃도 즐길 수 있다. 한편, 장작불을 즐긴 뒤에는 화재를 예방하기 위해 반드시 장작불을 확실하게 소화해야 한다.

09 ㉠과 뜻이 비슷한 낱말로 알맞은 것은 무엇인가요? ( )

① 융해   ② 공급   ③ 온도   ④ 연소   ⑤ 소화

10 ㉡과 ㉢에 들어갈 알맞은 낱말을 바르게 짝 지은 것은 무엇인가요? ( )

① ㉡: 온도 – ㉢: 열   ② ㉡: 응고 – ㉢: 열

③ ㉡: 연소 – ㉢: 온도   ④ ㉡: 온도 – ㉢: 응고

⑤ ㉡: 연소 – ㉢: 산소

11 다음 밑줄 친 낱말과 뜻이 반대되는 낱말을 윗글에서 찾아 두 글자로 쓰세요.

> 화재 감식반이 현장을 조사한 결과, 이번 화재의 원인이 방화라는 것이 드러났다.

( )

디지털 속 한 문장

정답 및 해설 33쪽

다음을 보고, 빈칸에 연소나 소화라는 낱말을 넣어 ㉠에 들어갈 답글을 써 보세요.

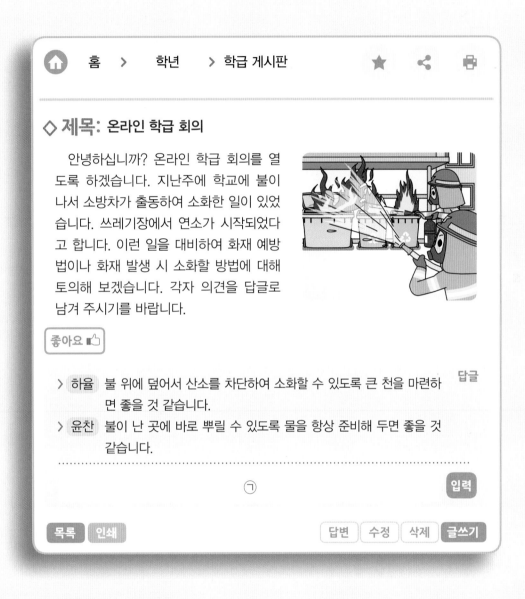

수학 필수 어휘

면

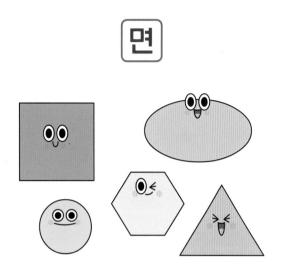

뜻 선으로 둘러싸여 있는 도형이나 일정한 넓이를 가진 사물의 겉.

예 우리 주변의 사물은 평평한 면, 공처럼 굽은 곡면 등 다양한 면으로 이루어져 있다.

모서리

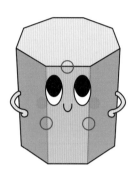

뜻 입체 도형에서 면과 면이 만나는 선분.

예 팔각기둥에는 24개의 모서리가 있다.

합동

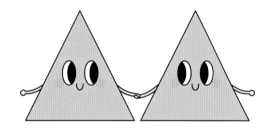

뜻 두 개의 도형이 크기와 모양이 같아 서로 포개었을 때에 꼭 맞는 것.

예 각 변의 길이와 각도가 일치하는 것으로 보아 두 삼각형은 합동이다.

대칭

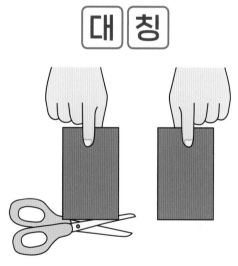

뜻 점·선·면 등이 한 점·직선·평면을 사이에 두고 같은 거리에 마주 놓여 있는 일.

예 네모난 색종이를 반으로 접으면 양쪽의 모양이 대칭을 이룬다.

점 대 칭 도 형

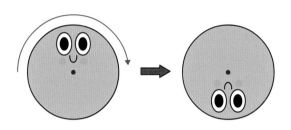

뜻 도형 안의 한 점을 중심으로 180도 돌렸을 때, 처음 도형과 완전히 겹쳐지는 도형.

예 한 점을 중심으로 180도 돌렸을 때 모양이 변하지 않아야 <u>점대칭 도형</u>이다.

선 대 칭 도 형

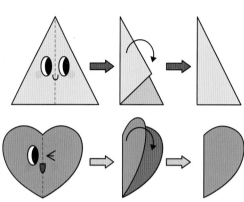

뜻 한 직선으로 접어서 포개었을 때, 서로 완전히 겹치는 도형.

예 <u>선대칭 도형</u>에서 겹치는 변의 길이와 겹치는 각의 크기는 각각 같다.

직 육 면 체

뜻 각 면이 모두 직사각형이고, 마주 보는 세 쌍의 면이 각각 평행한 육면체.

예 <u>직육면체</u>에서 서로 마주 보는 면은 평행합니다.

정 육 면 체

뜻 여섯 개의 면이 모두 합동인 정사각형으로 이루어진 정다면체.

예 <u>정육면체</u>는 직육면체와 달리 면의 크기와 모서리의 길이가 모두 같다.

겨냥도

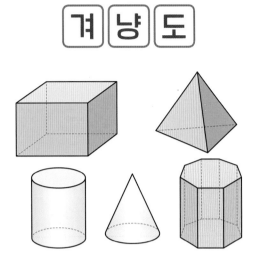

뜻 입체 도형의 모양을 잘 알 수 있게 그린 그림.

예 겨냥도는 입체 도형의 보이지 않는 면, 모서리 등을 나타내기 위해 점선을 사용한다.

전개도

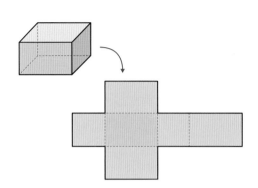

뜻 입체 도형을 평면 위에 펴 놓은 모양을 나타낸 그림.

예 전개도는 입체 도형으로 접었을 때 접혔던 부분은 점선, 나머지는 실선으로 그린다.

평균

뜻 여러 수나 같은 종류의 양의 중간값을 갖는 수.

예 윤찬이네 학급 학생들의 평균 키는 130센티미터이다.

제곱미터

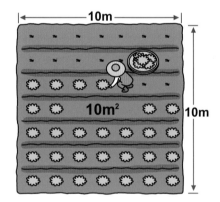

뜻 한 변의 길이가 1미터인 정사각형의 넓이를 나타내는 단위. 'm²'로 나타냄.

예 부모님께서는 10제곱미터 규모의 작은 텃밭을 가꾸신다.

이상

뜻 수량이 일정한 기준을 포함하여 그보다 많은 것.

예 그 놀이기구는 키 128센티미터 이상인 사람만 탈 수 있다고 한다.

이하

뜻 수량이 일정한 기준을 포함하여 그보다 적은 것.

예 영화관에서는 15세 이하 관람 불가의 영화가 상영되고 있었다.

초과

뜻 일정한 수나 한도 등을 넘음. 수량일 때는 그 수량이 범위에 포함되지 않음.

예 엘리베이터에 두 명의 사람이 더 타자 경고음과 함께 '정원 초과'라는 안내가 나왔다.

미만

뜻 일정한 수량이나 정도에 차지 못함. 수량일 때는 그 수량이 범위에 포함되지 않음.

예 똑똑하기로 소문난 친구인 윤빈이는 한글을 육 세 미만에 익혔다고 한다.

반올림

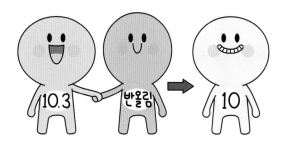

🔵 **뜻** 숫자를 셈할 때, 4 이하의 수는 버리고 5 이상의 수는 그 윗자리에 1을 더하여 주는 방법.

🔵 **예** 10.3을 반올림하면 10이고, 10.7을 반올림 하면 11이 된다.

버림

🔵 **뜻** 구하려는 자리의 숫자가 무엇이든 간에 그 자리 이하 숫자를 0으로 바꾸는 것을 말함.

🔵 **예** 277원을 십의 자리에서 버림을 하면 200이 된다.

배수

🔵 **뜻** 어떤 수의 곱절이 되는 수.

🔵 **예** 어떤 수의 배수 중 가장 작은 수는 자기 자신이다.

공배수

🔵 **뜻** 둘 이상의 수에 공통으로 배수가 되는 수.

🔵 **예** 3과 4의 공배수에는 12, 24 등이 있다.

약수

뜻 어떤 수를 나머지 없이 나누어떨어지게 하는 수.

예 1, 2, 4, 8은 8의 <u>약수</u>이다.

공약수

뜻 둘 이상의 수에 공통되는 약수.

예 24와 32의 <u>공약수</u>는 1, 2, 4, 8이다.

통분

$\dfrac{3}{4}$ $\dfrac{5}{6}$

먹은 양: $\dfrac{9}{12}$ 먹은 양: $\dfrac{10}{12}$

뜻 분모가 다른 여러 분수를 값이 달라지지 않으면서 분모는 같게 만드는 것.

예 동생이 초콜릿의 3/4을 먹고, 내가 5/6를 먹었을 때 누가 더 많이 먹었는지 비교하려면 <u>통분</u>해야 한다.

약분

분수	분모와 분자의 공약수	약분
$\dfrac{6}{10}$	1, 2	$\dfrac{6 \div 2}{10 \div 2} = \dfrac{3}{5}$

뜻 분수의 분모와 분자를 공약수로 나누어 간단히 하는 것.

예 분수 6/10을 공약수인 2로 나누어 <u>약분</u>하면 3/5가 된다.

도움을 준 학생들

다음은 '초등 어휘 이해도 진단' 이벤트에 참여한 학생들 이름입니다.

여러분의 참여가 저희 책에 중요한 밑거름이 되었습니다. 진심으로 감사드립니다.

혹시 이름이 빠지거나 잘못 기재된 분들은 NE능률(1833-8368)로 연락해 주시기를 바랍니다.

강서연	강승비	강채은	권다은	권단우	권보미	권소미	권주영	김경서	김고은
김도건	김동현	김민채	김서연	김세희	김소현	김수민	김수현	김시우	김시윤
김시현	김온유	김용하	김주연	김지언	김지용	김지우	김지율	김찬유	김태은
김학수	김한결	김한별	김호진	김효준	김수현	나서진	나윤하	남궁솔	남궁율
노현주	류시우	박서린	박예람	박예준	박은빈	박은서	박진기	박진모	방다윤
방서현	배재협	서하람	서해든	송예원	송재율	송지은	신민규	신아성	심새본
안우석	안효근	양건준	양승혁	양시온	양한결	양현수	염준호	염채나	오승택
오연택	유강우	유상우	유지현	윤민석	윤민하	윤지후	이가연	이다빈	이다연
이다온	이도현	이서범	이서현	이선	이승우	이예찬	이유진	이유찬	이윤슬
이은우	이준	이지율	이창우	이채원	이태선	임현준	장성근	전지우	정다율
정한결	조유림	조유빈	조유이	조유환	조찬영	조하율	차시후	천소윤	최다연
최도윤	최윤서	최은서	최효서	최효주	한제인	허훈민	현승민	현정민	현진
홍지효	홍현승								

어휘 확인

이름:

알고 있는 낱말: / 120

※ 다음 낱말 중 뜻을 알고 있는 낱말에 V표 하고, 잘 모르는 낱말은 다시 한 번 확인해 보세요.

1. 가게 ☐ 61쪽	30. 범 ☐ 69쪽	
2. 갈등 ☐ 47쪽	31. 벽화 ☐ 83쪽	
3. 감각 ☐ 101쪽	32. 변성암 ☐ 109쪽	
4. 개혁 ☐ 91쪽	33. 보장 ☐ 69쪽	
5. 경제 ☐ 61쪽	34. 복사 ☐ 123쪽	
6. 고령화 ☐ 65쪽	35. 복합 ☐ 35쪽	
7. 고분 ☐ 83쪽	36. 부족 ☐ 87쪽	
8. 고루 ☐ 87쪽	37. 분포 ☐ 65쪽	
9. 구체적 ☐ 43쪽	38. 분해자 ☐ 105쪽	
10. 권리 ☐ 69쪽	39. 불균형 ☐ 65쪽	
11. 금관 ☐ 83쪽	40. 불쾌 ☐ 83쪽	
12. 기관 ☐ 101쪽	41. 붕당 ☐ 91쪽	
13. 기상 ☐ 113쪽	42. 비유 ☐ 17쪽	
14. 기압 ☐ 113쪽	43. 비판 ☐ 39쪽	

01 다음 빈칸에 들어갈 낱말로 가장 알맞은 것은 무엇인가요?
( )

"지금부터 '학생들의 도서관 이용을 늘릴 방안'에 대한
□□을/를 시작하겠습니다."

① 이해 ② 추론 ③ 의견

④ 토의 ⑤ 협상

02 다음 밑줄 친 부분과 뜻이 비슷한 낱말은 무엇인가요? ( )

그 강연자가 청중에게 전하고자 하는 중심 내용은 누구나
이웃들과 더불어 살아야 한다는 것이다.

① 논의 ② 비판 ③ 이해

④ 정의 ⑤ 주제

03 다음 뜻을 가진 낱말로 알맞은 것은 무엇인가요?
( )

시를 읽을 때 마음속에 떠오르는 감각적인 모습이나 느낌.

06 다음 밑줄 친 뜻으로 알맞은 것은 무엇인가요? ( )

두 학급의 의견 차이를 조정하는 것이 쉽지 않았다.

① 어떤 문제에 대한 의견이 서로 일치함.

② 미루어 생각해서 이치에 맞게 따져 말함.

③ 비행기나 선박, 자동차 등의 기계를 다루어 부림.

④ 옳고 그름을 따져서 밝히거나 잘못된 점을 지적함.

⑤ 다툼이 있는 문제를 중간에서 화해하게 하거나 서로 타
협점을 찾아 합의하도록 함.

07 다음 뜻을 가진 낱말로 알맞은 것은 무엇인가요? ( )

바탕이 되는 무엇으로부터 다른 것이 일어나 자라 생김.

① 단일 ② 비유 ③ 열거

④ 적용 ⑤ 파생

10 다음 그림에 나타난 상황에 어울리는 낱말은 무엇인가요? (   )

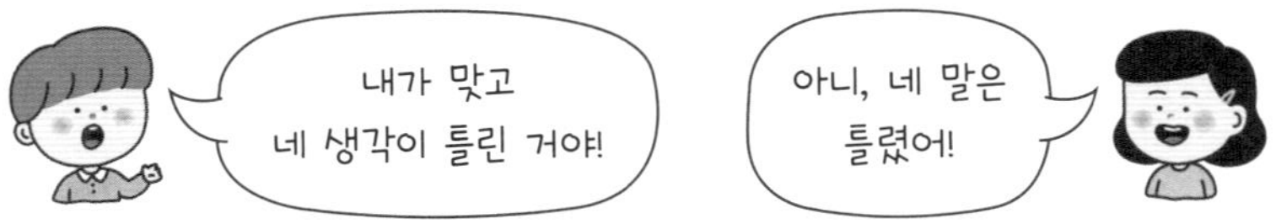

내가 맞고
네 생각이 틀린 거야!

아니, 네 말은
틀렸어!

① 감동
② 설명
③ 요야
④ 이해
⑤ 합의

11 다음 밑줄 친 낱말의 쓰임이 바르지 <u>않은</u> 것은 무엇인가요? (   )

① 법은 모든 사람들에게 공평하게 적용되어야 한다.
② 사람을 겉모습만 보고 섣불리 판단해서는 안 된다.
③ 사람들은 유명 연예인의 행동에 입을 모아 감동했다.
④ 우리는 이 문제를 전체 회의를 열어 논의하기로 했다.
⑤ 만세는 친구들에게 자신의 계획을 구체적으로 설명했다.

[14~15] 다음 글을 읽고, 물음에 답하세요.

현대 사회를 '정보화 사회'라고 한다. 정보화 사회를 살아가기 위해서는 여러 가지 단순한 정보를 종합하여 쓸모 있는 새로운 정보로 만들 수 있어야 한다. 이를 위해서는 먼저 필요한 정보를 찾아야 한다. 요즈음에는 다양한 ⊙미디어(media)를 이용하여 정보를 얻는다. 대표적인 미디어에는 책, 신문, 잡지와 같은 인쇄 미디어, 텔레비전, 라디오와 같은 방송 미디어가 있다. 최근에는 디지털 기술을 [ⓒ   ] 기술을 바탕으로 하는 사회 관계망 서비스, 스마트폰 메신저, 블로그, 포털 사이트 등과 같은 뉴 미디어를 주로 이용한다. 따라서 뉴 미디어의 특성과 올바른 이용 방법을 알고 있어야 한다.

14 ⊙과 바꾸어 쓸 수 있는 낱말로 알맞은 것은 무엇인가요? (   )

① 개체
② 매체
③ 배경
④ 영상
⑤ 자료

15 ⓒ에 들어갈 알맞은 낱말은 무엇인가요? (   )

① 문자
② 영상
③ 음성
④ 인터넷
⑤ 인쇄

① 배경 ② 사건 ③ 상징
④ 심상 ⑤ 영상

04 다음 ㉠과 ㉡에 들어갈 알맞은 낱말을 바르게 짝 지은 것은 무엇인가요? (   )

> 문학에는 여러 갈래가 있다. 대표적으로 마음속에 떠오르는 생각이나 느낌을 ㉠ 이/가 느껴지는 언어로 간결하게 표현한 시, 서술자가 인물의 ㉡ 와/과 대립을 중심으로 이야기를 전달하는 소설이 있다.

① ㉠: 심상 – ㉡: 비유
② ㉠: 갈등 – ㉡: 하구
③ ㉠: 영상 – ㉡: 갈등
④ ㉠: 운율 – ㉡: 갈등
⑤ ㉠: 운율 – ㉡: 하구

05 다음 밑줄 친 낱말과 뜻이 비슷한 낱말은 무엇인가요? (   )

> 최근에는 환경 문제, 세계적인 전염병 발생 등 한 국가의 힘만으로는 처리하기 불가능한 문제가 많이 발생하고 있다.

① 논의하기 ② 비판하기 ③ 이해하기
④ 토의하기 ⑤ 해결하기

[08~09] 다음 글을 읽고, 물음에 답하시오.

> 우리는 소설을 읽으며 마치 실제로 일어난 일을 읽는 듯한 재미를 느낄 수 있다. 하지만 소설에서 ㉠일어나는 일은 현실에서 충분히 있을 법한 일이지만 작가의 상상력에 의해 창조된 것이다. 쉽게 말하면 현실에 있을 듯하지만 꾸며낸 현실의 이야기이다. 그렇기에 소설에 등장하는 인물이 겪는 일들은 현실의 사람들이 살아가는 모습을 닮고 있다.
>
> 따라서 우리는 소설을 읽으며 자신의 삶과 있는 세상을 둘아보거나, 어떻게 살아야 좋은 것인지를 생각해 볼 수 있다. 예를 들면 『흥부전』을 읽고 서로 다른 삶의 태도를 지닌 '놀부'와 '흥부'를 비교하면 어떤 삶이 옳고 그른지를 분명하게 알 수 있다.

08 ㉠과 뜻이 비슷한 낱말로 알맞은 것은 무엇인가요? (   )

① 상징 ② 대화 ③ 배경
④ 사건 ⑤ 주제

09 ㉡에 들어갈 알맞은 낱말로 알맞은 것은 무엇인가요? (   )

① 갈등 ② 의견 ③ 진실
④ 주문 ⑤ 하구

12 다음 빈칸에 공통으로 들어갈 낱말로 알맞은 것은 무엇인가요? ( )

- 발표를 할 때는 시각적인 [ ] 을/를 활용하는 것이 좋다.
- 여러 종류의 [ ] 을/를 참고하여 발표할 내용을 만들었다.

① 비판 ② 사건 ③ 상징
④ 자료 ⑤ 주제

13 다음 밑줄 친 부분과 뜻이 비슷한 낱말로 알맞은 것은 무엇인가요? ( )

토론과 같이 어떤 문제 상황과 관련되어 말하기에서는 상대방이 말하고자 하는 중심 생각과 그 근거를 파악해야한다.

① 논지 ② 의견 ③ 정의
④ 판단 ⑤ 합의

16 다음 밑줄 친 낱말과 뜻이 비슷한 낱말은 무엇인가요? ( )

집을 나서는 민혁은 슬픔과 아쉬움이 뒤섞인 감정을 느꼈다.

① 논의면 ② 복합면 ③ 요약면
④ 조정면 ⑤ 형성면

17 다음 중 낱말의 뜻이 바르지 않은 것은 무엇인가요? ( )

① 단일: 단 하나로 되어 있음.
② 작용: 두 가지 이상이 하나로 합침.
③ 운율: 시를 읽을 때 느껴지는 말의 가락.
④ 예시: 본보기가 될 만한 것을 들어 보임.
⑤ 합의: 어떤 문제에 대한 의견이 서로 일치함.

- 여름에 아이스크림이 녹아 물처럼 흐르는 현상
- 단단한 얼음에 열을 가하면 물이 되는 현상

① 기화   ② 승화   ③ 융해
④ 응고   ⑤ 액소

12 다음 밑줄 친 낱말의 뜻으로 알맞은 것은 무엇인가요? ( )

전기를 만들 때 화석 연료를 많이 사용한다. 화석 연료를 연소하는 과정에서 이산화탄소와 같은 온실가스가 나온다. 따라서 전기를 많이 사용하는 냉난방기를 많이 사용하면 지구 온난화가 더 심해질 수 있다.

① 액체가 기체로 변하는 현상.
② 열을 받는 전기가 물체 속을 이동하는 현상.
③ 물질이 산소와 반응하여 빛과 열을 내는 현상.
④ 열을 받은 기체나 액체가 이동함으로써 열이 전달되는 현상.
⑤ 고체가 곧바로 기체로 변하거나 기체가 곧바로 고체로 변하는 현상.

…사이는 '경고', 35~50 사이는 '주의', 10~35 사이는 '관심'으로 제시한다. '위험' 단계에서는 사중독에 걸리기 쉬우므로 만드는 밖에 바로 막아야 하며, '경고' 단계에서는 내 시간 이내에 막는 것이 좋다.

15 다음 ㉮에 공통으로 들어갈 낱말의 뜻입니다. ㉮에 들어갈 낱말로 알맞은 것은 무엇입니까? ( )

공기 중에 수증기가 들어 있는 정도.

① 기상   ② 기화   ③ 습도
④ 일조   ⑤ 천도

16 ㉠과 바꾸어 쓰기에 알맞은 낱말은 무엇인가요? ( )

① 대류되는   ② 복사되는   ③ 용해되는
④ 응고되는   ⑤ 전도되는

17 ㉡의 뜻으로 알맞은 것은 무엇인가요? ( )

① 공기의 온도.
② 햇볕이 내리쬠.
③ 따뜻함과 차가움의 정도.
④ 공기의 무게로 생기는 누르는 힘.
⑤ 특정 물체나 공간을 뜨겁게 해주는 기운.

새 □로운이 □에 □을 세 것으로 순아 기졌더니 다시 잘 작동되었다.

① 전기　② 전선　③ 전자
④ 전지　⑤ 전파

---

03 다음 밑줄 친 부분과 뜻이 비슷한 낱말은 무엇인가요? (　　)

무쇠솥과 같은 무쇠 그릇은 녹는 쇳물을 거푸집이라고 하는 틀 속에 부은 뒤에 짧은 시간에 식혀서 단단하게 굳히는 방법으로 만든다.

① 기화　② 복사　③ 소화
④ 연소　⑤ 응고

---

04 다음 중 밑줄 친 낱말의 쓰임이 바르지 않은 것은 무엇인가요? (　　)

① 한낮이 되자 순식간에 기온이 35℃까지 올랐다.
② 이 버스는 한 시간마다 이곳의 관광지를 대류한다.
③ 공기와 같이 눈에 보이지 않는 물질도 부피를 지닌다.
④ 채소에 들어 있는 식이 섬유는 배설을 원활하게 한다.
⑤ 대부분의 광고는 소비자의 상품 구매를 목적으로 한다.

[08~09] 다음 글을 읽고, 물음에 답하세요.

밥 먹을 때를 놓치거나 일부러 굶을 때가 있다. 그러면 어느 순간 뱃속에서 '꼬르륵' 소리가 난다. 이 소리의 정체는 무엇일까? 우리 뱃속에는 위, 소장, 대장과 같이 소화를 담당하는 ㉠장기가 있다. 우리가 음식을 먹어서 위해 음식이 들어오면 이런 장기는 고유한 리듬에 따라 꿈틀꿈틀 음직이면서 음식을 ㉡소화시킨다. 이를 연동 운동이라 하는데, 우리의 의지와 상관없이 이루어진다.

위, 소장, 대장 등은 음식이 없어도 계속 음직임을 이어오기만 하면 소화시킬 준비를 하고 있다. 그런데 위가 일정 시간 이상 비어 있으면 음식 대신 공기가 소장과 대장 속을 빠져나가면서 '꼬르륵' 소리를 내는 것이다.

---

08 ㉠과 바꾸어 쓰기에 알맞은 낱말은 무엇인가요? (　　)

① 감각　② 기구　③ 기관
④ 물질　⑤ 배설

어휘 평가

01 다음 빈칸에 들어갈 알맞은 낱말은 무엇인가요? ( )

석유와 석탄 같은 화석 연료가 모두 없어질 때를 대비하여 우리나라의 [ ]를 개발하려는 노력이 이루어지고 있다.

① 가게 　　② 인구 　　③ 주제
④ 지형 　　⑤ 토기

02 다음 밑줄 친 낱말의 뜻으로 알맞은 것은 무엇인가요? ( )

사람들이 드물어지자 절 터에는 고요함이 찾아왔다. 나는 법당으로 들어가 불상 앞에 앉았다.

① 부처의 모습을 표현한 조각.
② 매우 오래 전에 만들어진 무덤.
③ 주로 임금이 쓰던 황금으로 만든 관.
④ 건물이나 동굴, 무덤 등의 벽에 그린 그림.
⑤ 군주 국가에서 나라를 다스리는 우두머리.

03 다음에서 설명하고 있는 '이것'은 무엇인가요? ( )

06 다음 빈칸에 들어갈 알맞은 낱말은 무엇인가요? ( )

평소에 음식을 골고루 먹지 않으면 영양 섭취가 해져서 건강에 문제가 생긴다.

① 보장 　　② 부당 　　③ 분포
④ 불균형 　　⑤ 붙이익

[07~09] 다음 글을 읽고, 물음에 답하세요.

조선 시대 후기에는 벼슬아치들이 자신의 욕심을 채우기 위해 백성들을 괴롭히는 경우가 많았다. 이런 벼슬아치들을 탐관오리라고 하는데, 탐관오리들은 세금을 정당하지 않게 많이 매기는 방식으로 자신들의 욕심을 채웠다. 이 때문에 돈이나 힘이 없는 백성들은 ⊙사람답게 살 수 있는 기본적인 권리마저 ⓒ보장받지 못했다. 결국 그들이 일부는 벼슬아치의 횡포를 견디다 못해 도적 떼가 되기도 하였다. 이런 사회적 배경을 바탕으로 『홍길동전』이라는 소설이 나타났다. 『홍길동전』은 비록 양반의 자식이지만 서자라는 사회적 신분 때문에 주변 사람들에게 무시당하고 배울마저 제대로 할 수 없는 홍길동이 옳지 못한 사회를 ⓒ 하려는 의지를 드러내고 있다.

최근 우리나라는 아이를 적게 낳는 현상이 매우 심각하다. 이런 현상이 계속되면 생산에 참여하는 인구가 줄어들어 우리나라의 ⊙ 에 좋지 않은 영향을 미친다. 또한 앞으로 나라의 경제 활동 인구가 줄어드는데 정부가 책임져야 하는 ⓒ 노인 인구의 비율은 계속 높아지고 있기 때문이다.

우리나라의 출산율이 낮아진 까닭은 여러 가지 사회·문화적 변화에 의한 것이다. 경제적 안정을 위해 늦게 결혼하거나 아예 결혼하지 않는 사람이 많아졌다. 또 결혼을 했어도 자신의 삶에 집중하는 경향도 커졌다.

저출산 문제를 해결하려면 국가가 적극적으로 나서야 한다. 아이에 따른 부담을 줄이고, 육아는 부부만이 아니라 사회 모두의 책임이라는 생각도 더욱 확대되어야 한다.

10 다음은 이 글의 주제입니다. 빈칸에 들어갈 알맞은 낱말은 무엇인가요? ( )

> 현상의 문제점과 해결 방안

① 결혼   ② 경제   ③ 다문화
④ 양극화   ⑤ 저출산

11 다음 ⓑ기는 ⊙에 들어갈 낱말의 뜻입니다. 이를 참고할 때, ⊙

의 ㉮ 도 높아진다.

---

14 ⊙과 ⓒ에 들어갈 알맞은 낱말을 바르게 짝 지은 것은 무엇인가요? ( )

신석기 시대 사람들은 배를 직접 찾아 이리저리 옮겨 다니지 않고 조개나 물고기를 구하기 쉬운 ⊙ (이)나 나지 않고 조개나 물고기를 구하기 쉬운 ⊙ 을/를 지어서 강 근처에, 땅을 파서 지붕을 얹은 ⓒ 마을을 이루고 살았다.

① ⊙: 산지 - ⓒ: 고분
② ⊙: 산지 - ⓒ: 움집
③ ⊙: 평야 - ⓒ: 수렵
④ ⊙: 해안 - ⓒ: 고분
⑤ ⊙: 해안 - ⓒ: 움집

[15~17] 다음 글을 읽고, 물음에 답하세요.

어떤 나라도 모든 것을 넉넉하게 가지고 있지는 않다. 이 때문에 다른 나라와 물건을 사고파는 ⊙경제 활동, 즉 ⓒ무역을 통해 필요한 것을 구한다. 자기 나라의 상품을 다른 나라에 파는 것을 수출, 다른 나라의 상품을 사 오는 것을 수입이라고 한다. 수출이나 수입은 ⓒ정부가 ㉿주체가 되는 경우도 있지만 대개 ⑩기업이 주체가 되어 이루어진다.

국가가 어떤 상품을 다른 나라에 수출하면 돈을 벌 수 있다. 그리고 이렇게 번 돈으로 국가 유지나 국민 생활에 필요한 지역이나 물건을 수입해 올 수 있다. 예를 들어 우리나라는 자동차나 반도체를 수출해 번 돈으로 우리나라에서 나지 않는 석유를 수입한다.

한편, 무역이 활발하게 이루어지면 서로 다른 문화권이나 국가 간

의 ㉮ 도 높아진다.

'이것'은 백성들이 생활에 어려움을 겪고 있는데, 기존의 한문이 이를 해결하지 못하자 나타난 학문입니다. '이것'은 '실생활에 도움이 되는 학문.'이라는 뜻입니다.

① 대학　　② 붕당　　③ 실학
④ 인권　　⑤ 질서

04 다음 밑줄 친 낱말이 바르게 사용되지 않은 문장은 무엇인가요? ( )

① 아직까지 자신들의 문자가 없는 부족도 존재한다.
② 고려 시대에는 외국과 분포할 때 은을 화폐로 썼다.
③ 서로 다른 문화가 교류하면 그곳의 언어도 들어온다.
④ 조선의 왕들은 왕권을 더 강하게 하려고 노력하였다.
⑤ 투박한 이 토기는 음식을 보관하는 용도로 사용되었다.

05 다음 밑줄 친 부분과 뜻이 비슷한 낱말은 무엇인가요? ( )

우리가 탄 차는 험한 산골길을 평평하고 나른 땅을 달리듯 마구 달렸다.

① 분포　　② 육지　　③ 지형
④ 평지　　⑤ 하천

07 ㉠을 대신해 쓸 수 있는 낱말은 무엇인가요? ( )

① 붕당　　② 실학　　③ 인권
④ 주제　　⑤ 왕권

08 ㉡의 뜻으로 알맞은 것은 무엇인가요? ( )

① 사물의 작용이나 어떤 행동 등의 중심이 되는 것.
② 어떤 일이 이루어지도록 조건을 마련하거나 확실하게 약속함.
③ 사물이나 사회가 혼란 없는 상태를 유지하게 하는 순서나 차례.
④ 사람들이 자주 만나면서 문화나 사상, 물건 같은 것을 주고받는 일.
⑤ 어떤 일을 직접 하거나 다른 사람에게 요구할 수 있는 올바른 자격.

09 ㉢에 들어갈 알맞은 낱말은 무엇인가요? ( )

① 개혁　　② 교류　　③ 분포
④ 실학　　⑤ 재점

에 들어갈 알맞은 것은 무엇인가요? ( )

보기
사람이 살아가는 데 필요한 물건이나 서비스를 생산, 소비, 분배하는 모든 활동.

① 가계　② 경제　③ 교류
④ 기업　⑤ 무역

12 ㉡을 표현하기에 알맞은 낱말은 무엇인가요? ( )

① 고령화　② 분극화　③ 산업화
④ 양극화　⑤ 저출산

13 다음 빈칸에 공통으로 들어갈 알맞은 것은 무엇인가요? ( )

• 조선은 중국과 일본에 [　　] 사절을 종종 보냈다.
• 중국과 미국은 스포츠를 통해 [　　]를 시작했다.

① 가계　② 개혁　③ 경제
④ 봉당　⑤ 외교

15 다음은 이 글의 제목입니다. 빈칸에 들어갈 알맞은 낱말은 무엇인가요? ( )

[　　] 의 필요성

① 경제　② 무역　③ 수입
④ 수출　⑤ 정부

16 ㉠~㉤의 뜻으로 알맞지 않은 것은 무엇인가요? ( )

① ㉠: 사람이 살아가는 데 필요한 물건이나 서비스를 생산, 소비, 분배하는 모든 활동.
② ㉡: 나라와 나라 사이에 물건이나 서비스를 사고파는 것.
③ ㉢: 법에 따라 나라와 나라의 정책과 집행 등을 행정을 받아 보는 국가 기관.
④ ㉣: 어떤 일을 직접 하거나 다른 사람에게 요구할 수 있는 올바른 자격.
⑤ ㉤: 돈을 벌기 위해 물건이나 서비스를 생산하는 단체.

17 ㉮에 들어갈 낱말로 알맞은 것은 무엇인가요? ( )

① 가계　② 개혁　③ 교류
④ 인구　⑤ 인권

어휘 평가

과학
권장 시간 **30분**

---

01 다음 밑줄 친 낱말과 바꿔 쓸 수 있는 낱말은 무엇인가요? ( )

어라, 빨래가 금방 다 말랐네.

날씨가 더워 물이 빨리 <u>증발</u>되었나 봐.

① 기화 ② 승화 ③ 융해
④ 응고 ⑤ 일조

02 다음 빈칸에 공통으로 들어갈 낱말로 알맞은 것은 무엇인가요? ( )

우리 몸은 [　　　]이/가 조금만 변해도 예민하게 반응한다. 예를 들어 높은 산을 오르거나 비행기가 이륙할 때 귀가 먹먹해지는 현상은 우리 몸이 [　　　]이/가 낮아진 상황에 반응하는 것이다.

① 기압 ② 산소 ③ 온도
④ 전자 ⑤ 화로

---

05 다음 밑줄 친 부분과 뜻이 비슷한 낱말은 무엇인가요? ( )

이 지역은 하루에도 여러 번 날씨가 바뀔 정도로 <u>일기</u> 변화가 심하다.

① 기상 ② 기화 ③ 복사
④ 습도 ⑤ 일조

06 다음 중 낱말의 뜻이 바르지 않은 것은 무엇인가요? ( )

① 일조: 따뜻함과 차가움의 정도.
② 전구: 전기를 이용하여 빛을 내는 유리 기구.
③ 전도: 열 또는 전기가 물체 속을 이동하는 현상.
④ 융해: 고체에 열을 가했을 때 액체로 되는 현상.
⑤ 암석: 지구의 표면을 구성하고 있는 단단한 물질.

07 다음 빈칸에 들어갈 알맞은 낱말은 무엇인가요? ( )

텔레비전 ㄷ 모둠이 갑자기 작동하지 않아 불편했다. 그래

09 다음 밑줄 친 낱말이 ㉠과 같은 뜻으로 사용된 것은 무엇인가요? ( )

① 그 배우는 어떤 역할도 잘 소화한다는 평가를 받는다.
② 아까 먹은 음식이 소화가 잘 안되는지 속이 갑갑하다.
③ 화재가 난 지 한 시간이 넘어서야 소화 작업이 끝났다.
④ 웬만한 실력자가 아니면 이 연주곡을 소화하기 어렵다.
⑤ 공장에서 다 소화하지 못할 만큼의 주문이 밀려들고 있다.

10 다음 밑줄 친 낱말과 바꿔 쓸 수 있는 낱말로 알맞은 것은 무엇인가요? ( )

지구 표면은 화성암, 퇴적암, 변성암 등과 같은 여러 가지 종류의 돌로 뒤덮여 있다. 이 돌들은 환경에 따라 다른 종류의 돌로 변하기도 한다.

① 물결 ② 암석 ③ 응고
④ 토기 ⑤ 화석

11 다음에 제시된 두 현상과 관련이 깊은 낱말은 무엇인가요? ( )

13 다음 뜻을 가진 낱말로 알맞은 것은 무엇인가요? ( )

일정한 지역이나 환경에서 생물 요소와 비생물 요소가 서로 영향을 주고받는 체계.

① 기상 ② 순환 ③ 회로
④ 분해자 ⑤ 생태계

14 다음 밑줄 친 부분과 뜻이 비슷한 낱말은 무엇인가요? ( )

몸속에 있는 소변을 몸 밖으로 내보내면 시원한 느낌이 든다.

① 발설하다 ② 배설하다 ③ 복사하다
④ 소화하다 ⑤ 승환하다

[15~17] 다음 글을 읽고, 물음에 답하세요.

여름철에는 식중독에 걸리는 사람이 많아진다. 태양으로부터 지구로 ㉠전달되는 열이 가장 많은 때라서 ㉡기온이 높은 데다가 비가 많이 내려 ⑦ 도 높아서 식중독균이 자라기에 좋은 환경이기 때문이다. 식중독은 주로 식중독균에 오염된 식품을 먹었을 때 나타나는 질병으로, 배 아픔, 구토, 설사, 고열 등의 증상을 일으킨다.

그래서 기상청과 식약처는 식중독 지수를 지역별로 제공한다. 식중독 지수는 식약처가 정하는 ㉠ 을 따져 식중독에 걸릴 위험을 0에서 100까지의 수치로 제시하여 85 이상은 '위험' 50~85

달달 읽고 **곰곰** 생각하는
달곰한 시리즈

NE 능률

어휘 강화!
교과 학습
기본기 강화

독해 강화!
분석력, 통합력,
사고력 강화

달곰한 문해력
기본서

초등교사 100인 추천!
'3회독 학습법'으로
문해력 기본기를 다져요.

달곰한 문해력
초등 어휘

'낱말밭 어휘 학습'으로
각 학년 필수 교과 어휘를
완성해요.

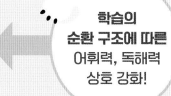

학습의
순환 구조에 따른
어휘력, 독해력
상호 강화!

달곰한 문해력
초등 독해

초등 최초! '주제 연결 독해법' 도입!
하나의 주제로 연결된
2개의 글을 읽어요.

달달 읽고 곰곰 생각하는

달달 읽고 곰곰 생각하는

달곰한 문해력

초등 어휘

정답 및 해설

NE능률

빠르게 보는 정답

주제01 〔101쪽〕 (1) 기관 (2) 소화 (3) 순환 (4) 배설 (5) 감각 〔102~103쪽〕 01 (1) ⓒ (2) ⓒ (3) ⓒ 02 (1) ⓒ (2) ⓒ 03 ② ○ 04 감각 05 ④ 06 ① 07 (1) 예 감각 / 예 개는 다섯 가지 감각 중 후각이 가장 발달해 있다. (2) 예 순환 / 예 우리나라는 봄, 여름, 가을, 겨울의 네 계절이 순환하면서 변화한다.

주제02 〔105쪽〕 (1) 생태계 (2) 생산자 (3) 소비자 (4) 분해자 (5) 먹이 사슬 〔106~107쪽〕 01 (1) 분해자 (2) 생산자 02 (1) 생산자 (2) 소비자 (3) 분해자 03 (1) ⓒ (2) ⓒ 04 먹이 사슬 05 ③ 06 (1) 생산자 (2) 소비자 07 예 생태계의 생물들은 서로 밀접한 관련을 지니는 먹이 사슬을 이루고 있다.

주제03 〔109쪽〕 (1) 암석 (2) 퇴적암 (3) 현무암 (4) 화강암 (5) 변성암 〔110~111쪽〕 01 (1) ⓒ (2) ⓒ (3) ⓒ 02 (1) 암석 (2) 현무암 (3) 화강암 03 (1) 퇴적암 (2) 변성암 04 화강암 05 ① 06 예 암석은 주위 환경에 따라 끊임없이 다른 암석으로 변하며 순환한다.

주제04 〔113쪽〕 (1) 기상 (2) 기온 (3) 기압 (4) 습도 (5) 일조 〔114~115쪽〕 01 (1) ⓒ (2) ⓒ (3) ⓒ (4) ⓔ 02 (1) ① ○ (2) ① ○ 03 ① 04 ⑤ 05 (1) 기온 (2) 습도 06 예 남향집은 일조 시간이 길어 집 안에서 햇볕을 많이 받을 수 있다.

01~04 주간 학습 〔116~118쪽〕 01 (1) ⓒ (2) ⓔ (3) ⓒ (4) ⓒ 02 (1) 기압 (2) 감각 03 ① ○ 04 ③ 05 ④ 06 암석 07 ② 08 (1) 일조 (2) 기온 09 (1) ○ (2) ○ 10 ⑤ 11 기온 〔119쪽〕 예 그러면 지구 온난화를 막기 위한 방법을 찾아서 실천해야겠다. 지금과 같은 여러 이상 기상 현상을 막기 위해서 말이야.

주제05 〔123쪽〕 (1) 온도 (2) 열 (3) 전도 (4) 대류 (5) 복사 〔124~125쪽〕 01 (1) 전도 (2) 복사 02 (1) 온도 (2) 대류 (3) 복사 03 ① ○ 04 ④ 05 대류 06 (1) 열 (2) 전도 07 예 물이 든 주전자를 가열하면 뜨거워진 물은 상승하고 차가운 물은 하강하는 대류가 일어난다.

주제06 〔127쪽〕 (1) 전기 (2) 전구 (3) 회로 (4) 전선 (5) 전지 〔128~129쪽〕 01 (1) 전선 (2) 전구 02 (1) ⓒ (2) ⓒ 03 ② ○ 04 전지 05 ③ 06 (1) 회로 (2) 전기 07 예 ㉮는 두 개의 전지를 직렬로 연결한 회로이고, ㉯는 두 개의 전지를 병렬로 연결한 회로이다.

주제07 〔131쪽〕 (1) 물질 (2) 용해 (3) 기화 (4) 응고 (5) 승화 〔132~133쪽〕 01 (1) ⓒ (2) ⓒ (3) ⓒ 02 (1) 물질 (2) 기화 03 ② ○ 04 응고 05 ④ 06 ② 07 예 물질은 기체, 액체, 고체 중 한 가지로 존재하면서 환경의 변화에 따라 상태가 달라진다.

주제08 〔135쪽〕 (1) 연소 (2) 발화점 (3) 온도 (4) 산소 (5) 소화 〔136~137쪽〕 01 ① ○ 02 (1) 연소 (2) 온도 (3) 발화점 03 ① ○ 04 연소 05 소화 06 ④ 07 예 매우 높은 곳에서는 산소의 양이 적어서 호흡이 가빠진다. 08 예 산소가 충분히 공급되면 물질의 연소가 잘 되어 불꽃의 온도가 높아진다.

05~08 주간 학습 〔138~140쪽〕 01 (1) 전선 (2) 대류 (3) 발화점 02 (1) ② ○ (2) ① ○ 03 ② ○ 04 ② 05 ④ 06 ③ 07 전기 08 기화 09 ④ 10 ① 11 소화 〔141쪽〕 예 쓰레기장을 항상 깨끗하게 유지하여서 연소가 일어날 일이 없도록 미리 주의하는 것도 좋은 방법일 것 같습니다.

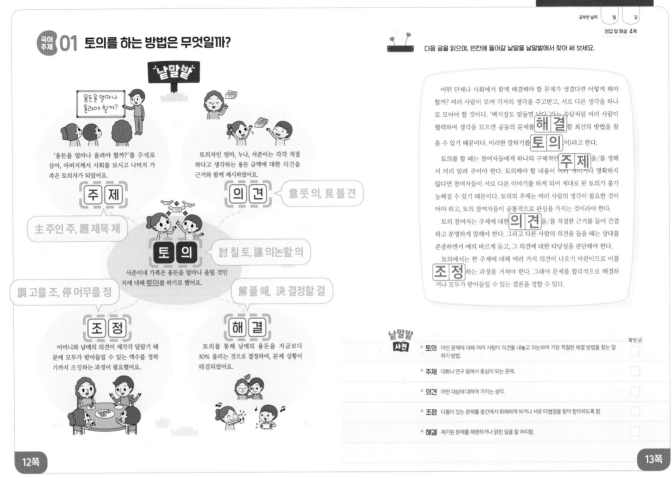

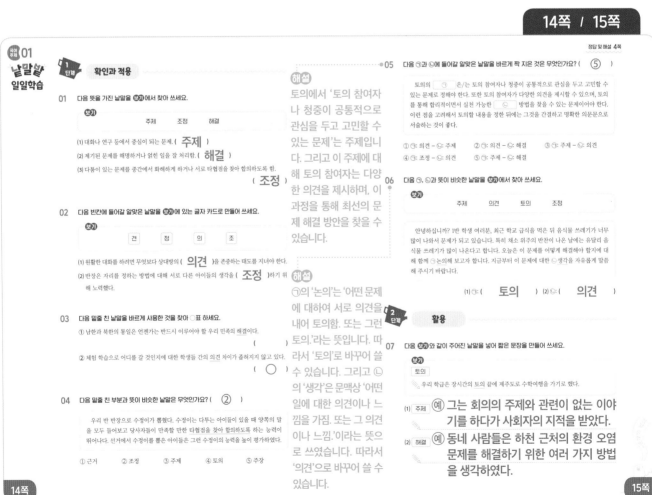

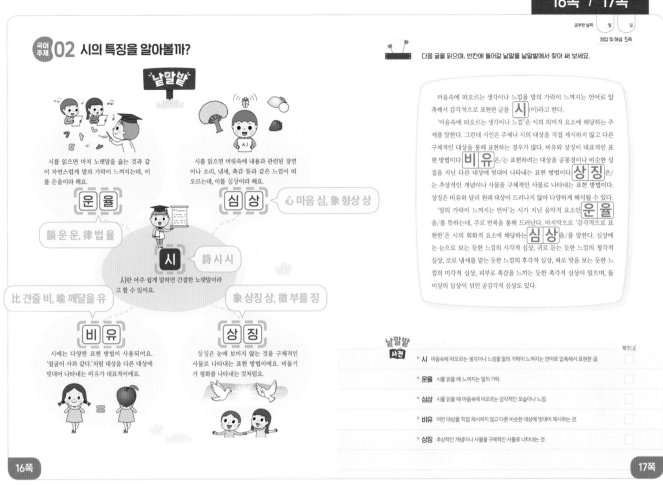

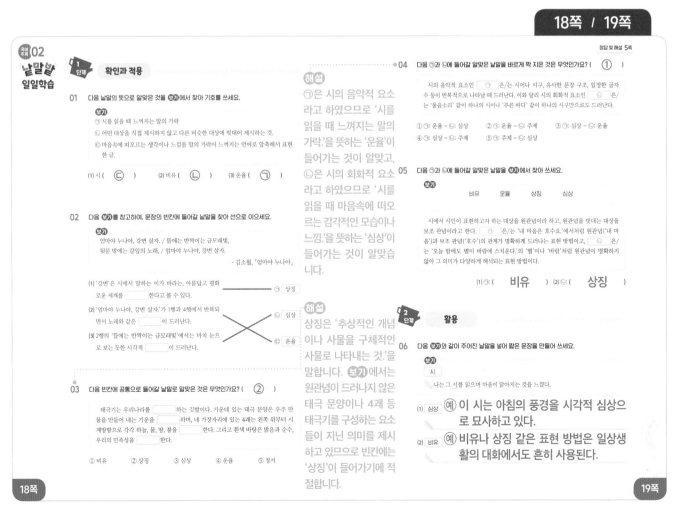

국어 주제 03 소설의 특징을 알아볼까?

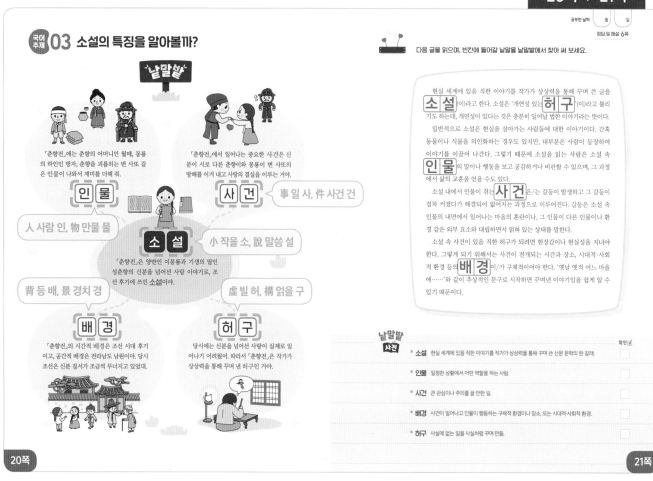

낱말밭

『춘향전』에는 춘향의 어머니인 월매, 몽룡의 하인인 방자, 춘향을 괴롭히는 변 사또 같은 인물이 나와서 재미를 더해 줘.

인물
人 사람 인, 物 만물 물

『춘향전』에서 일어나는 중요한 사건은 신분이 서로 다른 춘향와 몽룡이 변 사또의 방해를 이겨 내고 사랑의 결실을 이루는 거야.

사건
事 일 사, 件 사건 건

소설
小 작을 소, 說 말씀 설

『춘향전』은 양반인 이몽룡과 기생의 딸인 성춘향의 신분을 넘어선 사랑 이야기로, 조선 후기에 쓰인 소설이야.

배경
背 등 배, 景 경치 경

『춘향전』의 시간적 배경은 조선 시대 후기이고, 공간적 배경은 전라남도 남원이야. 당시 조선은 신분 질서가 조금씩 무너지고 있었대.

허구
虛 빌 허, 構 얽을 구

당시에는 신분을 넘어선 사랑이 실제로 일어나기 어려웠어. 따라서 『춘향전』은 작가가 상상력을 통해 꾸며 낸 허구인 거야.

다음 글을 읽으며, 빈칸에 들어갈 낱말을 낱말밭에서 찾아 써 보세요.

현실 세계에 있음 직한 이야기를 작가가 상상력을 통해 꾸며 쓴 글을 **소설**(이)라고 한다. 소설은 '개연성 있는 **허구**(이)라고 불리기도 하는데, 개연성이 있다는 것은 충분히 일어날 법한 이야기라는 뜻이다.

일반적으로 소설은 현실을 살아가는 사람들에 대한 이야기이다. 간혹 동물이나 식물을 의인화하는 경우도 있지만, 대부분은 사람이 등장하여 이야기를 이끌어 나간다. 그렇기 때문에 소설을 읽는 사람은 소설 속 **인물**의 말이나 행동을 보고 공감하거나 비판할 수 있으며, 그 과정에서 삶의 교훈을 얻을 수도 있다.

소설 내에서 인물이 겪는 **사건**은/는 갈등이 발생하고 그 갈등이 점차 커졌다가 해결되어 없어지는 과정으로 이루어진다. 갈등은 소설 속 인물의 내면에서 일어나는 마음의 혼란이나, 그 인물이 다른 인물이나 환경 같은 외부 요소와 대립하면서 얽혀 있는 상태를 말한다.

소설 속 사건이 있음 직한 허구가 되려면 현장감이나 현실성을 지녀야 한다. 그렇게 되기 위해서는 사건이 전개되는 시간과 장소, 시대적·사회적 환경 등의 **배경**이/가 구체적이어야 한다. '옛날 옛적 어느 마을에……'와 같이 추상적인 문구로 시작하면 꾸며낸 이야기임을 쉽게 알 수 있기 때문이다.

낱말밭 사전

확인 ☑

* **소설** 현실 세계에 있음 직한 이야기를 작가가 상상력을 통해 꾸며 쓴 산문 문학의 한 갈래.
* **인물** 일정한 상황에서 어떤 역할을 하는 사람.
* **사건** 큰 관심이나 주의를 끌 만한 일.
* **배경** 사건이 일어나고 인물이 행동하는 구체적 환경이나 장소, 또는 시대적·사회적 환경.
* **허구** 사실에 없는 일을 사실처럼 꾸며 만듦.

국어 주제 03
낱말밭 일일학습

1단계   확인과 적용

01 다음 뜻을 가진 낱말을 보기에서 찾아 쓰세요.

보기
배경   인물

(1) 일정한 상황에서 어떤 역할을 하는 사람. (**인물**)
(2) 사건이 일어나고 인물이 행동하는 구체적 환경이나 장소. (**배경**)

02 다음 초성을 보고, 빈칸에 들어갈 알맞은 낱말을 쓰세요.

(1) ㅅ ㅅ
✎ 어머니께서는 내가 어릴 때 다양한 (**소설**)을/를 실감나게 읽어 주셨다.

(2) ㅅ ㄱ
✎ 소설 속의 등장인물이 갈등을 겪으면서 벌이는 이야기를 (**사건**)(이)라고 한다.

03 다음 빈칸에 들어갈 알맞은 낱말을 보기에 있는 글자 카드로 만들어 쓰세요.

보기
인   경   물   배

(1) 소설 속 사회 현실이나 역사적 상황을 시대적 (**배경**)(이)라고 한다.
(2) 소설에는 저마다 다양한 성격을 갖고 있는 (**인물**)들이 나와서 흥미를 더해 준다.

해설
소설 속 인물의 행동에 사실성을 부여하면서 현장감을 높이고, 작품의 주제를 암시하기도 하는 역할을 하는 것은 배경입니다. 배경은 시간적 배경, 공간적 배경, 시대적 배경 등으로 나뉩니다.

04 다음 빈칸에 공통으로 들어갈 낱말로 알맞은 것은 무엇인가요? (③)

소설의 □□은/는 인물의 행동에 사실성을 부여하면서 현장감을 높이는 역할을 한다. 또한 작품의 주제를 암시하기도 한다. 따라서 소설을 제대로 이해하려면 시간적·공간적 □□을/를 포함하여 당시의 사회 현실도 파악해야 한다.

① 비유 ② 심상 ③ 배경 ④ 사건 ⑤ 허구

05 다음 ㉠과 ㉡에 들어갈 알맞은 낱말을 바르게 짝 지은 것은 무엇인가요? (⑤)

소설은 비록 꾸며낸 ㉠ (이)지만 현실에서 일어날 법한 이야기여야 한다. 이 때문에 벌어지는 ㉡ 을/를 단순히 나열하지 않고 인과 관계를 중심으로 제시한다. 예를 들어 '소년이 소녀와 만났다. 소녀는 아파서 죽고 말았다. 소년이 슬퍼했다.'처럼 사건을 단순히 나열하는 것이 아니라 '한 소년이 서울에서 요양을 온 소녀를 만났다. 친구가 된 소년과 소녀는 산으로 놀러 갔다. 그런데 산에서 소나기를 맞은 소녀가 며칠 앓다가 죽었고, 이를 알게 된 소년은 몹시 슬퍼했다.'와 같이 인과 관계를 중심으로 ㉡ 을/를 배열하는 것이다.

① ㉠: 배경 – ㉡: 사건 ② ㉠: 사건 – ㉡: 인물 ③ ㉠: 사건 – ㉡: 허구
④ ㉠: 허구 – ㉡: 배경 ⑤ ㉠: 허구 – ㉡: 사건

해설
소설은 개연성 있는 허구로, 작가가 현실에서 실제로 일어날 법하게 꾸며 낸 이야기입니다. 이를 위해서 사건을 단순히 나열하지 않고 인과 관계를 중심으로 배열함으로써 사건에 현실성을 부여합니다.

06 다음 밑줄 친 낱말과 뜻이 비슷한 낱말은 무엇인가요? (⑤)

지금 내가 읽고 있는 소설은 왠지 거짓이 아니라 작가 자신의 삶을 그대로 형상화한 것이라는 생각이 든다. 언젠가 이 작가가 어린 시절에 겪었던 삶을 보여 준 텔레비전 방송을 본 적이 있는데, 소설의 이야기가 그때 본 내용과 거의 일치하기 때문이다.

① 갈등 ② 구성 ③ 배경 ④ 사건 ⑤ 허구

해설
'허구'는 '사실에 없는 일을 사실처럼 꾸며 만듦.'이라는 뜻입니다. 따라서 '사실이 아닌 것을 사실처럼 꾸민 것.'이라는 뜻으로 사용된 '거짓'과 뜻이 비슷합니다.

2단계   활용

07 다음 보기의 낱말 중 하나를 골라서 짧은 문장을 만들어 쓰세요.

보기
인물   사건   배경   소설

(1) 낱말 예 **배경**
문장 예 그 소설은 삼국 시대 신라를 배경으로 한 작품이다.

(2) 낱말 예 **소설**
문장 예 김 작가가 쓴 장편 소설은 날개 돋친 듯이 팔려 나갔다.

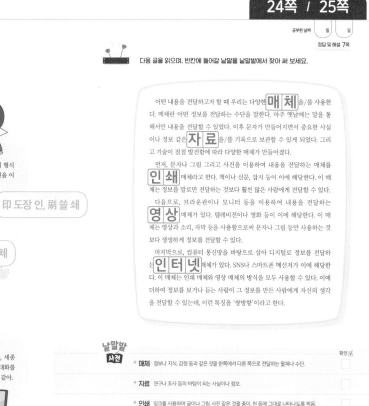

국어 주제 04 매체에는 어떤 종류가 있을까?

낱말밭

한글이 만들어진 과정을 조사한 자료를 바탕으로 발표할 것이기 때문에 어떤 매체를 선택하더라도 내용은 거의 같을 거야.

한글이 만들어진 과정을 신문 기사의 형식으로 표현하면 어떨까? 글과 그림, 사진을 이용하는 인쇄 매체를 사용하는 것이지.

자료

資 재물 자, 料 되질할 료

인쇄 印 도장 인, 刷 쓸 쇄

매체

媒 중매 매, 體 몸 체

국어 시간에 세종대왕이 한글을 만든 과정을 발표하기로 했어. 어떤 매체로 내용을 전달해야 친구들이 쉽게 이해할까?

映 비출 영, 像 모양 상

영상

소리와 자막이 들어간 영상을 이용해서 보여 주면 어떨까? 한글을 만드는 과정을 짧은 영화로 만들어 전달하면 좋을 것 같아.

인터넷

요즘은 인터넷을 많이 사용하니까, 세종 대왕이 오늘날 학생들과 SNS를 통해 대화를 나누는 형식으로 만드는 것도 좋을 것 같아.

24쪽

공부한 날짜   월   일
정답 및 해설 7쪽

다음 글을 읽으며, 빈칸에 들어갈 낱말을 낱말밭에서 찾아 써 보세요.

어떤 내용을 전달하고자 할 때 우리는 다양한 **매체**을/를 사용한다. 매체란 어떤 정보를 전달하는 수단을 말한다. 아주 옛날에는 말을 통해서만 내용을 전달할 수 있었다. 이후 문자가 만들어지면서 중요한 사실이나 정보 같은 **자료**을/를 기록으로 보관할 수 있게 되었다. 그리고 기술이 점점 발전함에 따라 다양한 매체가 만들어졌다.

먼저, 문자나 그림 그리고 사진을 이용하여 내용을 전달하는 매체를 **인쇄** 매체라고 한다. 책이나 신문, 잡지 등이 이에 해당한다. 이 매체는 정보를 말로만 전달하는 것보다 훨씬 많은 사람에게 전달할 수 있다.

다음으로, 브라운관이나 모니터 등을 이용하여 내용을 전달하는 **영상** 매체가 있다. 텔레비전이나 영화 등이 이에 해당한다. 이 매체는 영상과 소리, 자막 등을 사용함으로써 문자나 그림 등만 사용하는 것보다 생생하게 정보를 전달할 수 있다.

마지막으로, 컴퓨터 통신망을 바탕으로 삼아 디지털로 정보를 전달하는 **인터넷** 매체가 있다. SNS나 스마트폰 메신저가 이에 해당한다. 이 매체는 인쇄 매체와 영상 매체의 방식을 모두 사용할 수 있다. 이에 더하여 정보를 보거나 듣는 사람이 그 정보를 만든 사람에게 자신의 생각을 전달할 수 있는데, 이런 특징을 '쌍방향'이라고 한다.

낱말밭 사전

확인 ☑

* **매체** 정보나 지식, 감정 등과 같은 것을 한쪽에서 다른 쪽으로 전달하는 물체나 수단.

* **자료** 연구나 조사 등의 바탕이 되는 사실이나 정보.

* **인쇄** 잉크를 사용하여 글이나 그림, 사진 같은 것을 종이, 천 등에 그대로 나타나도록 찍음.

* **영상** 스크린 같은 흰색의 막이나 텔레비전 브라운관, 모니터 등에 비추어진 물체의 모습.

* **인터넷** 전 세계의 컴퓨터가 서로 연결되어 정보를 교환할 수 있는, 하나의 거대한 컴퓨터 통신망.

25쪽

국어 주제 04
낱말밭 일일학습

정답 및 해설 7쪽

1단계 확인과 적용

01 다음 낱말의 뜻을 <보기>에서 찾아 기호를 쓰세요.

보기
ㄱ 연구나 조사 등의 바탕이 되는 사실이나 정보.
ㄴ 스크린 같은 흰색의 막이나 텔레비전 브라운관 등에 비추어진 물체의 모습.
ㄷ 정보나 지식, 감정 등과 같은 것을 한쪽에서 다른 쪽으로 전달하는 물체나 수단.

(1) 매체 (ㄷ)   (2) 영상 (ㄴ)   (3) 자료 (ㄱ)

02 다음 빈칸에 들어갈 알맞은 낱말을 <보기>에서 찾아 쓰세요.

보기
영상   인쇄   인터넷

(1) 서현이는 편집이 끝난 (**영상**)에 배경 음악을 넣고 있다.
(2) 자신의 일상을 동영상으로 찍어서 (**인터넷**)에 올리는 사람들이 많다.
(3) 오만 원짜리 지폐에는 신사임당의 초상화와 그림이 (**인쇄**)되어 있다.

03 다음 문장에 어울리는 낱말을 찾아 ◯표 하세요.

(1) 연구원들은 남극에서 대기 오염 (**자료** / 인쇄)을/를 수집하고 정리하였다.
(2) 오늘날에는 태블릿이나 스마트폰 같은 기기를 교육 (인터넷 / **매체**)(으)로 사용하고 있다.

04 다음 밑줄 친 부분과 뜻이 비슷한 낱말은 무엇인가요? (③)

우리 반 반장 기욱이는 컴퓨터 문서 작성 프로그램을 이용하여, 다음 주에 있을 현장 체험 학습의 일정을 깔끔하게 정리하였다. 그리고 그것을 프린터로 출력해서 반 아이들이 볼 수 있도록 학급 게시판에 붙여 두었다.

① 매체   ② 영상   ③ 인쇄   ④ 공유   ⑤ 인터넷

26쪽

해설

문맥상 '데이터'가 '이론을 세우는 데 기초가 되는 사실. 또는 바탕이 되는 자료.'라는 뜻으로 사용되었습니다. 즉 인류의 조상을 찾는 과학 연구를 하는 데 바탕이 되는 자료라는 뜻으로 사용되었습니다.

해설

인쇄 매체는 주로 문자, 사진, 그림 등을 이용하며, 인터넷 매체는 소리, 문자, 그림, 동영상 등을 두루 이용합니다. 그리고 인쇄 매체는 전문가 같은 소수의 사람이 정보를 생산하고 전달하는 반면, 인터넷 매체는 이용자 누구나 쉽게 정보를 생산하고 전달할 수 있습니다.

---

05 다음 밑줄 친 낱말과 뜻이 비슷한 낱말을 이 글에서 찾아 쓰세요.

인류의 조상이라고 할 수 있는 존재를 찾는 연구가 여러 분야에서 계속 이루어지고 있다. 하지만 워낙 오래전의 일을 탐구하는 것이라서 분석할 데이터가 매우 부족하다. 이 때문에 지금까지는 과학적 성과를 얻지 못한 상황이다. 하지만 과학 기술의 발전으로 인해 기존보다 많은 자료가 발굴되고 있으므로 희망을 품어봄 직하다.

(**자료**)

06 다음 ㉠과 ㉡에 들어갈 알맞은 낱말을 바르게 짝 지은 것은 무엇인가요? (②)

일반적으로 문자, 사진, 그림을 이용하는 ㉠ 매체와 달리 소리, 문자, 그림, 동영상 등을 두루 이용하는 ㉡ 매체는 디지털 저장 장치 같은 저장 기기에 정보를 보존한다. 또한 ㉠ 매체는 ㉡ 매체에 비해 소수의 사람이 정보를 생산하고 전달하지만, ㉡ 매체는 ㉠ 매체에 비해 많은 사람이 누구나 쉽게 정보를 생산하고 전달한다.

① ㉠: 인쇄 - ㉡: 자료
② ㉠: 인쇄 - ㉡: 인터넷
③ ㉠: 자료 - ㉡: 영상
④ ㉠: 자료 - ㉡: 인쇄
⑤ ㉠: 영상 - ㉡: 인터넷

2단계 활용

07 다음 <보기>와 같이 주어진 낱말을 넣어 짧은 문장을 만들어 쓰세요.

보기
자료
보고서를 쓸 때는 그래프나 사진 같은 시각 자료를 활용하는 것이 좋다.

(1) 인쇄 예 그 책의 표지에는 작가의 얼굴이 흑백으로 인쇄되어 있었다.

(2) 영상 예 그녀는 진달래꽃으로 가득한 산의 모습을 영상으로 찍었다.

27쪽

공부한 날짜   월   일

국어주제
01~04 낱말밭 주간학습

정답 및 해설 8쪽

01 다음 문장의 빈칸에 들어갈 낱말로 알맞은 것을 찾아 선으로 이으세요.

(1) 청각적 [   ]을 통해 대상을 생생하게 표현하고 있다.

(2) 학급 행사에 대한 저희 모두의 [   ]을 말씀드리겠습니다.

(3) 평화의 [   ]이었던 비둘기가 요즘 사람들의 미움을 받고 있다.

㉠ 의견
㉡ 상징
㉢ 심상

02 다음 빈칸에 들어갈 알맞은 낱말을 보기에서 찾아 쓰세요.

보기
인쇄   해결

(1) (인쇄) 기술의 발달로 인해 책을 발행하는 일이 쉬워졌다.

(2) 이 문제를 (해결)하는 데 가장 좋은 방법이 무엇인지 의논해 보자.

03 다음 빈칸에 공통으로 들어갈 낱말로 알맞은 것은 무엇인가요? (④)

• 피카소의 그림 중 일부는 모든 전쟁을 반대하는 [   ]을/를 담고 있다.
• 대부분의 고전 소설은 사람이 항상 착하게 살아야 한다는 [   ]을/를 담고 있다.

① 비유   ② 사건   ③ 조정   ④ 주제   ⑤ 허구

04 다음 빈칸에 공통으로 들어갈 낱말로 알맞은 것을 찾아 ○표 하세요.

이 영화는 사람들이 마음속 꿈꾸는 낭만적인 사랑을 주제로 하고 있다. 특히 아름다운 [   ]와/과 어울리는 음악이 좋은 평가를 받고 있다. 감독은 이 [   ]을/를 찍기 위해 경치가 아름다운 장소를 모두 찾아다녔다고 한다.

(매체 , 상징 , 영상)

05 다음 ㉠이 가리키는 낱말로 알맞은 것은 무엇인가요? (④)

㉠'이것'은 여러 사람이 공동의 문제를 해결하기 위해 협력하여 서로의 의견을 모으는 상호 작용을 말한다. 이 과정이 제대로 진행되려면 모든 참여자가 문제 상황을 정확하게 이해하고, 다른 사람들의 의견을 존중하며 최선의 해결 방안을 찾으려는 태도를 지녀야 한다.

① 비유   ② 배경   ③ 사건   ④ 토의   ⑤ 주제

06 다음 밑줄 친 낱말과 뜻이 비슷한 낱말은 무엇인가요? (③)

지구상의 여러 나라 간 다툼 중에서 가장 심각한 것이 전쟁이다. 전쟁은 주변 나라들에도 적지 않은 피해를 준다. 따라서 국제기구나 제삼국이 전쟁을 벌이는 두 나라 사이에 끼어들어 전쟁을 멈추도록 중재를 하는 경우가 많다.

① 상징   ② 의견   ③ 조정   ④ 토의   ⑤ 허구

07 다음 밑줄 친 낱말을 모두 포함할 수 있는 낱말을 이 글에서 찾아 두 글자로 쓰세요.

매체는 역사적으로 음성 언어에서 문자 언어로, 책에서 라디오와 텔레비전으로 발전해 왔다. 오늘날에는 인터넷을 이용한 음성, 문자, 이미지, 영상, 음악 등이 두루 결합한 '뉴 미디어'로 바뀌고 있다. 이렇게 새로운 매체가 나타나 널리 퍼지면 이전과는 다른 새로운 문화가 나타난다.

(매체)

08 다음 ㉠과 ㉡에 들어갈 낱말로 알맞은 것을 보기에서 찾아 쓰세요.

보기
사건   상징   심상   허구

소설이나 영화 중에는 실제로 존재하는 인물이나 ㉠을/를 다루는 작품도 있다. 하지만 등장인물이 하는 말이나 행동은 작가가 그려냈을 것으로 판단하여 꾸며낸 것이다. 이미 지난 일인 데다가, 유명한 인물이나 ㉠(이)라 하더라도 모든 것을 다 기록해 두지는 않기 때문이다. 이런 점에서 역사적 사실을 소재로 한 소설이나 영화도 일정 부분은 ㉡(이)라고 할 수 있다.

(1) ㉠: (사건)   (2) ㉡: (허구)

28쪽

29쪽

[09~11] 다음 글을 읽고, 물음에 답하세요.

공동의 문제를 해결하는 방법

우리는 일상에서 여러 가지 갈등 상황을 겪는다. 편의점에 갔을 때 무엇을 살 것인지 고민하기도 하고, 나중에 어떤 직업을 가질지 고민하기도 한다. 이러한 갈등은 대부분 개인이 스스로 결정하여 해결할 수 있다.

하지만 쉽게 해결하기 어려운 갈등 상황이 있는데, 이는 공동의 문제에 대해 구성원들의 ㉠생각이 다른 경우이다. 학급 현장 체험 학습이나 학년 전체의 수학여행을 어디로 갈 것인지를 결정하는 상황을 예로 들 수 있다. 두 경우 모두 ㉡구성원의 의견을 하나로 통일하기 어렵다. ㉢토의는 이런 문제 상황을 해결하는 데 도움이 된다.

토의는 여러 사람이 한자리에 모여서 공동의 문제를 해결하기 위해 의견을 나누는 말하기 방식이다. 토의 참여자들이 문제가 되는 ㉣사건이나 상황에 대해 다양한 의견을 자유롭게 나누는 과정에서 최선의 해결 방안을 찾아낸다. 토의를 해서 다른 사람의 생각을 이해하고, 이를 바탕으로 자신의 주장을 조금씩 양보함으로써 해결의 실마리를 찾을 수 있기 때문이다. 토의를 할 때는 자신과 다른 의견을 존중하되, 자신의 의견을 내세울 때는 적절한 ㉤자료를 활용하는 것이 좋다.

한편, 공동의 문제나 사건에 대한 구성원들의 생각이 찬성과 반대로 크게 나뉜다면 토의보다는 찬반 의견이 제시되는 토론의 ㉥방식이 더 효과적이다.

09 ㉠과 뜻이 비슷한 낱말로 알맞은 것은 무엇인가요? (④)

① 갈등   ② 사건   ③ 상징   ④ 의견   ⑤ 허구

10 ㉡~㉥ 중 보기와 같은 뜻을 가진 낱말은 무엇인가요? (③)

보기
큰 관심이나 주의를 끌 만한 일.

① ㉡   ② ㉢   ③ ㉣   ④ ㉤   ⑤ ㉥

11 다음 빈칸에 들어갈 낱말로 알맞은 것은 무엇인가요? (③)

이 글의 주제는 [   ]은/는 공동의 문제가 일어났을 때 최선의 해결 방안을 찾을 수 있는 방법이라는 것이야.

① 갈등   ② 의견   ③ 토의   ④ 자료   ⑤ 구성원

30쪽

디지털 속 한 문장

정답 및 해설 8쪽

다음을 보고, 인물이라는 낱말을 넣어 자신이 읽은 책에 대해 소개하는 글을 써 보세요.

#인물 #소나기 #소녀 #소년
지난주에 읽은 「소나기」라는 소설의 한 장면을 그림으로 표현해 보았다. 소설에는 소녀와 소년, 두 인물이 주인공으로 나온다. 짧지만 깊었던 둘의 우정이 정말 아름답고 인상적이었다.

✎ 예 나는 최근에 「동백꽃」이라는 소설을 읽었다. 소설 속에는 점순이와 '나'라는 두 인물이 나오는데, 두 인물은 비슷한 또래지만 신분의 차이가 있었다. 점순이가 '나'에게 관심을 가지고, 이를 계속 표현하는 부분이 재미있고 인상적이었다.

31쪽

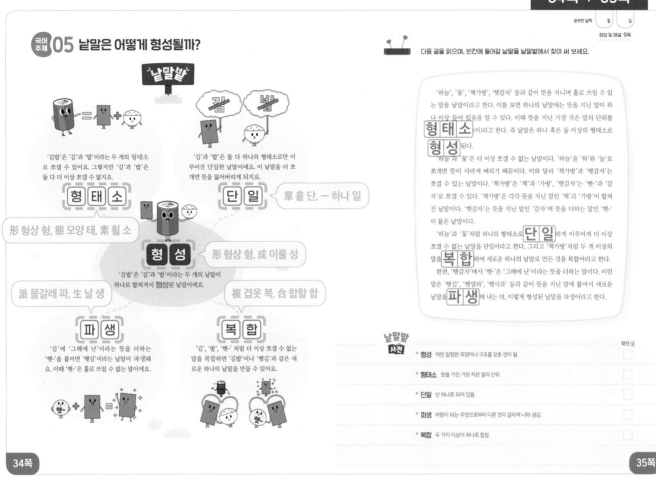

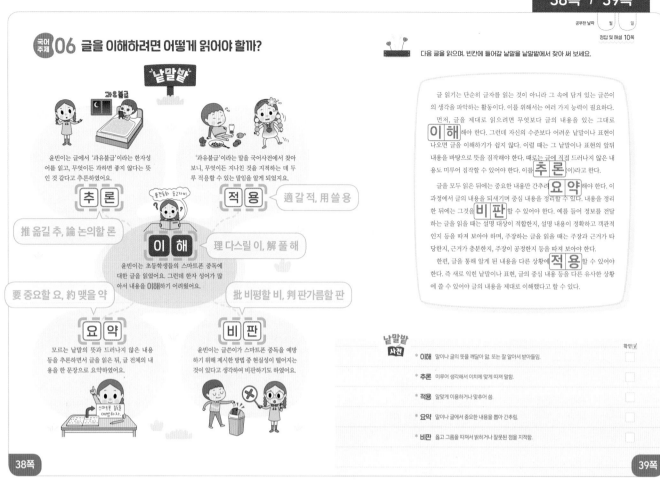

국어주제 06 글을 이해하려면 어떻게 읽어야 할까?

국어주제 06 낱말쌀 일일학습

1단계 확인과 적용

01 다음 밑줄 친 낱말의 뜻으로 알맞은 것을 찾아 ○표 하세요.

우리는 옛날 사람들이 남긴 물건을 통해 그 시대 사람들의 생활을 추론할 수 있다.

① 미루어 생각해서 이치에 맞게 따져 말함. (○)
② 말이나 글에서 중요한 내용을 뽑아 간추림. ( )

02 다음 빈칸에 들어갈 낱말로 알맞은 것을 찾아 선으로 이으세요.

(1) 무릇 자신이 배운 것을 현실에 □ 할 수 있어야 한다.
(2) 어떠한 □ (이)라도 정확한 증거가 있거나 사실에 근거해야 한다.
(3) 나는 그 친구의 말이 너무 길고 어려워서 □ 이/가 잘 되지 않았다.

㉠ 이해
㉡ 적용
㉢ 추론

03 다음 밑줄 친 부분과 뜻이 비슷한 낱말을 보기에서 찾아 쓰세요.

보기
비판 요약 적용

(1) 사회자는 토론 참여자의 발언 내용을 간추려서 간략하게 정리해 제시하였다. (요약)

(2) 사람들은 무너진 건물을 보며 부실 공사를 한 건설 회사가 잘못된 점을 지적하였다. (비판)

04 다음 밑줄 친 낱말과 뜻이 비슷한 낱말은 무엇인가요? (⑤)

우리는 행동이나 표정을 통해 그 사람의 마음을 추리할 수 있다. 예를 들어 눈썹이 위로 올라간 경우 호기심이나 흥미를 느끼고 있음을, 눈썹이 아래로 내려간 경우 혼란스러움이나 두려움을 느끼고 있음을 짐작할 수 있다.

① 비판 ② 요약 ③ 토의 ④ 적용 ⑤ 추론

해설
'추리'는 '알고 있는 것을 바탕으로 알지 못하는 것을 미루어서 생각함.'이라는 뜻입니다. 따라서 미루어 생각해서 이치에 맞게 따져 말한다는 뜻을 지닌 '추론'과 뜻이 비슷합니다.

05 다음 빈칸에 공통으로 들어갈 낱말로 알맞은 것은 무엇인가요? (①)

조선 시대의 양반 가문에서는 자식이 부모를 □ 하는 것은 거의 있을 수 없는 일이었다. 부모의 말이 비록 잘못된 점이 있더라도 자식은 자기의 의견을 억누르며 어떠한 □ 도 없이 부모의 말을 따라야 했다. 이는 자식은 어떤 경우에도 부모에게 순종해야 한다는 당시의 절대적인 사회 윤리 때문이었다.

① 비판 ② 요약 ③ 토의 ④ 적용 ⑤ 추론

해설
글의 흐름을 볼 때 빈칸에는 부모의 말이 지닌 잘못된 점을 지적한다는 뜻을 지닌 낱말이 들어가야 합니다. 따라서 '옳고 그름을 따져서 밝히거나 잘못된 점을 지적함.'이라는 뜻을 지닌 '비판'이 가장 적절합니다.

06 다음 ㉠과 ㉡에 들어갈 알맞은 낱말을 보기에서 찾아 쓰세요.

보기
추론 이해

글에는 읽는 사람이 이미 알고 있을 만한 내용이 생략되기도 하고, 글의 주제가 드러나지 않기도 한다. 따라서 글을 제대로 ㉠ 하려면 ㉡ 을/를 할 수 있어야 한다. ㉡ 은/는 이미 제시된 내용이나 배경지식을 바탕으로 생략된 내용을 미루어 짐작하는 것이다.

(1) ㉠ (이해) (2) ㉡ (추론)

2단계 활용

07 다음 낱말을 넣어 짧은 문장을 만들어 쓰세요.

적용 알맞게 이용하거나 맞추어 씀.

예 그 제품에 새로 개발한 기술을 적용하자 판매량이 늘었다.

08 다음 보기의 낱말 중 하나를 골라서 짧은 문장을 만들어 쓰세요.

보기
비판 요약 이해 추론

낱말 예 요약
문장 예 글을 읽은 뒤에 요약을 하면 그 글의 중심 내용을 이해하는 데 도움이 된다.

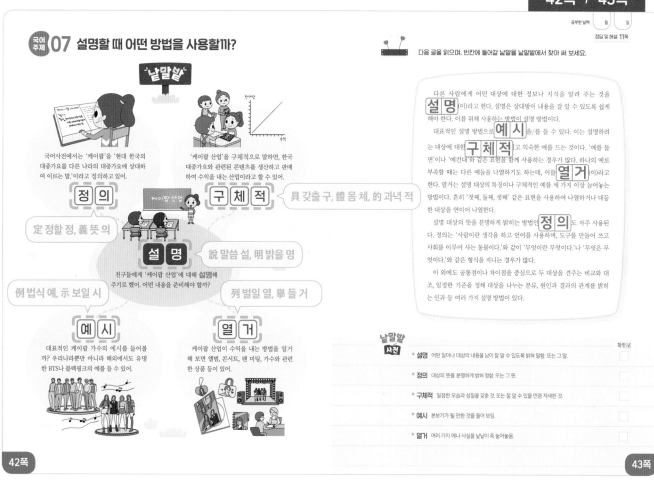

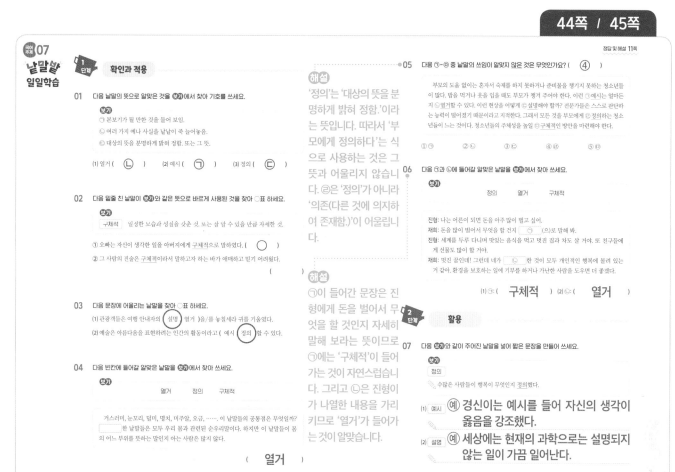

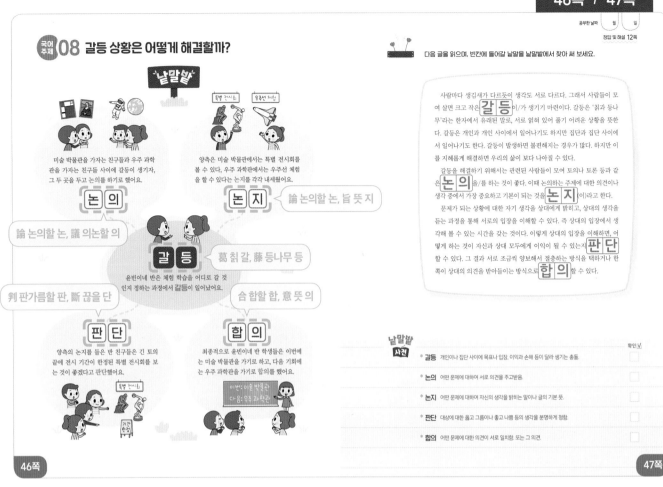

공부한 날짜   월   일

국어
독해
05~08   '낱말살' 주간학습

정답 및 해설 13쪽

01 다음 문장의 빈칸에 들어갈 알맞은 낱말을 [보기]에서 찾아 쓰세요.

보기

논의   요약   적용

(1) 법은 모든 국민에게 공평하게 (**적용**)되어야 한다.
(2) 우리는 문제의 원인을 짚어 보고 해결 방법을 (**논의**)하였다.
(3) 재현이는 소설책을 모두 읽고 독서 노트에 줄거리를 (**요약**)했다.

02 다음 초성을 보고, 빈칸에 들어갈 알맞은 낱말을 쓰세요.

(1) ㄴ ㅈ

　글의 결론에는 글쓴이의 (**논지**)이/가 분명하게 드러난다.

(2) ㄱ ㅊ ㅈ

　저학년은 자신의 마음을 (**구체적**)(으)로 표현하지 못하는 경우가 많다.

03 다음 빈칸에 들어갈 알맞은 낱말을 [보기]에 있는 글자 카드로 만들어 보세요.

보기

거   의   열   합

(1) 다음에 (**열거**)된 낱말들은 모두 신체를 나타내는 순우리말이다.
(2) 우리 팀은 상대 팀과의 축구 경기를 일수일 미루기로 (**합의**)했다.

04 다음 빈칸에 공통으로 들어갈 낱말로 알맞은 것은 무엇일까요? (**②**)

　우리는 흔히 친구 간에 [　　　]이/가 발생하면 빨리 화해시키려 한다. 하지만 문제가 발생한 원인과 두 사람의 입장을 제대로 파악하지 못한 채 어설프게 개입하면 오히려 [　　　]만 더 키울 수 있다. 좋은 마음에서 한 일이 문제를 더 나쁘게 만들수도 있는 것이다.

① 논의   ② 갈등   ③ 추론   ④ 이해   ⑤ 합의

'깨달음'은 '사물의 본질이나 이치 등을 생각하거나 궁리하여 알게 될.'이라는 뜻으로, '말이나 글의 뜻을 깨달아 알. 또는 잘 알아서 받아들일.'을 뜻하는 '이해할'과 바꿔 쓸 수 있습니다.

변학도의 위협과 이몽룡과의 약속 사이에서 선택해야 하는 상황이므로 '개인이나 집단 사이에 목표나 입장, 이익과 손해 등이 달라 생기는 충돌.'이라는 뜻을 지닌 '갈등'이 들어가기에 알맞습니다.

05 다음 빈칸에 들어갈 알맞은 낱말을 찾아 ○표 하세요.

　'가시방석'은 '앉아 있기에 아주 불안스러운 자리.'를 뜻하는 말이다. 그런데 이 낱말을 '가시'와 '방석'으로 쪼개면, '가시'는 '바늘처럼 뾰족하게 돋친 것', '방석'은 '앉을 때 밑에 까는 작은 깔개.'라는 각각 다른 낱말이 된다. 이를 볼 때 '가시방석'은 두 개의 낱말이 합하여 새로운 뜻을 가진 낱말로 [　　　]된 것을 알 수 있다.

(적용　(형성))

06 다음 밑줄 친 낱말과 뜻이 비슷한 낱말은 무엇인가요? (**③**)

　'발 없는 말이 천 리 간다'라는 속담이 있다. '발 없는'이라는 표현을 볼 때, 이 속담의 '말'은 네 발 달린 동물이 아니라 우리가 입으로 내는 음성임을 알 수 있다. 그리고 '천 리'는 매우 먼 거리를 뜻하므로, 이 속담은 입 밖으로 나온 말은 발이 없어도 아주 먼 거리까지 간다는 뜻이다. 그리고 여기에서 조금만 더 생각해 보면, 말을 삼가야 한다는 것을 비유적으로 이르는 말임을 깨달을 수 있다.

① 논의할   ② 비판할   ③ 이해할   ④ 형성할   ⑤ 합의할

07 다음 빈칸에 들어갈 낱말로 가장 알맞은 것은 무엇인가요? (**⑤**)

　「춘향전」의 주인공 춘향은 평생을 약속한 몽룡이 한양으로 떠나고 난 뒤, 사또 변학도에게 자신의 곁에서 시중들라는 명령을 받는다. 춘향은 이 명령을 거부하면 죽을 수도 있었다. 이런 상황에서 춘향은 변학도의 명령과 몽룡과의 약속 사이에서 [　　　]을/를 할 수밖에 없었을 것이다. 하지만 춘향은 이몽룡과의 약속을 선택하였다.

① 논의   ② 적용   ③ 추론   ④ 비판   ⑤ 갈등

08 다음 밑줄 친 부분과 뜻이 비슷한 낱말을 이 글에서 찾아 쓰세요.

　우리가 즐겨 먹는 바나나는 전 세계적으로 사실상 단일 품종이다. 대부분의 동식물은 품종이 다양하다. 그런데 바나나는 더 많이 생산하려는 인간의 욕심 때문에 동일한 유전자를 지닌 하나의 품종만 재배되어 온 것이다. 이는 이 품종을 병들게 하는 바나나 병이 유행하면 순식간에 바나나가 멸종될 수도 있다는 것을 뜻한다.

(단일)

[09~11] 다음 글을 읽고, 물음에 답하세요.

　언어는 의사소통의 기능에 따라 크게 듣기와 말하기, 읽기와 쓰기로 나뉜다. 그런데 상대방의 말을 잘 듣고 자기 생각을 제대로 말하는 능력을 갖추거나, 글의 내용을 잘 ⊙이해하면서 자기 생각을 글로 제대로 쓰는 능력까지 갖추는 것은 결코 쉬운 일이 아니다.

　듣기 능력과 읽기 능력은 무엇보다 낱말에 대한 지식이 필요하다. 이를 위해서는 무작정 낱말을 외우기보다는 그 낱말이 어떤 식으로 형성되는지를 이해할 수 있어야 한다. '날짐승'이 '날다'와 '짐승'이 ⊙복합되어 '나는 짐승'이라는 뜻을 나타낸다는 것을 알면, '길짐승'이나 '들짐승', '집짐승' 같은 낱말의 뜻도 어렵지 않게 알 수 있다.

　그리고 낯선 낱말은 그것이 사용된 구체적인 상황에 따라 뜻을 추론할 수 있어야 한다. 예를 들어 '중식 제공'이라는 표현에서, '중식'을 '중국식 음식'과 '점심밥'이라는 전혀 다른 뜻으로 사용될 수 있으므로 앞뒤의 내용을 모두 고려해서 ⊙판단해야 한다.

　듣기와 읽기를 잘할 수 있으면 자기 생각을 표현하는 말하기와 쓰기도 어렵지 않게 할 수 있다. 다만, 자신이 전달하려는 내용을 먼저 생각한 뒤에 머릿속으로 그것을 간단하고 분명하게 정리해야 한다. 그런 다음 그것에 벗어나지 않도록 말하거나 글을 써야 한다.

'판단'의 뜻은 '대상에 대한 옳고 그름이나 좋고 나쁨 따위의 생각을 분명하게 정함.'입니다. '알맞게 이용하거나 맞추어 씀.'이라는 뜻을 가진 낱말은 '적용'입니다.

09 ⊙~⊙의 뜻으로 알맞은 것을 두 가지 찾아 ○표 하세요.

(1) 말이나 글의 뜻을 깨달아 앎. (○)
(2) 두 가지 이상이 하나로 합침. (○)
(3) ⊙: 알맞게 이용하거나 맞추어 씀. ( )

이 글은 의사소통을 듣기와 말하기, 읽기와 쓰기로 나눈 뒤에 그것을 잘할 수 있는 방법을 설명하고 있습니다. 그리고 두 번째 문단과 세 번째 문단에서 구체적인 예를 드는 예시의 방법을 사용하고 있습니다.

10 다음 밑줄 친 낱말과 뜻이 반대되는 낱말을 윗글에서 찾아 세 글자로 쓰세요.

　피카소의 그림을 보면 무엇을 그렸는지 이해하기가 힘들다. 그런데 사람들은 피카소의 그림을 추상적이고 높게 평가한다. 이는 화가가 전달하려는 바를 익숙한 대상이나 상황이 아니라 추상적으로 그렸기 때문이다.

(구체적)

11 다음 ⑦와 ⑭에 들어갈 알맞은 낱말을 바르게 짝 지은 것은 무엇인가요? (**②**)

　이 글은 의사소통 능력을 기르는 방법에 대해 [⑦]의 방법을 들어 [⑭]하고 있어.

① ⑦: 열거 – ⑭: 추론   ② ⑦: 예시 – ⑭: 설명   ③ ⑦: 예시 – ⑭: 추론
④ ⑦: 정의 – ⑭: 추론   ⑤ ⑦: 정의 – ⑭: 요약

💐 디지털 속 한 문장

정답 및 해설 13쪽

‧ 다음을 보고, 논의라는 낱말을 넣어 ⑦에 들어갈 대화 글을 써 보세요. ‧

'논의'라는 낱말을 넣어서, 대화 글에서 일어나고 있는 갈등을 없애거나 체험 학습 장소를 정할 좋은 방법을 생각하여 자유롭게 씁니다.

하율: 얘들아, 우리 이번에 체험 학습을 놀이동산으로 가는 것이 어때? 지난번에 가족들과 다녀왔는데 정말 재있었어, 사진 보여 줄게.

윤빈: 난 놀이동산은 반대야, 공부에 도움이 되는 곳으로 가야지.

준서: 네가 얼마나 공부를 잘한다고 잘난 척이니?

하율: 얘들아, 우리 친구끼리 이렇게 갈등을 빚어서는 안 돼, 해결 방법을 함께 찾아보자.

주연: ⑦

예) 그래, 우리 이 갈등을 해결하기 위해서 두 곳 중에서 어디로 가는 것이 좋을지 논의를 해 보자. 먼저, 가고 싶은 곳과 그 까닭을 한 사람씩 이야기해 보자.

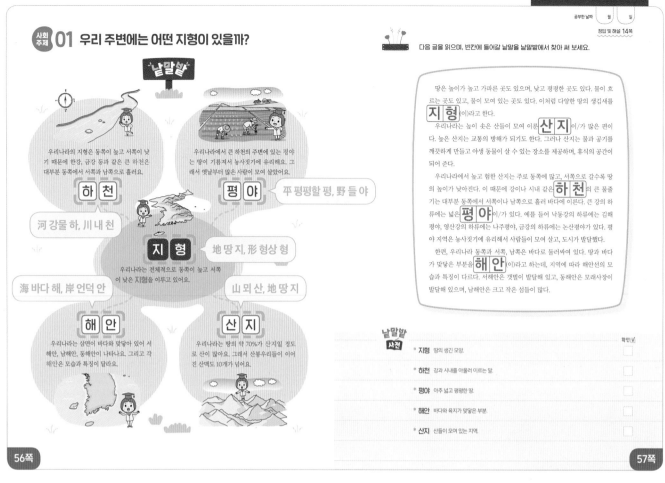

사회 주제 01 우리 주변에는 어떤 지형이 있을까?

우리나라의 지형은 동쪽이 높고 서쪽이 낮기 때문에 한강, 금강 등과 같은 큰 하천은 대부분 동쪽에서 서쪽과 남쪽으로 흘러요.

하천

河 강물 하, 川 내 천

우리나라에서 큰 하천의 주변에 있는 평야는 땅이 기름져서 농사짓기에 유리해요. 그래서 옛날부터 많은 사람이 모여 살았어요.

평야

平 평평할 평, 野 들 야

지형

地 땅 지, 形 형상 형

우리나라는 전체적으로 동쪽이 높고 서쪽이 낮은 지형을 이루고 있어요.

海 바다 해, 岸 언덕 안

해안

우리나라는 삼면이 바다와 맞닿아 있어 서해안, 남해안, 동해안이 나타나요. 그리고 각 해안은 모습과 특징이 달라요.

山 뫼 산, 地 땅 지

산지

우리나라는 땅의 약 70%가 산지일 정도로 산이 많아요. 그래서 산봉우리들이 이어진 산맥도 10개가 넘어요.

공부한 날짜   월   일

정답 및 해설 14쪽

다음 글을 읽으며, 빈칸에 들어갈 낱말을 낱말밭에서 찾아 써 보세요.

땅은 높이가 높고 가파른 곳도 있으며, 낮고 평평한 곳도 있다. 물이 흐르는 곳도 있고, 물이 모여 있는 곳도 있다. 이처럼 다양한 땅의 생김새를 **지형**(이)라고 한다.

우리나라는 높이 솟은 산들이 모여 이룬 **산지**이/가 많은 편이다. 높은 산지는 교통의 방해가 되기도 한다. 그러나 산지는 물과 공기를 깨끗하게 만들고 야생 동물이 살 수 있는 장소를 제공하며, 휴식의 공간이 되어 준다.

우리나라에서 높고 험한 산지는 주로 동쪽에 많고, 서쪽으로 갈수록 땅의 높이가 낮아진다. 이 때문에 강이나 시내 같은 **하천**의 큰 물줄기는 대부분 동쪽에서 서쪽이나 남쪽으로 흘러 바다에 이른다. 큰 강의 하류에는 넓은 **평야**이/가 있다. 예를 들어 낙동강의 하류에는 김해평야, 영산강의 하류에는 나주평야, 금강의 하류에는 논산평야가 있다. 평야 지역은 농사짓기에 유리해서 사람들이 모여 살고, 도시가 발달했다.

한편, 우리나라 동쪽과 서쪽, 남쪽은 바다로 둘러싸여 있다. 땅과 바다가 맞닿은 부분을 **해안**(이)라고 하는데, 지역에 따라 해안선의 모습과 특징이 다르다. 서해안은 갯벌이 발달해 있고, 동해안은 모래사장이 발달해 있으며, 남해안은 크고 작은 섬들이 많다.

낱말밭 사전

확인 ☑

* **지형** 땅의 생긴 모양.
* **하천** 강과 시내를 아울러 이르는 말.
* **평야** 아주 넓고 평평한 땅.
* **해안** 바다와 육지가 맞닿은 부분.
* **산지** 산들이 모여 있는 지역.

사회 주제 01

낱말밭 일일학습

정답 및 해설 14쪽

1단계 확인과 적용

01 다음 낱말의 뜻으로 알맞은 것을 찾아 선으로 이으세요.

(1) 하천 — ㉠ 아주 넓고 평평한 땅.
(2) 평야 — ㉡ 바다와 육지가 맞닿은 곳.
(3) 해안 — ㉢ 강과 시내를 아울러 이르는 말.

02 다음 밑줄 친 부분과 뜻이 비슷한 낱말을 보기에서 찾아 쓰세요.

보기
지형   평야

(1) 마을 앞의 넓은 들판에는 벼가 누렇게 익어가고 있었다. (**평야**)
(2) 땅의 생김새를 관찰하면 그곳이 형성된 과정을 짐작할 수 있다. (**지형**)

03 다음 빈칸에 들어갈 알맞은 낱말을 보기에 있는 글자 카드로 만들어 쓰세요.

보기
산   안   지   해

(1) 이곳의 **해안** 에서는 낙지를 비롯해 여러 가지 해산물이 잡힌다.
(2) 그들은 **산지** 을/를 일구어 농사를 지을 수 있는 땅으로 만들었다.

04 다음 빈칸에 들어갈 알맞은 낱말에 ○표 하세요.

이순신 장군은 임진왜란 때 수군을 지휘하여 조선을 구한 영웅으로, 뛰어난 군사 작전을 펼쳐 단 한 번도 진 적이 없기로 유명하다. 특히 한산도 대첩, 명량 대첩, 노량 대첩이 유명한데, 모두 남해의 바닷물 흐름과 섬이 많은 ☐ 을/를 잘 이용한 전투로 평가받는다.

(지형   평야)

해설 한산도 대첩, 명량 대첩, 노량 대첩이 모두 바다에서 이루어진 전투라는 점과 '섬이 많은'이라는 표현으로 보아, 빈칸에는 '지형'이 들어가는 것이 알맞습니다.

---

05 다음 밑줄 친 낱말과 뜻이 반대되는 낱말은 무엇인가요? (①)

일상에서 등산화를 신고 다니는 사람들이 있다. 그런데 대부분의 등산화는 일반 운동화보다 무겁다. 이 때문에 등산화를 신고 평지를 오래 걸으면 발목에 무리를 줄 수 있다. 즉 자신도 모르게 발목을 다칠 수 있는 것이다. 그러므로 등산화는 되도록 산을 오를 때 신고 일상에서 걷기용으로는 사용하지 않는 것이 좋다.

① 산지   ② 지형   ③ 평야   ④ 하천   ⑤ 해안

해설 '평지'는 '평평한 땅.'이라는 뜻입니다. 따라서 '산들이 모여 있는 지역.'이라는 뜻을 지닌 '산지'와 반대되는 뜻을 가지고 있습니다.

06 다음 ㉠과 ㉡에 들어갈 알맞은 낱말을 보기에서 찾아 쓰세요.

보기
산지   하천

우리나라의 ㉠ 은/는 전쟁을 거치면서 거의 파괴되었으나 지금은 대부분 울창한 숲을 이루고 있다. 또한 경제 개발 과정에서 많은 ㉡ 도 심하게 오염되었지만, 이를 되살리려는 적극적인 노력을 통해 지금은 대부분 맑은 물이 흐른다. 이처럼 노력하면 환경을 되살릴 수도 있다. 그러나 처음부터 파괴하거나 오염시키지 않는 것이 가장 좋다.

(1) ㉠ : (**산지**)   (2) ㉡ : (**하천**)

해설 '울창한 숲을 이루고 있다'는 내용으로 보아 ㉠에는 '산지'가 들어가는 것이 알맞습니다. 그리고 '맑은 물이 흐른다'는 내용으로 보아 ㉡에는 '하천'이 들어가는 것이 알맞습니다.

2단계 활용

07 다음 보기의 내용을 참고하여, 조건에 맞는 문장을 만들어 쓰세요.

보기

우리나라의 산맥 지도   우리나라의 평야 지도

조건
1. '지형', '산지', '평야'의 세 낱말을 모두 넣어 한 문장으로 쓸 것.
2. 보기에 제시된 두 지도를 모두 아우르는 내용을 담을 것.

예 우리나라는 산지가 주로 동쪽과 북쪽에 있고, 평야는 주로 서쪽과 남쪽에 있는 지형이다.

사회 주제 02 경제 활동의 주체는 누구일까?

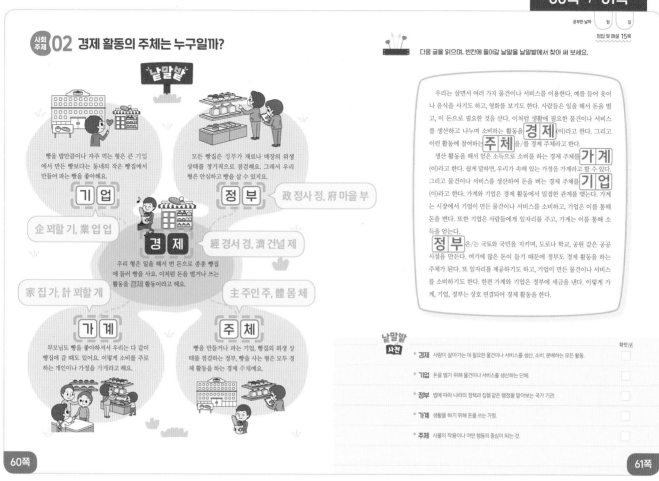

날말밭

빵을 밥만큼이나 자주 먹는 형은 큰 기업에서 만든 빵보다는 동네의 작은 빵집에서 만들어 파는 빵을 좋아해요.

기업
企 꾀할 기, 業 업 업

모든 빵집은 정부가 재료나 매장의 위생 상태를 정기적으로 점검해요. 그래서 우리 형은 안심하고 빵을 살 수 있지요.

정부
政 정사 정, 府 마을 부

경제
經 경서 경, 濟 건널 제

우리 형은 일을 해서 번 돈으로 종종 빵집에 들러 빵을 사요. 이처럼 돈을 벌거나 쓰는 활동을 경제 활동이라고 해요.

가계
家 집 가, 計 꾀할 계

부모님도 빵을 좋아하셔서 우리는 다 같이 빵집에 갈 때도 있어요. 이렇게 소비를 주로 하는 개인이나 가정을 가계라고 해요.

주체
主 주인 주, 體 몸 체

빵을 만들거나 파는 기업, 빵집의 위생 상태를 점검하는 정부, 빵을 사는 형은 모두 경제 활동을 하는 경제 주체예요.

다음 글을 읽으며, 빈칸에 들어갈 날말을 날말밭에서 찾아 써 보세요.

우리는 살면서 여러 가지 물건이나 서비스를 이용한다. 예를 들어 옷이나 음식을 사기도 하고, 영화를 보기도 한다. 사람들은 일을 해서 돈을 벌고, 이 돈으로 필요한 것을 산다. 이처럼 생활에 필요한 물건이나 서비스를 생산하고 나누며 소비하는 활동을 **경제** (이)라고 한다. 그리고 이런 활동에 참여하는 **주체** 을/를 경제 주체라고 한다.

생산 활동을 해서 얻은 소득으로 소비를 하는 경제 주체를 **가계** (이)라고 한다. 쉽게 말하면, 우리가 속해 있는 가정을 가계라고 할 수 있다. 그리고 물건이나 서비스를 생산하여 돈을 버는 경제 주체를 **기업** (이)라고 한다. 가계와 기업은 경제 활동에 밀접한 관계를 맺는다. 가계는 시장에서 기업이 만든 물건이나 서비스를 소비하고, 기업은 이를 통해 돈을 번다. 또한 기업은 사람들에게 일자리를 주고, 가계는 이를 통해 소득을 얻는다.

정부 은/는 국토와 국민을 지키며, 도로나 학교, 공원 같은 공공 시설을 만든다. 여기에 많은 돈이 들기 때문에 정부도 경제 활동을 하는 주체가 된다. 또 일자리를 제공하기도 하고, 기업이 만든 물건이나 서비스를 소비하기도 한다. 한편 가계와 기업은 정부에 세금을 낸다. 이렇게 가계, 기업, 정부는 상호 연결되어 경제 활동을 한다.

날말밭 사전

확인 ☑

* **경제** 사람이 살아가는 데 필요한 물건이나 서비스를 생산, 소비, 분배하는 모든 활동. ☐
* **기업** 돈을 벌기 위해 물건이나 서비스를 생산하는 단체. ☐
* **정부** 법에 따라 나라의 정책과 집행 같은 행정을 맡아보는 국가 기관. ☐
* **가계** 생활을 하기 위해 돈을 쓰는 가정. ☐
* **주체** 사물의 작용이나 어떤 행동의 중심이 되는 것. ☐

사회 주제 02 날말밭 일일학습

1단계 확인과 적용

01 다음 날말의 뜻으로 알맞은 것을 보기에서 찾아 기호를 쓰세요.

보기
㉠ 사물의 작용이나 어떤 행동의 중심이 되는 것.
㉡ 법에 따라 나라의 정책과 집행 같은 행정을 맡아보는 국가 기관.
㉢ 사람이 살아가는 데 필요한 물건이나 서비스를 생산, 소비, 분배하는 모든 활동.

(1) 경제 (㉢)   (2) 주체 (㉠)   (3) 정부 (㉡)

02 다음 빈칸에 들어갈 알맞은 날말을 찾아 선으로 이으세요.

(1) [   ]은/는 국민들에게 걷은 세금으로 나라 살림을 꾸린다.   •㉠ 기업

(2) 그는 작은 가게를 열심히 키워서 직원이 100명이 넘는 [   ](으)로 만들었다.   •㉡ 정부

03 다음 밑줄 친 날말이 보기와 같은 뜻으로 사용된 것을 찾아 ○표 하세요.

보기
가계 생활을 하기 위해 돈을 쓰는 가정.

① 그 사람의 가계는 대대로 내려오는 교육자의 집안이다. (   )
② 물가는 오르는데 월급은 그대로라서 가계가 어려워지고 있다. (○)

04 다음 밑줄 친 날말과 뜻이 비슷한 날말에 ○표 하세요.

홍수나 태풍, 지진 등과 같은 자연재해로 피해를 본 사람에게는 국가가 다양한 방법으로 도움을 준다. 돈이나 음식, 옷 등을 직접 지원하기도 하고, 임시로 지낼 곳을 마련해 주기도 한다. 또한 정상적인 생활로 돌아가는 데 필요한 돈을 빌려 주기도 한다.

(가계 , 기업 , 정부)

해설
①의 '가계'는 '대대로 이어 내려온 한집안의 계통.'이라는 뜻으로 사용되었습니다.

해설
자연재해로 인해 피해를 본 사람들에게 국가 차원에서 지원한다는 내용이므로 '정부'와 바꿔 쓸 수 있습니다.

해설
'2인 이상 가족'이라는 말로 보아 ㉠에는 '가계'가 들어가는 것이 알맞습니다. 그리고 '상품 가격을 올릴 수밖에 없다'는 말로 보아 ㉡에는 '기업'이 들어가는 것이 알맞습니다.

해설
'상품을 만드는'이라는 표현으로 볼 때, 빈칸에는 '돈을 벌기 위해 물건이나 서비스를 생산하는 단체.'라는 뜻을 지닌 '기업'이 들어가는 것이 알맞습니다.

05 다음 ㉠과 ㉡에 들어갈 알맞은 날말을 바르게 짝 지은 것은 무엇인가요? (①)

올해 1월부터 6월까지 전국의 2인 이상 가족의 월평균 ㉠ 지출이 지난해 같은 기간보다 10% 늘었다는 통계 결과가 나왔다. 이는 생활필수품의 가격이 큰 폭으로 올랐기 때문으로 분석된다. 이와 관련하여 ㉡ 에서는 수입해야 하는 재료의 가격이 대부분 올라서 상품 가격을 올릴 수밖에 없다고 주장하고 있다.

① ㉠: 가계 - ㉡: 기업   ② ㉠: 가계 - ㉡: 정부   ③ ㉠: 기업 - ㉡: 가계
④ ㉠: 기업 - ㉡: 정부   ⑤ ㉠: 정부 - ㉡: 기업

06 다음 빈칸에 공통으로 들어갈 날말로 알맞은 것을 보기에서 찾아 쓰세요.

보기
가계   기업   정부

어떤 소비자는 물건을 살 때 가격이나 품질 외에도 인권이나 환경을 중요하게 여긴다. 즉 인권이나 동물의 삶, 환경 보호에 도움이 될 수 있는 상품을 산다. 이들은 상품을 만드는 [   ]도 따진다. 예를 들어, 비윤리적인 문제를 일으킨 [   ]의 상품은 최대한 멀리하고, 사회적 약자에게 도움을 주거나 동물 복지를 시행하는 [   ]의 상품을 사는 것이다.

(기업)

2단계 활용

07 다음 보기와 같이 주어진 날말을 넣어 짧은 문장을 만들어 쓰세요.

보기
주체
✎ 우리 반에서 생긴 문제는 우리가 주체가 되어 해결하는 것이 좋다.

(1) 경제   ✎ 예 우리나라는 짧은 기간에 매우 빨리 경제가 성장하였다.

(2) 정부   ✎ 예 대부분의 정부는 국민의 삶을 더 좋게 만들려고 노력한다.

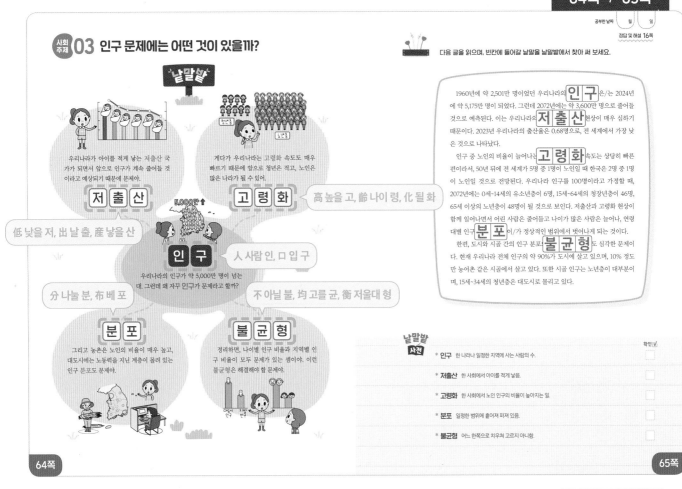

사회 주제 03 인구 문제에는 어떤 것이 있을까?

낱말밭

우리나라가 아이를 적게 낳으면서 앞으로 인구가 계속 줄어들 것이라고 예상되기 때문에 문제야.

저출산

低 낮을 저, 出 날 출, 産 낳을 산

게다가 우리나라는 고령화 속도도 매우 빠르기 때문에 앞으로 청년은 적고, 노인은 많은 나라가 될 수 있어.

고령화

高 높을 고, 齡 나이 령, 化 될 화

인구

우리나라의 인구가 약 5,000만 명이 넘는대. 그런데 왜 자꾸 인구가 문제라고 할까?

人 사람 인, 口 입구

分 나눌 분, 布 베포

분포

그리고 농촌은 노인의 비율이 매우 높고, 대도시에는 노동력을 지닌 계층이 몰리는 인구 분포도 문제야.

不 아닐 불, 均 고를 균, 衡 저울대 형

불균형

정리하면, 나이별 인구 비율이나 지역별 인구 비율이 모두 문제가 있는 셈이야. 이런 불균형은 해결해야 할 문제야.

다음 글을 읽으며, 빈칸에 들어갈 낱말을 낱말밭에서 찾아 써 보세요.

1960년에 약 2,501만 명이었던 우리나라의 **인구**은/는 2024년에 약 5,175만 명이 되었다. 그런데 2072년에는 약 3,600만 명으로 줄어들 것으로 예측된다. 이는 우리나라의 **저출산** 현상이 매우 심하기 때문이다. 2023년 우리나라의 출산율은 0.68명으로, 전 세계에서 가장 낮은 것으로 나타났다.

인구 중 노인의 비율이 늘어나는 **고령화** 속도는 상당히 빠른 편이라서, 50년 뒤에 전 세계가 5명 중 1명이 노인일 때 한국은 2명 중 1명이 노인일 것으로 전망된다. 우리나라 인구를 100명이라고 가정할 때, 2072년에는 0세~14세의 유소년층이 6명, 15세~64세의 청장년층이 46명, 65세 이상의 노년층이 48명이 될 것으로 보인다. 저출산과 고령화 현상이 함께 일어나면서 어린 사람은 줄어들고 나이가 많은 사람은 늘어나, 연령대별 인구 **분포**이/가 정상적인 범위에서 벗어나게 되는 것이다.

한편, 도시와 시골 간의 인구 분포 **불균형**도 심각한 문제이다. 현재 우리나라 전체 인구의 약 90%가 도시에 살고 있으며, 10% 정도만 농어촌 같은 시골에 살고 있다. 또한 시골 인구는 노년층이 대부분이며, 15세~34세의 청년층은 대도시로 몰리고 있다.

낱말밭 사전

확인 ☑

* **인구** 한 나라나 일정한 지역에 사는 사람의 수. ☐
* **저출산** 한 사회에서 아이를 적게 낳음. ☐
* **고령화** 한 사회에서 노인 인구의 비율이 높아지는 일. ☐
* **분포** 일정한 범위에 흩어져 퍼져 있음. ☐
* **불균형** 어느 한쪽으로 치우쳐 고르지 아니함. ☐

사회 주제 03

낱말밭 일일학습

1단계   확인과 적용

01 다음 뜻을 가진 낱말을 보기에서 찾아 쓰세요.

보기
고령화   저출산

(1) 한 사회에서 아이를 적게 낳음. (**저출산**)
(2) 한 사회에서 노인 인구의 비율이 높아지는 일. (**고령화**)

02 다음 빈칸에 들어갈 알맞은 낱말을 찾아 선으로 이으세요.

(1) 전 세계의 ⬚이/가 빠르게 늘어나면서 자연환경이 심하게 파괴되었다.   •   • ㉠ 인구

(2) 편식 등으로 인한 영양 섭취의 ⬚은/는 건강에 문제를 일으킬 수 있다.   •   • ㉡ 불균형

해설
(1)에는 이것이 빠르게 늘어나면서 생활하는 터전인 자연환경이 심하게 파괴되었다는 내용이므로 '인구'가 들어가는 것이 알맞고, (2)에는 편식으로 인해 영양 섭취가 고르지 않다는 내용이므로 '불균형'이 들어가는 것이 알맞습니다.

03 다음 밑줄 친 부분과 뜻이 비슷한 낱말을 보기에서 찾아 쓰세요.

보기
분포   고령화   저출산

(1) 이 나비는 전국에 흔하게 퍼져 있으므로 어디에서나 어렵지 않게 볼 수 있다. (**분포**)

(2) 이제는 노인 인구의 비율이 높아지는 상황에 맞는 사회 환경을 만들어야 한다. (**고령화**)

04 다음 빈칸에 공통으로 들어갈 낱말로 알맞은 것은 무엇인가요? (④)

생활의 편리성에서 도시와 시골의 ⬚이/가 갈수록 심해지고 있다. 우선 시골은 도시보다 병원이나 의사 수가 훨씬 적다. 그리고 문화를 즐길 수 있는 시설의 ⬚도 크다. 예를 들어 영화관이 한 군데도 없는 시골이 적지 않다.

① 분포   ② 인구   ③ 고령화   ④ 불균형   ⑤ 저출산

해설
①에는 농사를 짓는 사람의 수가 줄고 있다는 것이므로 '인구'가 들어가는 것이 알맞습니다. ②에는 사람을 다른 동물과 구별하여 이르는 말인 '인류'가 들어가는 것이 알맞습니다.

05 다음 보기에서 밑줄 친 낱말과 같은 낱말이 들어갈 문장에 ○표 하세요.

보기
중국이나 인도 같이 인구가 많은 나라는 국제 사회에서 영향력이 크다.

① 우리나라는 농사를 짓는 ⬚가 갈수록 줄어들고 있다. (◯)
② 언어의 사용은 ⬚를 동물들과 구별해 주는 기준이 된다. ( )

06 다음 ㉠과 ㉡에 들어갈 알맞은 낱말을 보기에서 찾아 쓰세요.

보기
고령화   불균형   저출산

우리나라는 아이를 적게 낳는 ㉠ 가정이 많아지면서 어린이의 수가 점점 줄어들고 있다. 실제로 입학생이 없어서 폐교되는 초등학교가 매년 나타나고 있다. 반면에 의료 기술의 발달 등으로 평균 수명이 길어지면서 ㉡ 현상은 매우 빠르게 진행되고 있다. 이는 우리나라의 국가 경쟁력을 떨어뜨릴 수 있다. 따라서 ㉠ 와/과 ㉡ 에 대한 대책을 서둘러 마련해야 한다.

(1) ㉠: (**저출산**)   (2) ㉡: (**고령화**)

해설
'아이를 적게 낳는'이라는 표현으로 보아 ㉠에는 '저출산'이 들어가는 것이 알맞습니다. 그리고 '평균 수명이 길어지면서'라는 표현으로 보아 ㉡에는 '고령화'가 들어가야 함을 알 수 있습니다.

2단계   활용

07 다음 보기의 내용을 참고하여, 조건에 맞는 문장을 만들어 쓰세요.

보기
우리나라 인구 분포

※붉은 색일수록 인구 밀도가 높음

조건
'인구'와 '분포'라는 낱말을 모두 사용하여 완성된 문장으로 쓸 것.

㉜ 서울과 부산 같은 대도시에 인구가 집중되는 인구 분포를 보이고 있다.

공부한 날짜   월   일

정답 및 해설 17쪽

사회 주제 04 법의 역할을 알아볼까?

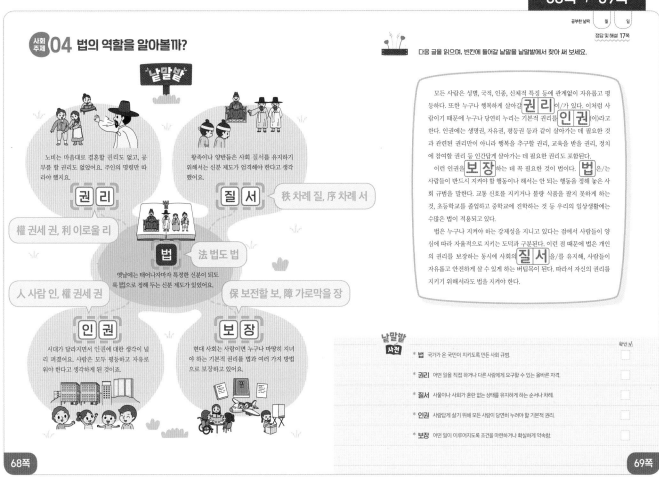

날말쌓

권 리 權 권세 권, 利 이로울 리

노비는 마음대로 결혼할 권리도 없고, 공부를 할 권리도 없었어요. 주인의 명령만 따라야 했지요.

질 서 秩 차례 질, 序 차례 서

왕족이나 양반들은 사회 질서를 유지하기 위해서는 신분 제도가 엄격해야 한다고 생각했어요.

법 法 법도 법

옛날에는 태어나자마자 특정한 신분이 되도록 법으로 정해 두는 신분 제도가 있었어요.

인 권 人 사람 인, 權 권세 권

시대가 달라지면서 인권에 대한 생각이 널리 퍼졌어요. 사람은 모두 평등하고 자유로워야 한다고 생각하게 된 것이죠.

보 장 保 보전할 보, 障 가로막을 장

현대 사회는 사람이면 누구나 마땅히 지녀야 하는 기본적 권리를 법과 여러 가지 방법으로 보장하고 있어요.

다음 글을 읽으며, 빈칸에 들어갈 낱말을 낱말밭에서 찾아 써 보세요.

모든 사람은 성별, 국적, 인종, 신체적 특징 등에 관계없이 자유롭고 평등하다. 또한 누구나 행복하게 살아갈 **권리** 이/가 있다. 이처럼 사람이기 때문에 누구나 당연히 누리는 기본적 권리를 **인권** 이)라고 한다. 인권에는 생명권, 자유권, 평등권 등과 같이 살아가는 데 필요한 것과 관련된 권리만이 아니라 행복을 추구할 권리, 교육을 받을 권리, 정치에 참여할 권리 등 인간답게 살아가는 데 필요한 권리도 포함된다.

이런 인권을 **보장** 하는 데 꼭 필요한 것이 법이다. **법** 은/는 사람들이 반드시 지켜야 할 행동이나 해서는 안 되는 행동을 정해 놓은 사회 규범을 말한다. 교통 신호를 지키거나 불량 식품을 팔지 못하게 하는 것, 초등학교를 졸업하고 중학교에 진학하는 것 등 우리의 일상생활에는 수많은 법이 적용되고 있다.

법은 누구나 지켜야 하는 강제성을 지니고 있다는 점에서 사람들이 양심에 따라 자율적으로 지키는 도덕과 구분된다. 이런 점 때문에 법은 개인의 권리를 보장하는 동시에 사회의 **질서** 을/를 유지해, 사람들이 자유롭고 안전하게 살 수 있게 하는 버팀목이 된다. 따라서 자신의 권리를 지키기 위해서라도 법을 지켜야 한다.

날말쌓 사전

	확인 ✓
* **법** 국가가 온 국민이 지키도록 만든 사회 규범.	☐
* **권리** 어떤 일을 직접 하거나 다른 사람에게 요구할 수 있는 올바른 자격.	☐
* **질서** 사물이나 사회가 혼란 없는 상태를 유지하게 하는 순서나 차례.	☐
* **인권** 사람답게 살기 위해 모든 사람이 당연히 누려야 할 기본적 권리.	☐
* **보장** 어떤 일이 이루어지도록 조건을 마련하거나 확실하게 약속함.	☐

사회 주제 04 날말쌓 일일학습

정답 및 해설 17쪽

1단계 확인과 적용

01 다음 뜻을 가진 낱말을 보기에서 찾아 쓰세요.

보기
권리   법   질서

(1) 국가가 온 국민이 지키도록 만든 사회 규범. (**법**)
(2) 사물이나 사회가 혼란 없는 상태를 유지하게 하는 순서나 차례. (**질서**)
(3) 어떤 일을 직접 하거나 다른 사람에게 요구할 수 있는 올바른 자격. (**권리**)

02 다음 문장에 어울리는 낱말을 찾아 ○표 하세요.

(1) 모든 사람은 행복하게 살 (⟨권리⟩ 질서)가 있다.
(2) 외국인 근로자의 (⟨인권⟩ 보장)도 우리 국민과 동등하게 보호하고 있다.
(3) 청소년들에게 밝은 미래를 (인권 ⟨보장⟩)하기 위해 사회가 노력해야 한다.

03 다음 밑줄 친 낱말이 보기와 같은 뜻으로 사용된 것을 찾아 ○표 하세요.

보기
법 국가가 온 국민이 지키도록 만든 사회 규범.

① 현아는 선생님께 국어 공부를 효과적으로 하는 법을 배웠다. ( )
② 시대에 맞지 않는 법은 사람들을 불편하게 하므로 바꾸어야 한다. (○)

04 다음 밑줄 친 부분과 뜻이 비슷한 낱말을 보기에서 찾아 쓰세요.

보기
보장   질서

국가는 국민들에게 인간다운 삶이 가능한 여건을 마련해 주어야 한다. 우리나라는 생활이 어려운 사람에게 돈이나 생활필수품을 지급하고, 교육의 기회를 제공하여 그들이 보다 나은 삶을 살아갈 수 있도록 돕는다.

(**보장**)

해설

'혼란'은 '뒤죽박죽이 되어 어지럽고 질서가 없음.'이라는 뜻입니다. 따라서 '질서'가 반대되는 말로 알맞습니다.

해설

'그에 따른 사회적 책임도 함께 발생하는 것이다'라는 표현으로 보아 ㉠에는 '권리'가 들어가는 것이 자연스럽습니다. 권리와 그것에 따른 책임은 함께 발생하기 때문입니다. 그리고 '법으로'라는 표현으로 보아 ㉡에는 '보장'이 들어가는 것이 어울립니다.

해설

①에서 '법'은 '방법이나 방식.'이라는 뜻으로 사용되었습니다.

05 다음 밑줄 친 낱말과 뜻이 반대되는 낱말로 알맞은 것은 무엇인가요? (④)

짧은 기간에 사회가 빠르게 변하면 많은 사람들이 혼란을 겪는다. 자신이 그동안 옳다고 여겨왔던 생각이나 규범이 갑자기 변해버린 주변 환경과 어긋나게 되면서 어떻게 해야 하는지 갈피를 잡기 어려워지기 때문이다. 이에 따라 세대 간에 갈등이 일어나기도 한다. 이런 현상은 오늘날에도 쉽게 찾아볼 수 있다.

① 법   ② 권리   ③ 보장   ④ 질서   ⑤ 인권

06 다음 ㉠과 ㉡에 들어갈 알맞은 낱말을 보기에서 찾아 쓰세요.

보기
권리   질서   보장

매년 5월 셋째 월요일은 '성년의 날'로, 미성년자가 성인이 된 것을 축하하는 날이다. 우리나라는 만 열아홉 살이 되면 법적으로 성인이 된다. 그러면 성인으로서 누릴 수 있는 ㉠ 이/가 ㉡ 된다. 하지만 이와 함께 성인의 책임도 부여된다. 즉 미성년일 때는 할 수 없었던 ㉠ 이/가 생기지만 그에 따른 사회적 책임도 함께 발생하는 것이다.

(1) ㉠ : (**권리**)   (2) ㉡ : (**보장**)

2단계 활용

07 다음 밑줄 친 낱말을 넣어 짧은 문장을 만들어 쓰세요.

전시장에서는 사람들이 질서 있게 자동차를 관람하고 있었다.

예) 개인의 자유와 사회의 질서가 부딪히는 경우도 있다.

08 다음 보기에 주어진 세 낱말을 모두 넣어 문장을 만들어 쓰세요.

보기
일제   인권   보장

예) 일제 강점기에는 우리 민족의 인권이 제대로 보장되지 않았다.

사회
주제
01~04 · **낱말밭** 주간학습

정답 및 해설 18쪽

01 다음 빈칸에 들어갈 알맞은 낱말을 찾아 선으로 이으세요.

(1) ◻◻은/는 오늘날에 맞지 않는 규제를 없애고 있다.

(2) 우리의 문제는 우리가 ◻◻이/가 되어 해결해야 한다.

(3) 작년 여름에 ◻◻의 물이 넘쳐서 동네에 있는 집들이 물에 잠겼다.

㉠ 하천
㉡ 정부
㉢ 주체

02 다음 밑줄 친 낱말이 바르게 사용된 것을 두 가지 찾아 ○표 하세요.

(1) 이순신 장군은 일본과의 전투에서 남해안의 지형을 이용하였다. (○)

(2) 선장은 폭풍우가 휘몰아치자 안전한 평야를 찾아서 배를 정박하였다. ( )

(3) 한반도의 기온이 점차 높아지면서 식물 분포가 예전과 달라지고 있다. (○)

해설
'질서'는 '사물이나 사회가 혼란 없는 상태를 유지하게 하는 순서나 차례.'를 뜻합니다. 그러므로 빈칸에 공통으로 들어갈 낱말로 알맞습니다.

03 다음 빈칸에 공통으로 들어갈 낱말로 알맞은 것은 무엇인가요? (⑤)

• 법과 ◻◻은/는 사람들을 안전하게 지켜주는 중요한 원칙이다.
• 어린이들은 단체 놀이를 하면서 규칙과 ◻◻의 필요성을 배운다.

① 경제 ② 분포 ③ 정부 ④ 주체 ⑤ 질서

04 다음 밑줄 친 부분과 비슷한 뜻을 가진 낱말을 보기에서 찾아 쓰세요.

보기
분포 산지 질서

강화도는 고대부터 인류 활동이 이루어진 곳으로, 고인돌이 특정 지역에 흩어져 있다. 고인돌은 고대인들의 무덤이나 제단으로 사용되었을 것으로 추측된다. 고고학자들은 고인돌을 이 지역의 역사와 문화를 이해하는 데 중요한 자료로 활용하고 있다.

(분포)

해설
문맥상 ㉣에는 '권리'가 들어가야 합니다. '권리'는 '어떤 일을 직접 하거나 다른 사람에게 요구할 수 있는 올바른 자격.'이라는 뜻입니다. 그런데 '질서'는 '사물이나 사회가 혼란 없는 상태를 유지하게 하는 순서나 차례.'라는 뜻이므로 문맥에 맞지 않습니다.

05 다음 빈칸에 공통으로 들어갈 알맞은 낱말을 찾아 ○표 하세요.

기업은 물건이나 서비스를 생산하기 위해 일거리를 제공하고, ◻◻은/는 이를 통해 소득을 얻는다. ◻◻은/는 그 돈으로 기업이 생산한 물건이나 서비스를 소비한다.

(정부 **가계**)

06 다음 ㉠~㉤ 중 바르게 사용되지 않은 낱말을 찾아 기호를 쓰세요.

일부 ㉠기업이 판매하는 장난감에서 어린이의 건강을 해칠 수 있는 물질이 포함되었다는 조사 결과가 나왔다. 이에 ㉡정부는 어린이가 사용하는 제품에 대한 안전 규정을 담고 있는 ㉢법을 보완하기로 하였다. 어린이의 안전에 관한 ㉣질서를 꼼꼼하게 ㉤보장하는 규정이 시행되면, 어린이들이 지금보다 더 안전하게 놀 수 있을 것이다.

(㉣)

해설
들이 적고 산이 많은 지형인 산지(㉠)는 대개 경치가 좋아서 휴양 시설이 발달해 있습니다. 그리고 땅의 기복이 작고 지표면이 평평한 평야(㉡) 지대는 사람들이 많이 모여 살기가 좋아서 도시가 주로 발달해 있습니다.

07 다음 ㉠과 ㉡에 들어갈 알맞은 낱말을 바르게 짝 지은 것은 무엇인가요? (②)

평지보다 수백 미터 이상 높은 ㉠ 지형은 자연환경이 풍부하고 경치가 아름다운 곳이 많다. 그래서 관광객이 많이 모이는 곳에는 사람들이 여가 생활을 즐길 수 있는 휴양 시설이 마련되어 있다. 반면, 평탄한 ㉡ 지형은 땅이 기복이 작고 평평하여 사람들이 모여 살기에 적합하다. 이 때문에 도시가 주로 발달한다.

① ㉠: 산지 – ㉡: 하천
② ㉠: 산지 – ㉡: 평야
③ ㉠: 평야 – ㉡: 해안
④ ㉠: 평야 – ㉡: 하천
⑤ ㉠: 하천 – ㉡: 해안

08 다음 밑줄 친 부분과 뜻이 비슷한 낱말은 무엇인가요? (③)

옛날에는 태어나자마자 사회적 신분이 정해졌다. 대개 부모의 신분을 따랐고, 그로 인해 사회적 권리가 달랐다. 예를 들어, 부모 중 한 명이 노비이면 그 자녀들은 모두 노비가 되어야 했다. 그런데 노비에게는 사람으로서의 기본적인 권리가 거의 보장되지 않았다. 이는 노비와 함께 천민 계층에 속하는 백정, 무당 등도 마찬가지였다.

① 경제 ② 인구 ③ 인권 ④ 주체 ⑤ 질서

[09~11] 다음 글을 읽고, 물음에 답하세요.

저출산과 고령화

현재 우리나라는 아이를 적게 낳는 ㉠저출산 현상이 심각해지고 있다. 이는 노인 ㉡인구가 매우 빠르게 늘어나는 ㉢고령화 현상과 맞물리면서 국가 차원의 문제가 되고 있다. 젊은 사람은 줄어들고 노인은 늘어나면서 여러 가지 사회 문제가 발생하고 있다.

사회적인 면에서 청년 세대는 줄어들고 노인 세대가 늘어나는 인구 ㉠ 이/가 심해져서 세대 갈등이 나타날 수 있으며, 경제적인 면에서는 ㉣경제 활동을 할 인구가 줄어들어 국가 경쟁력이 떨어질 수 있다. 동시에 부양해야 할 노인 인구는 많이 늘어나 사회적으로 큰 비용이 들게 된다.

저출산과 고령화는 서로 떼어 놓고 생각할 수 없으므로 국가적 차원에서 함께 대비해야 한다. 먼저, 아이를 낳고 기르는 데 부담이 적은 환경을 만들 수 있도록 법으로 ㉤보장해야 한다. 예를 들어 기업의 육아 휴직 제도와 양육비나 교육비에 대한 정부 지원을 확대하면 부모가 아이를 키우는 데 드는 부담을 덜어 줄 수 있다. 또한, 노인이 행복하게 살 수 있는 환경도 만들어야 한다. 예를 들어 노인을 위한 전문 시설을 늘리고, 노인 일자리를 만들어서 사회 활동을 할 수 있도록 도와야 한다.

09 ㉠~㉤의 뜻으로 바르지 않은 것은 무엇인가요? (④)

① ㉠: 한 사회에서 아이를 적게 낳음.
② ㉡: 한 나라나 일정한 지역에 사는 사람의 수.
③ ㉢: 한 사회에서 노인 인구의 비율이 높아지는 일.
④ ㉣: 돈이나 물자, 시간, 노력 등을 들이거나 써서 없앰.
⑤ ㉤: 어떤 일이 이루어지도록 조건을 마련하거나 확실하게 약속함.

해설
'경제'는 '사람이 살아가는 데 필요한 물건이나 서비스를 생산, 분배, 소비하는 모든 활동.'이라는 뜻입니다. '물자, 시간, 노력 등을 들이거나 써서 없앰.'이라는 뜻을 가진 낱말은 '소비'입니다.

해설
저출산과 고령화로 인해 청년 세대는 줄어들고 노인 세대가 늘어나고 있습니다. 이를 통해 인구 불균형이 심해진다는 것을 알 수 있습니다.

10 ㉠에 들어갈 낱말로 알맞은 것은 무엇인가요? (⑤)

① 권리 ② 보장 ③ 주체 ④ 질서 ⑤ 불균형

11 다음 밑줄 친 낱말과 뜻이 비슷한 낱말을 ㉣에서 찾아 쓰세요.

우리 회사는 새로운 상품을 개발한 뒤 사회 관계망 서비스를 이용한 광고를 시작하였다.

(기업)

🌱 **디지털 속 한 문장**

정답 및 해설 18쪽

다음을 보고, 지형이라는 낱말을 넣어 ㉠에 들어갈 답글을 써 보세요.

🏠 홈 > 능률 신문 > 사회 기사 ★ ⊰ 🖨

◇ 제목: 우리 지역으로 놀러 오세요!

우리 지역에서는 올해를 지역 방문의 해로 정하고, 관광객 유치에 나섰습니다. 이에 따라 우리 지역의 지형을 활용한 다양한 프로그램이 마련되어 있습니다.
해안에서는 갯벌에서 조개를 직접 잡아 볼 수 있는 체험이 열리며, 산지에서는 산길을 따라 등산을 완료할 경우 상품을 증정하는 행사도 진행됩니다.
우리 시에서는 이러한 지역 행사에 적극적으로 참여하고, 다른 지역에도 홍보하도록 시민들에게 권장하고 있습니다.

👍 좋아요 ◻

> 하준 해안 지형의 장점을 활용하여 열리는 체험 행사가 재미있어 보입니다. 답글
> 서연 하천 지형 주변에도 행사가 열리면 좋을 것 같아요. 시원하게 발을 담그는 체험은 어떨까요?

㉠ _____

[목록] [인쇄]   [답변] [수정] [삭제] [글쓰기]

✏️ **예** 저는 산을 좋아합니다. 그래서 산지 지형에서 열리는 행사에 참여해 보고 싶습니다. 등산도 하고 상품도 탈 수 있다니, 정말 일석이조네요.

해설 '지형'이라는 낱말을 넣어서 제시된 지역 신문의 내용에 어울리는 답글을 자유롭게 써 봅니다.

공부한 날짜 월 일
정답 및 해설 19쪽

사회 주제 **05** 신석기 시대에는 어떤 삶을 살았을까?

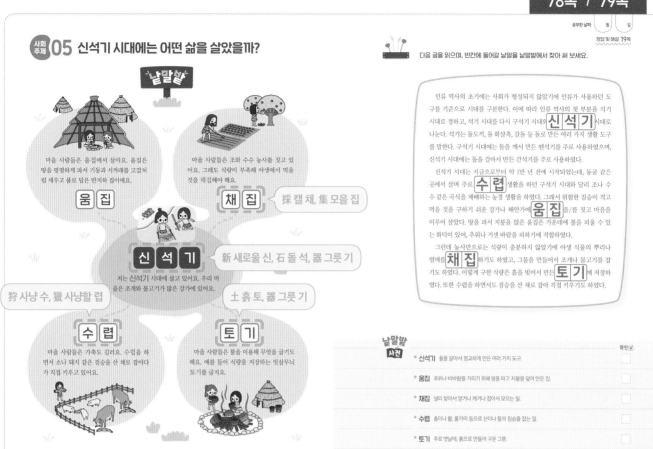

낱말밭

마을 사람들은 움집에서 살아요. 움집은 땅을 평평하게 파서 기둥과 서까래를 고깔처럼 세우고 풀로 덮은 반지하 집이에요.

움 집

마을 사람들은 조와 수수 농사를 짓고 있어요. 그래도 식량이 부족해 야생에서 먹을 것을 채집해야 해요.

채 집 採 캘 채, 集 모을 집

신 석 기 新 새로울 신, 石 돌 석, 器 그릇 기

저는 신석기 시대에 살고 있어요. 우리 마을은 조개와 물고기가 많은 강가에 있어요.

狩 사냥 수, 獵 사냥할 렵

수 렵

마을 사람들은 가축도 길러요. 수렵을 하면서 소나 돼지 같은 짐승을 산 채로 잡아다가 직접 키우고 있어요.

土 흙 토, 器 그릇 기

토 기

마을 사람들은 불을 이용해 무엇을 굽기도 해요. 예를 들어 식량을 저장하는 빗살무늬 토기를 굽지요.

다음 글을 읽으며, 빈칸에 들어갈 낱말을 낱말밭에서 찾아 써 보세요.

인류 역사의 초기에는 사회가 형성되지 않았기에 인류가 사용하던 도구를 기준으로 시대를 구분한다. 이에 따라 인류 역사의 첫 부분을 석기 시대로 정하고, 석기 시대를 다시 구석기 시대와 **신석기** 시대로 나눈다. 석기는 돌도끼, 돌 화살촉, 갈돌 등 돌로 만든 여러 가지 생활 도구를 말한다. 구석기 시대에는 돌을 깨서 만든 뗀석기를 주로 사용하였으며, 신석기 시대에는 돌을 갈아서 만든 간석기를 주로 사용하였다.

신석기 시대는 지금으로부터 약 1만 년 전에 시작되었는데, 동굴 같은 곳에서 살며 주로 **수렵** 생활을 하던 구석기 시대와 달리 조나 수수 같은 곡식을 재배하는 농경 생활을 하였다. 그래서 위험한 짐승이 적고 먹을 것을 구하기 쉬운 강가나 해안가에 **움집** 을/를 짓고 마을을 이루어 살았다. 땅을 파서 지붕을 얹은 움집은 가운데 불을 피울 수 있는 화덕이 있어, 추위나 거센 바람을 피하기에 적합하였다.

그런데 농사만으로는 식량이 충분하지 않았기에 야생 식물의 뿌리나 열매를 **채집** 하기도 하였고, 그물을 만들어서 조개나 물고기를 잡기도 하였다. 이렇게 구한 식량은 흙을 빚어서 만든 **토기** 에 저장하였다. 또한 수렵을 하면서도 짐승을 산 채로 잡아 직접 키우기도 하였다.

낱말밭 사전

		확인☑
* 신석기 돌을 갈아서 정교하게 만든 여러 가지 도구.		☐
* 움집 추위나 비바람을 가리기 위해 땅을 파고 지붕을 덮어 만든 집.		☐
* 채집 널리 찾아서 얻거나 캐거나 잡아서 모으는 일.		☐
* 수렵 총이나 활, 올가미 등으로 산이나 들의 짐승을 잡는 일.		☐
* 토기 주로 옛날에, 흙으로 만들어 구운 그릇.		☐

사회 주제 **05**
낱말밭 일일학습

1단계 확인과 적용

정답 및 해설 19쪽

01 다음 낱말의 뜻으로 알맞은 것을 찾아 선으로 이으세요.

(1) 토기 • • ㉠ 주로 옛날에, 흙으로 만들어 구운 그릇.

(2) 채집 • • ㉡ 돌을 갈아서 정교하게 만든 여러 가지 도구.

(3) 신석기 • • ㉢ 널리 찾아서 얻거나 캐거나 잡아서 모으는 일.

02 다음 빈칸에 들어갈 알맞은 낱말을 보기에서 찾아 쓰세요.

보기
신석기 토기

(1) 신석기 시대에 흙을 구워서 만든 (**토기**)이/가 발견되어 학자들의 관심을 끌고 있다.

(2) 그 지역에서는 사냥을 하기 위해 사용되었던 날카로운 (**신석기**)이/가 많이 발굴되고 있다.

03 다음 문장에 어울리는 낱말을 찾아 ○표 하세요.

(1) 나의 고향에는 야생 동물 보호를 위한 (토기 / 수렵) 금지 구역이 있다.

(2) 부모님이 어렸을 때는 방학 숙제로 곤충 (채집 / 수렵)을 하기도 했다고 한다.

04 다음 밑줄 친 낱말과 뜻이 비슷한 낱말을 보기에서 찾아 쓰세요.

보기
토기 수렵 채집

우리나라에서도 사냥을 할 수 있다. 다만 일 년 내내 가능한 것이 아니라 정부가 사냥을 할 수 있는 기간과 지역, 동물의 종류 등을 엄격하게 제한한다. 예를 들어 사냥 기간이라도 해가 진 이후부터 다음 날 해가 뜰 때까지는 사냥을 할 수 없다.

(**수렵**)

해설
'사냥'과 '수렵'은 서로 뜻이 비슷한 낱말이므로 바꾸어 쓸 수 있습니다.

해설
'짐승을 잡는'을 볼 때 ㉠에는 '수렵'이 들어가는 것이 어울립니다. 그리고 ㉡에는 간석기를 사용한 시대임을 의미하는 말이 들어가야 하므로 '신석기'가 들어가는 것이 알맞습니다.

해설
㉠은 '채집'이라는 낱말로 표현할 수 있으며, ㉡은 '움집'이라는 낱말로 표현할 수 있습니다. '토굴집'은 '움집'과 뜻이 비슷한 낱말입니다.

05 다음 ㉠과 ㉡에 들어갈 알맞은 낱말을 보기에서 찾아 쓰세요.

보기
수렵 채집 토기 신석기

돌을 갈아서 만든 도구인 간석기는 뗀석기보다 더 정교했다. 예를 들어 돌장이나 돌 화살촉은 돌을 깨서 만든 뗀석기보다 더 뾰족하고 날카로워서 짐승을 잡는 ㉠ 활동이나 물고기를 잡는 용도로 활동에 큰 도움이 되었다. 또한 농사 도구도 더 다양하게 만들 수 있었다. 간석기를 ㉡ 라고도 하며, 이런 도구를 사용한 시대를 ㉢ 시대라고 한다.

(1) ㉠: (**수렵**) (2) ㉡: (**신석기**)

06 다음 ㉠, ㉡과 뜻이 비슷한 낱말을 바르게 짝 지은 것은 무엇인가요? (**②**)

귀한 약초를 ㉠찾아다니며 모으느라고 깊은 산속까지 들어간 그는 그만 산속에서 길을 잃었다. 게다가 해가 지고 있었다. 어두울 때 산속에서 움직이는 것은 매우 위험하다. 그때 그의 눈에 ㉡땅을 파고 위에 거적을 덮어둔 토굴집이 눈에 띄었다. 산신을 캐러 다니는 사람들이 만들어 둔 것이었다. 그는 그 안에 들어가서 산속의 추위를 피할 수 있었다.

① ㉠: 채집 – ㉡: 수렵
② ㉠: 채집 – ㉡: 움집
③ ㉠: 채집 – ㉡: 토기
④ ㉠: 수렵 – ㉡: 움집
⑤ ㉠: 수렵 – ㉡: 토기

2단계 활용

07 다음은 원시 사회의 생활을 묘사한 그림입니다. 그림의 내용을 조건에 맞게 한 문장으로 만들어 쓰세요.

조건
'신석기'와 '움집'이라는 두 낱말을 모두 사용할 것.

✍ **(예) 신석기 시대 사람들은 움집을 지어 살면서 가축을 길렀다.**

사회 주제 06 삼국 시대의 문화유산에는 무엇이 있을까?

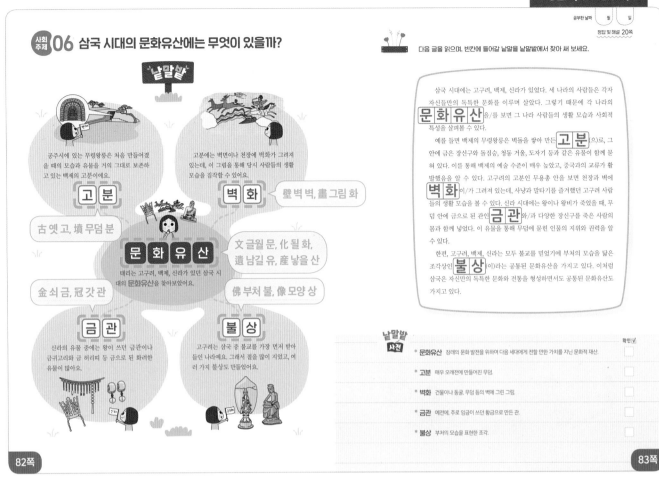

고분
古 옛 고, 墳 무덤 분

공주시에 있는 무령왕릉은 처음 만들어졌을 때의 모습과 유물을 거의 그대로 보존하고 있는 백제의 고분이에요.

벽화
壁 벽 벽, 畫 그림 화

고분에는 벽면이나 천장에 벽화가 그려져 있는데, 그 그림을 통해 당시 사람들의 생활 모습을 짐작할 수 있어요.

문화유산
文 글월 문, 化 될 화, 遺 남길 유, 産 낳을 산

태리는 고구려, 백제, 신라가 있던 삼국 시대의 문화유산을 찾아보았어요.

금관
金 쇠 금, 冠 갓 관

신라의 유물 중에는 왕이 쓰던 금관이나 금귀고리와 금 허리띠 등 금으로 된 화려한 유물이 많아요.

불상
佛 부처 불, 像 모양 상

고구려는 삼국 중 불교를 가장 먼저 받아들인 나라예요. 그래서 절을 많이 지었고, 여러 가지 불상도 만들었어요.

다음 글을 읽으며, 빈칸에 들어갈 낱말을 낱말밭에서 찾아 써 보세요.

삼국 시대에는 고구려, 백제, 신라가 있었다. 세 나라의 사람들은 각자 자신들만의 독특한 문화를 이루며 살았다. 그렇기 때문에 각 나라의 **문화유산**을/를 보면 그 나라 사람들의 생활 모습과 사회적 특성을 살펴볼 수 있다.

예를 들면 백제의 무령왕릉은 벽돌을 쌓아 만든 **고분**(으)로, 그 안에 금은 장신구와 돌짐승, 청동 거울, 도자기 등과 같은 유물이 함께 묻혀 있다. 이를 통해 백제의 예술 수준이 매우 높았고, 중국과의 교류가 활발했음을 알 수 있다. 고구려의 고분인 무용총 안을 보면 천장과 벽에 **벽화**이/가 그려져 있는데, 사냥과 말타기를 즐겨했던 고구려 사람들의 생활 모습을 볼 수 있다. 신라 시대에는 왕이나 왕비가 죽었을 때, 무덤 안에 금으로 된 관인 **금관**와/과 다양한 장신구를 죽은 사람의 몸과 함께 넣었다. 이 유물을 통해 무덤에 묻힌 인물의 지위와 권력을 알 수 있다.

한편, 고구려, 백제, 신라는 모두 불교를 믿었기에 부처의 모습을 닮은 조각상인 **불상**(이)라는 공통된 문화유산을 가지고 있다. 이처럼 삼국은 자신만의 독특한 문화와 전통을 형성하면서도 공통된 문화유산도 가지고 있다.

낱말밭 사전

	확인 ✓
* **문화유산** 장래의 문화 발전을 위하여 다음 세대에게 전할 만한 가치를 지닌 문화적 재산.	☐
* **고분** 매우 오래전에 만들어진 무덤.	☐
* **벽화** 건물이나 동굴, 무덤 등의 벽에 그린 그림.	☐
* **금관** 예전에, 주로 임금이 쓰던 황금으로 만든 관.	☐
* **불상** 부처의 모습을 표현한 조각.	☐

사회 주제 06 낱말밭 일일학습

1단계 확인과 적용

01 다음 뜻을 가진 낱말을 보기에서 찾아 쓰세요.

> 보기
> 고분   금관   불상

(1) 부처의 모습을 표현한 조각. (**불상**)
(2) 매우 오래전에 만들어진 무덤. (**고분**)
(3) 예전에, 주로 임금이 쓰던 황금으로 만든 관. (**금관**)

02 다음 빈칸에 들어갈 알맞은 낱말을 찾아 선으로 이으세요.

(1) 신라의 왕이 묻혀 있는 ☐☐들은 경주에 몰려 있다. ─── 고분
(2) 유명한 화가가 이 건물의 벽면에 ☐☐을/를 그린다. ─── 벽화
(3) 우리나라의 수원에 위치한 화성은 세계적인 ☐☐☐(이)다. ─── 문화유산

03 다음 문장에 어울리는 낱말을 찾아 ○표 하세요.

(1) 이 산의 높은 절벽에는 (금관, 불상)을 새겨 놓은 곳이 많다.
(2) (금관, 불상)은 왕과 왕비가 지위를 나타내기 위해 사용한 장신구이다.
(3) 마을 골목의 담장에 (벽화, 고분)을/를 그려 마을 분위기를 밝게 바꾸었다.

04 다음 밑줄 친 부분과 뜻이 비슷한 낱말은 무엇인가요? (⑤)

> 선조들이 만든 문화재나 가치 있는 문화 양식은 우리 역사와 문화를 이해하고 지키는 데 도움을 주는 소중한 <u>문화적 재산</u>이다. 이는 과거의 지혜와 아름다움을 존중하고 미래 세대에게 전달할 수 있도록 과거와 현재를 연결하는 다리 역할을 한다. 우리의 문화를 후대에 계속 전하기 위해서 이를 보존하고 소중히 여겨야 한다.

① 고분   ② 금관   ③ 벽화   ④ 불상   ⑤ 문화유산

해설
'문화유산'은 '장래의 문화 발전을 위하여 다음 세대에게 전할 만한 가치를 지닌 문화적 재산.'이라는 뜻이므로 밑줄 친 부분과 뜻이 비슷합니다.

해설
경주는 오랫동안 신라의 서울이었던 곳으로, 다양한 문화유산이 남아 있습니다. 그래서 신라 시대의 왕이나 귀족들의 무덤인 고분을 많이 볼 수 있습니다. '당시의 문화를 알 수 있는 금관이나 벽화 등의'라는 내용으로 볼 때 ㉠에는 '문화유산', '왕의 무덤'이라는 내용을 볼 때 ㉡에는 '고분'이 들어가는 것이 알맞습니다.

해설
삼국은 고구려, 백제, 신라를 말합니다. 그리고 '불교라는 종교적 의미'라는 내용으로 볼 때 빈칸에 공통으로 들어갈 말은 '불상'이 알맞습니다.

---

05 다음 ㉠과 ㉡에 들어갈 알맞은 낱말을 바르게 짝 지은 것은 무엇인가요? (④)

> 지민: 우리 할머니 댁은 경주에 있어. 경주는 과거에 신라 시대의 수도여서 당시의 문화를 알 수 있는 금관이나 벽화 등의 다양한 ㉠ 이 남아 있어.
> 희정: 나도 경주에 가 본 적 있어. 그때 왕의 무덤인 ㉡ 을 보고 깜짝 놀랐어. 처음 봤을 때는 잘 가꾸어진 언덕인 줄 알았거든.
> 지민: 너도 그랬구나. 사실 나도 처음 봤을 때는 미끄럼을 타며 놀 수 있게 만든 곳인 줄 알았어. 경주는 역사와 문화가 살아 숨 쉬는 곳이야. 다음에 함께 가자.

① ㉠: 고분 – ㉡: 불상
② ㉠: 불상 – ㉡: 고분
③ ㉠: 불상 – ㉡: 금관
④ ㉠: 문화유산 – ㉡: 고분
⑤ ㉠: 문화유산 – ㉡: 불상

06 다음 빈칸에 공통으로 들어갈 낱말로 알맞은 것은 무엇인가요? (③)

> 삼국 시대의 ☐☐은 우리 문화와 예술을 대표하는 중요한 유물이다. 특히 백제와 고구려의 ☐☐은 독특한 형식과 뛰어난 예술적 가치가 높다. 백제는 인상이 부드럽고 우아하다는 점이 특징이며, 고구려는 강렬하며 현실적이라는 특징을 보인다. 한편, ☐☐은/는 불교라는 종교적 의미뿐만 아니라 국민들을 하나로 모으는 역할을 하기도 했다.

① 고분   ② 금관   ③ 불상   ④ 벽화   ⑤ 문화유산

2단계 활용

07 다음 보기와 같이 주어진 낱말을 넣어 짧은 문장을 만들어 쓰세요.

> 보기
> 벽화
> ✎ 농촌을 여행지로 만들기 위해 오래된 담벼락에 아름다운 벽화를 그린다.

(1) **불상**   예 나는 금으로 만들어진 불상 앞에서 사진을 찍었다.
✎

(2) **문화유산**   예 나는 커서 우리나라의 문화유산을 세계에 널리 알릴 것이다.
✎

사회 주제 07 고려는 어떤 나라와 교류했을까?

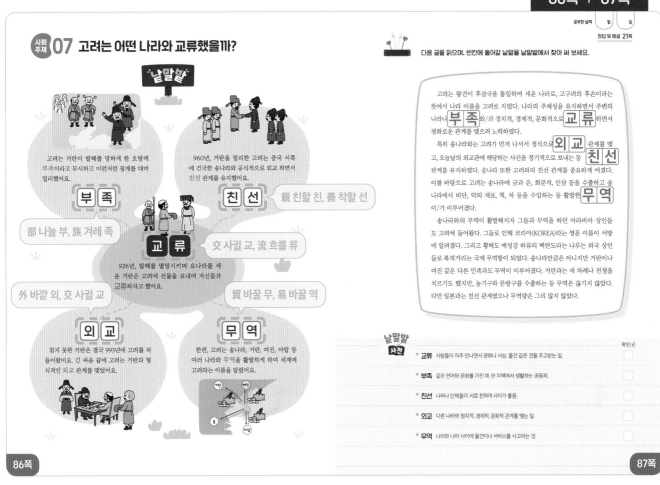

낱말살

고려는 거란이 발해를 망하게 한 오랑캐 부족이라고 무시하고 이런저런 핑계를 대며 멀리했어요.

부 족
部 나눌 부, 族 겨레 족

960년, 거란을 멀리한 고려는 중국 서쪽에 건국한 송나라와 공식적으로 외교 하면서 친선 관계를 유지했어요.

친 선 ◁ 親 친할 친, 善 착할 선

교 류 ◁ 交 사귈 교, 流 흐를 류

926년, 발해를 멸망시키며 요나라를 세운 거란은 고려에 선물을 보내며 자신들과 교류하자고 했어요.

외 교
外 바깥 외, 交 사귈 교

참지 못한 거란은 결국 993년에 고려를 쳐들어왔어요. 긴 싸움 끝에 고려는 거란과 형식적인 외교 관계를 맺었어요.

무 역
貿 바꿀 무, 易 바꿀 역

한편, 고려는 송나라, 거란, 여진, 아랍 등 여러 나라와 무역을 활발하게 하여 세계에 고려라는 이름을 알렸어요.

다음 글을 읽으며, 빈칸에 들어갈 낱말을 낱말밭에서 찾아 써 보세요.

고려는 왕건이 후삼국을 통일하여 세운 나라로, 고구려의 후손이라는 뜻에서 나라 이름을 고려로 지었다. 나라의 주체성을 유지하면서 주변의 나라나 **부 족** 와/과 정치적, 경제적, 문화적으로 **교 류** 하면서 평화로운 관계를 맺고자 노력하였다.

특히 송나라와는 고려가 먼저 나서서 정식으로 **외 교** 관계를 맺고, 오늘날의 외교관에 해당하는 사신을 정기적으로 보내는 등 **친 선** 관계를 유지하였다. 송나라 또한 고려와의 친선 관계를 중요하게 여겼다. 이를 바탕으로 고려는 송나라에 금과 은, 화문석, 인삼 등을 수출하고 송나라에서 비단, 약의 재료, 책, 차 등을 수입하는 등 활발한 **무 역** 이/가 이루어졌다.

송나라와의 무역이 활발해지자 그들과 무역을 하던 아라비아 상인들도 고려에 들어왔다. 그들로 인해 코리아(KOREA)라는 영문 이름이 서방에 알려졌다. 그리고 황해도 예성강 하류의 벽란도라는 나루는 외국 상인들로 북적거리는 국제 무역항이 되었다. 송나라만큼은 아니지만 거란이나 여진 같은 다른 민족과도 무역이 이루어졌다. 거란과는 세 차례나 전쟁을 치르기도 했지만, 농기구와 문방구를 수출하는 등 무역은 끊기지 않았다. 다만 일본과는 친선 관계였으나 무역량은 그리 많지 않았다.

낱말밭 사전

확인 ✓

* **교류** 사람들이 자주 만나면서 문화나 사상, 물건 같은 것을 주고받는 일. ☐
* **부족** 같은 언어와 문화를 가진 채, 한 지역에서 생활하는 공동체. ☐
* **친선** 나라나 단체들이 서로 친하여 사이가 좋음. ☐
* **외교** 다른 나라와 정치적, 경제적, 문화적 관계를 맺는 일. ☐
* **무역** 나라와 나라 사이에 물건이나 서비스를 사고파는 것. ☐

사회 주제 07 낱말밭 일일학습

1단계 확인과 적용

01 다음 낱말의 뜻으로 알맞은 것을 **보기**에서 찾아 기호를 쓰세요.

> **보기**
> ㉠ 나라나 단체들이 서로 친하여 사이가 좋음.
> ㉡ 나라와 나라 사이에 물건이나 서비스를 사고파는 것.
> ㉢ 같은 언어와 문화를 가진 채, 한 지역에서 생활하는 공동체.

(1) 무역 (㉡)   (2) 부족 (㉢)   (3) 친선 (㉠)

02 다음 문장에 어울리는 낱말을 찾아 ○표 하세요.

(1) 사상이 다른 나라끼리 스포츠를 이용하여 (**친선** · 무역)을 다지는 경우도 있다.

(2) 국경이 붙어 있는 나라끼리는 대부분 (**교류** · 부족)이/가 많지만 분쟁도 적지 않다.

03 다음 빈칸에 들어갈 알맞은 낱말을 찾아 선으로 이으세요.

(1) 전 세계의 모든 ☐은/는 나름대로 각자 고유한 문화를 가지고 있다.   ㉠ 무역

(2) 지하자원이 많지 않은 우리나라는 ☐을/를 통해 필요한 자원을 구한다.   ㉡ 부족

(선이 X자로 교차하여 연결됨)

04 다음 글에서 밑줄 친 부분과 뜻이 비슷한 낱말을 **보기**에서 찾아 쓰세요.

> **보기**
> 교류   부족

동양과 서양이 서로의 문화를 이해하며 존중하기 시작한 것은 그리 오래되지 않았다. 문화란 돈으로 사거나 팔 수 있는 것이 아니라, 자연스럽게 서로 자주 접하면서 알게 되는 것이기 때문이다.

(**교류**)

해설
'우호'는 '개인끼리나 나라끼리 서로 사이가 좋음.'이라는 뜻입니다. 따라서 '나라나 단체들이 서로 친하여 사이가 좋음.'이라는 뜻을 지닌 '친선'과 뜻이 비슷합니다.

해설
두 지역 간에 고속도로를 통해 이동하는 것이 상품과 서비스라는 경제적인 것임을 생각할 때, ㉠에는 '교류'가 들어가야 합니다. 특히 ㉠ 앞의 '경제적인'이라는 수식에서 이를 분명히 알 수 있습니다. 그리고 두 지역 사람들 간의 관계가 이전보다 눈에 띄게 좋아지고 있다는 내용을 생각할 때, ㉡에는 '친선'이 들어가는 것이 자연스럽습니다.

05 다음 밑줄 친 낱말과 뜻이 비슷한 낱말은 무엇인가요? (⑤)

다른 나라와의 관계에서 자기 나라의 이익만 너무 중시하면 양국의 우호 관계에 금이 갈 수 있다. 이런 점은 인간관계에서도 마찬가지다. 항상 자신의 이익만 챙기는 이기적인 행동을 하면 오랫동안 알고 지낸 사이라 하더라도 관계가 서먹해질 가능성이 크다. 좋은 관계를 유지하려면 서로 양보하는 마음을 바탕으로 때로는 조금 손해도 볼 수 있어야 한다.

① 교류   ② 무역   ③ 부족   ④ 외교   ⑤ 친선

06 다음 ㉠과 ㉡에 들어갈 알맞은 낱말을 바르게 짝 지은 것은 무엇인가요? (②)

산맥으로 가로막혀 있던 두 지역을 이어주는 고속도로가 만들어지면서 두 지역 간에 상품과 서비스의 ㉠ 이/가 활발하게 이루어지고 있다. 그리고 자연스럽게 두 지역 사람 간의 ㉡ 관계도 이전보다 눈에 띄게 좋아지고 있다. 이를 볼 때, 경제적인 ㉠ 이/가 문화적이고 심리적인 차원의 ㉡ 을/를 이끈다고 할 수 있다.

① ㉠: 교류 - ㉡: 무역   ② ㉠: 교류 - ㉡: 친선   ③ ㉠: 부족 - ㉡: 교류
④ ㉠: 부족 - ㉡: 친선   ⑤ ㉠: 친선 - ㉡: 교류

2단계 활용

07 다음 **보기**는 고려와 주변국과의 관계를 나타낸 그림입니다. 이를 바탕으로 **조건**에 맞는 문장을 만들어 쓰세요.

> **보기**
> *(고려와 주변국 지도: 요(거란), 여진, 고려, 송, 일본)*
> ← 전쟁을 겪음
> ← 평화로운 관계를 유지함

> **조건**
> 1. '외교', '친선', '대립'이라는 세 낱말을 모두 활용할 것.
> 2. '고려는 송나라와는 ~를 하고, 거란과는 ~를 하였다.'라는 문장 형식으로 쓸 것.

예 고려는 송나라와는 친선 관계를 지니는 외교를 하고, 거란과는 대립 관계를 지니는 외교를 하였다.

사회 주제 08 조선의 개혁은 어떻게 이루어졌을까?

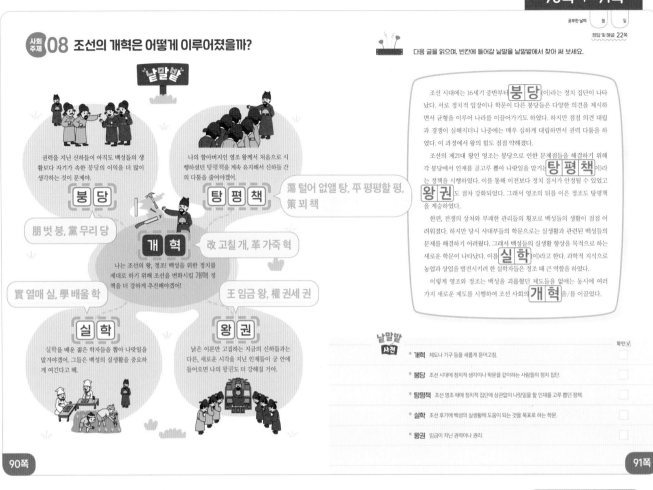

낱말밭

권력을 지닌 신하들이 아직도 백성들의 생활보다 자기가 속한 붕당의 이익을 더 많이 생각하는 것이 문제야.

붕당

朋 벗 붕, 黨 무리 당

나의 할아버지인 왕 영조께서 처음으로 시행하셨던 탕평책을 계속 유지해서 신하들 간의 다툼을 줄여야겠어.

탕평책

蕩 털어 없앨 탕, 平 평평할 평, 策 꾀 책

개혁

改 고칠 개, 革 가죽 혁

나는 조선의 왕, 정조! 백성을 위한 정치를 제대로 하기 위해 조선을 변화시킬 개혁 정책을 더 강하게 추진해야겠어!

實 열매 실, 學 배울 학

王 임금 왕, 權 권세 권

실학

실학을 배운 젊은 학자들을 뽑아 나랏일을 맡겨야겠어. 그들은 백성의 실생활을 중요하게 여긴다고 해.

왕권

낡은 이론만이 고집하는 지금의 신하들과는 다른, 새로운 시각을 지닌 인재들이 궁 안에 들어오면 나의 왕권도 더 강해질 거야.

다음 글을 읽으며, 빈칸에 들어갈 낱말을 낱말밭에서 찾아 써 보세요.

조선 시대에는 16세기 중반부터 **붕당**(이)라는 정치 집단이 나타났다. 서로 정치적 입장이나 학문이 다른 붕당들은 다양한 의견을 제시하면서 균형을 이루어 나라를 이끌어가기도 하였다. 하지만 점점 의견 대립과 경쟁이 심해지더니 나중에는 매우 심하게 대립하면서 권력 다툼을 하게 되었다. 이 과정에서 왕의 힘도 점점 약해졌다.

조선의 제21대 왕인 영조는 붕당으로 인한 문제점들을 해결하기 위해 각 붕당에서 인재를 골고루 뽑아 나랏일을 맡기는 **탕평책**(이)라는 정책을 시행하였다. 이를 통해 이전보다 정치 질서가 안정될 수 있었고 **왕권**도 점차 강화되었다. 그래서 영조의 뒤를 이은 정조도 탕평책을 계승하였다.

한편, 전쟁의 상처와 부패한 관리들의 횡포로 백성들의 생활이 점점 어려워졌다. 하지만 당시 사대부들의 학문으로는 실생활과 관련된 백성들의 문제를 해결하기 어려웠다. 그래서 백성들의 실생활 향상을 목적으로 하는 새로운 학문이 나타났다. 이를 **실학**(이)라고 한다. 과학적 지식으로 농업과 상업을 발전시키려 한 실학자들은 정조 때 큰 역할을 하였다.

이렇게 영조와 정조는 백성을 괴롭혔던 제도들을 없애는 동시에 여러 가지 새로운 제도를 시행하여 조선 사회의 **개혁**을/를 이끌었다.

낱말밭 사전   확인 ☑

* **개혁** 제도나 기구 등을 새롭게 뜯어고침.   ☐
* **붕당** 조선 시대에 정치적 생각이나 학문을 같이하는 사람들의 정치 집단. ☐
* **탕평책** 조선 영조 때에 정치적 집단에 상관없이 나랏일을 할 인재를 고루 뽑던 정책. ☐
* **실학** 조선 후기에 백성의 실생활에 도움이 되는 것을 목표로 하는 학문.   ☐
* **왕권** 임금이 지닌 권력이나 권리.   ☐

사회 주제 08
낱말밭 일일학습

1단계 확인과 적용

01 다음 뜻을 가진 낱말을 (보기)에서 찾아 쓰세요.

(보기)   개혁   왕권

(1) 임금이 지닌 권력이나 권리. (**왕권**)

(2) 제도나 기구 등을 새롭게 뜯어고침. (**개혁**)

02 다음 초성을 보고, 빈칸에 들어갈 알맞은 낱말을 쓰세요.

(1) ㅅ ㅎ

✎ 정약용은 오늘날까지 큰 영향을 끼친 (**실학**)의 대표적인 학자로 평가받고 있다.

(2) ㅌ ㅍ ㅊ

✎ 조선의 영조는 정당들이 벌이는 싸움으로 인한 피해를 막기 위해 (**탕평책**)을/를 썼다.

03 다음 빈칸에 들어갈 알맞은 낱말을 (보기)에 있는 글자 카드로 만들어 쓰세요.

(보기)   권   왕   당   붕

(1) 조선 시대에 과거 시험을 볼 때는 자신이 속한 (**붕당**)을 언급할 수 없었다.

(2) 중세 시대 유럽에서는 특정 종교의 최고 지도자 권력이 (**왕권**)보다 강하였다.

04 다음 밑줄 친 부분과 뜻이 비슷한 낱말로 알맞은 것은 무엇인가요? (②)

일부 역사학자는 조선 시대의 벼슬아치들이 정치적 입장이나 학문적 생각이 같은 사람들끼리 무리를 이루어 자신들의 이익만 좋았다고 주장한다. 하지만 입장이나 생각이 다른 사람들이 격렬하게 토론하면서 올바른 정책을 만들어 내기도 하였다고 하였다.

해설 ① 개혁 ② 붕당 ③ 실학 ④ 왕권 ⑤ 탕평

'조선 시대에 정치적 생각이나 학문을 같이하는 사람들의 정치 집단.'을 '붕당'이라고 합니다.

해설

'쇄신'은 '그릇된 것이나 묵은 것을 버리고 새롭게 함.'이라는 뜻입니다. 따라서 '제도나 기구 등을 새롭게 뜯어고침.'이라는 뜻을 지닌 '개혁'과 바꾸어 쓸 수 있습니다.

05 다음 밑줄 친 낱말과 뜻이 비슷한 낱말을 (보기)에서 찾아 쓰세요.

(보기)   개혁   탕평책   붕당   실학

많은 사람이 학생들의 과도한 성적 경쟁을 막아야 한다고 말한다. 문제 해결을 위해 교육 제도를 완전히 쇄신해야 한다는 주장과 갑자기 제도를 바꾸면 혼란만 생기므로 천천히 변경해야 한다는 주장이 있다. 하지만 현재의 교육 제도에도 장점이 있다. 따라서 현재 교육 제도의 장점은 살리고 단점은 없앨 수 있는 방법을 찾아야 한다.

(**개혁**)

해설

'나라를 이끌 인재를 신분에 상관없이 능력만으로 뽑아야 한다고 주장하며'를 볼 때, ㉠에는 '붕당'이, ㉡에는 '개혁'이 들어가는 것이 알맞습니다.

06 다음 ㉠과 ㉡에 들어갈 알맞은 낱말을 바르게 짝 지은 것은 무엇인가요? (①)

조선 시대 허균은 「홍길동전」을 지은 작가로 유명하지만, 그는 뛰어난 정치가이자 학자였다. 광해군 때 활동한 허균은 ㉠   정치와 신분 질서의 문제점을 지적하였다. 그리고 나라를 이끌 인재를   ㉡   이나 신분에 상관없이 능력만으로 뽑아야 한다고 주장하며 과거 제도를 ㉡   하는 방향을 제시하였다.

① ㉠: 붕당 – 개혁   ② ㉠: 붕당 – 실학   ③ ㉠: 붕당 – 왕권
④ ㉠: 실학 – 개혁   ⑤ ㉠: 실학 – 왕권

2단계 활용

07 다음 (보기)의 내용을 참고하여, (조건)에 맞는 문장을 만들어 쓰세요.

(보기)
조선의 제21대 왕인 영조가 세운 탕평비에는 한자로 '두루 사귀며 편을 가르지 않음은 군자의 공정한 마음이요, 편을 가르고 두루 사귀지 않음은 소인의 사사로운 마음이다.'라고 적혀 있다.

(조건)
1. 탕평비를 통해 알 수 있는 영조의 태도를 제시할 것.
2. '탕평책'과 '붕당'이라는 두 낱말을 모두 사용할 것.
3. '탕평비에는 …이/가 드러나 있다.'라는 문장 형식으로 쓸 것.

(예) 탕평비에는 탕평책으로 붕당의 다툼을 해결하려는 영조의 의지가 드러나 있다.

사회 주제 05~08 날말쌀 주간학습

01 다음 빈칸에 들어갈 알맞은 낱말을 보기에서 찾아 쓰세요.

보기: 벽화 부족 외교

(1) 오늘날에도 일부 (**부족**) 사회에서는 목숨이 위험한 성인식을 치른다.
(2) 고대의 (**벽화**)을/를 보면 당시에 살았던 사람들의 생활을 엿볼 수 있다.
(3) 옛날 우리나라는 주변 국가인 중국과 일본에 종종 (**외교**) 사절을 보냈다.

02 다음 문장에 어울리는 낱말을 찾아 ○표 하세요.

(1) 해녀들은 주로 전복, 굴, 김, 미역 등을 (수렵 ·(채집)) 한다.
(2) 이 지역에서는 돌을 갈아서 만든 ((신석기)· 토기)가 많이 발견되고 있다.
(3) 우리 회사는 올해부터 아프리카의 몇몇 나라와 ((무역)· 개혁)를 시작하였다.

03 다음 빈칸에 들어갈 알맞은 낱말을 보기에서 찾아 쓰세요.

보기: 개혁 붕당 친선

오랫동안 앙숙이던 두 나라는 스포츠를 통해 서로 교류하면서 ⬜ 관계를 맺기 시작하였다.

(**친선**)

04 다음 밑줄 친 부분과 뜻이 비슷한 낱말은 무엇인가요? (**③**)

초기 인류로 볼 수 있는 석기 시대의 사람들은 주로 손으로 열매를 따 먹거나 울가미나 돌창, 돌도끼 등을 사용하여 짐승을 잡아 식량으로 삼았을 것으로 짐작된다. 또한 조개를 잡거나 그물로 물고기를 잡기도 하였다.

① 벽화 ② 붕당 ③ 수렵 ④ 외교 ⑤ 채집

해설 '수렵'은 '총이나 활, 올가미 등으로 산이나 들의 짐승을 잡는 일.'이라는 뜻으로, '사냥'과 같은 말입니다. 따라서 밑줄 친 부분과 뜻이 비슷합니다.

05 다음 밑줄 친 부분과 뜻이 비슷한 낱말을 찾아 ○표 하세요.

약 1만 년 전, 모든 것이 얼어붙었던 빙하기가 끝나고 날씨가 따뜻해지자, 지구의 자연환경이 크게 변하였다. 수많은 식물이 자라났고, 얼음이 녹으며 불어난 물속에는 물고기와 조개가 풍성해졌다. 이 시대의 사람들은 간석기로 사냥하거나 물고기를 잡았다. 그리고 흙으로 모양을 빚은 뒤 불에 구워서 만든 그릇에 곡식을 저장하였다.

(고분 , 움집 ·(토기))

06 다음 빈칸에 공통으로 들어갈 낱말로 알맞은 것은 무엇인가요? (**②**)

조선 시대의 ⬜은 오늘날로 치면 출신 학교나 지역을 중심으로 이루어진 정치 세력이라고 할 수 있다. ⬜이 처음 등장했을 때는 서로 견제하면서 백성을 위한 유익한 정책을 제안하였다. 하지만 점차 경쟁이 심해지면서 큰 싸움이 여러 번 일어났고, 그때마다 많은 신하들이 사약을 받거나 먼 곳으로 귀양을 갔다. 그래서 영조는 ⬜으로 인한 문제를 해결하기 위해 탕평책을 실시하였다.

① 부족 ② 붕당 ③ 실학 ④ 왕권 ⑤ 움집

해설 조선 시대에 정치적 생각이나 학문을 같이하는 사람들의 정치 집단을 '붕당'이라고 합니다.

07 다음 밑줄 친 부분과 뜻이 비슷한 낱말로 알맞은 것은 무엇인가요? (**①**)

전 세계에는 수많은 국가가 있지만, 그 어떤 국가도 국민에게 필요한 자원을 모두 갖고 있지는 않다. 가지고 있더라도 그것을 개발할 기술이 없거나 엄청난 비용이 든다. 그래서 국가들은 다른 국가와 물건이나 서비스 같은 상품을 서로 거래한다.

① 무역 ② 붕당 ③ 수렵 ④ 채집 ⑤ 친선

08 다음 ⊙과 ⓒ에 들어갈 알맞은 낱말을 바르게 짝 지은 것은 무엇인가요? (**②**)

불교는 삼국 시대에, 우리나라에 전해졌다. 4세기 말에 중국을 통해 고구려에 먼저 들어오고, 곧이어 고구려와의 ⊙ 이/가 활발했던 백제에 전해졌다. 이에 따라 고구려나 백제에서 만들어진 초창기 ⓒ 은/는 중국의 영향을 많이 받았을 것으로 짐작된다. 하지만, 이 시기의 불상이 발견되지 않아 확인할 수는 없다.

① ⊙: 벽화 – ⓒ: 고분 ② ⊙: 교류 – ⓒ: 불상 ③ ⊙: 개혁 – ⓒ: 고분
④ ⊙: 개혁 – ⓒ: 벽화 ⑤ ⊙: 불상 – ⓒ: 친선

해설 고구려와 백제 사이에 ⊙이 활발하게 이루어졌다는 내용에서 ⊙에는 '교류'가 들어가야 함을 알 수 있습니다. 그리고 ⓒ은 불교가 전래된 뒤에 만들어진 대상이므로 '불상'이 들어가는 것이 알맞습니다.

[09~11] 다음 글을 읽고, 물음에 답하세요.

역사란 무엇인가

역사를 연구하는 학문이 처음 생겼을 때 역사학자들은 과거의 유물이나 유적을 가지고 그 당시의 모습을 그대로 알아내는 것에 집중하였다. 예를 들면, 신라의 ⊙고분에서 나온 금관과 장신구들을 보고 신라의 왕이나 왕족들의 차림새를 알아내거나, 고려 시대에 관한 기록이나 유물을 보고 당시 고려의 ⓒ외교 관계나 ⓒ무역 물품들 무엇인지를 알아내는 것이다.

하지만, 이 방법은 구석기나 신석기 시대 같이 역사적 유물이나 유적이 많지 않은 경우에는 적용하기 어렵다. 신석기 시대 사람들이 살았던 ⓔ움집의 터를 보고 당시 사람들의 집 모양을 추측할 수는 있지만 그들이 실제로 어떻게 살았으며 ⓜ함께 모여 살던 공동체 내의 관계가 어떠했는지는 알 수 없다. 이러한 한계는 기록이나 유물이 많지 않은 삼국 시대 이전의 역사에도 거의 모두 적용된다.

그래서 역사적 사실에 대한 평가가 더 중요하다는 입장이 나타났다. 물론 평가 대상이 되는 역사적 사실은 객관적이어야 한다. 예를 들어 조선 시대에 영조가 붕당 때문에 탕평책이라는 ⓑ개혁 정책을 펼쳤고, 정조가 실학을 받아들였다는 것은 객관적 사실이다. 하지만 이런 사실보다 왕이 신하들의 세력 다툼을 막기 위해 적극적으로 노력했으며, 현실과 동떨어진 이론보다 백성의 삶을 더 중요하게 여긴 ⓐ 의 정신을 가졌었다는 평가가 우리에게 교훈을 준다는 것이다. 그렇지만 이런 평가는 시대의 변화에 따라 달라질 수 있다.

09 ⊙~ⓜ의 뜻으로 바르지 않은 것은 무엇인가요? (**②**)

① ⊙: 매우 오래 전에 만들어진 무덤.
② ⓒ: 나라나 단체들이 서로 친하여 사이가 좋음.
③ ⓒ: 나라와 나라 사이에 물건이나 서비스를 사고파는 것.
④ ⓔ: 추위나 비바람을 가리기 위해 땅을 파고 지붕을 덮어 만든 집.
⑤ ⓑ: 제도나 기구 등을 새롭게 뜯어고침.

해설 '외교'는 '다른 나라와 정치적, 경제적, 문화적 관계를 맺는 일.'이라는 뜻입니다. '나라나 단체들이 서로 친하여 사이가 좋음.'이라는 뜻을 가진 낱말은 '친선'입니다.

10 ⓜ와 뜻이 비슷한 낱말은 무엇인가요? (**②**)

① 교류 ② 부족 ③ 채집 ④ 수렵 ⑤ 친선

11 ⓐ에 들어갈 낱말로 알맞은 것은 무엇인가요? (**②**)

① 붕당 ② 실학 ③ 유물 ④ 정책 ⑤ 당평책

해설 현실과 동떨어진 이론보다 백성의 삶을 더 중요하게 여겼다는 내용으로 보아 ⓐ에는 '실학'이 들어가는 것이 알맞습니다.

디지털 속 한 문장

• 다음을 보고, 신석기라는 낱말을 넣어 이에 대한 자신의 생각을 써 보세요.

해설 '신석기'라는 낱말을 넣어서, 신석기나 신석기 시대에 대해 알고 있는 내용이나 더 알고 싶은 점 등을 자유롭게 써 봅니다.

#신석기
어제 친구들과 역사 박물관에 갔었다. 박물관에는 각 시대마다 당시 생활 모습이 재현되어 있었는데, 신석기 시대가 가장 인상적이었다. 특히 신석기 시대 사람들이 살던 움집은 정말 아늑해 보여서 들어가 보고 싶을 정도였다.

✏️ 예) 내가 신석기 시대에 대해 처음 접한 것은 사회 수업 시간이었다. 신석기 시대는 인류 역사에서 매우 먼 과거이지만, 그 시기에 사람들이 오늘날과 비슷한 방식으로 토기를 만들고 활용했다는 점이 특히 인상 깊었다.

과학주제 01 우리 몸에는 어떤 기관이 있을까?

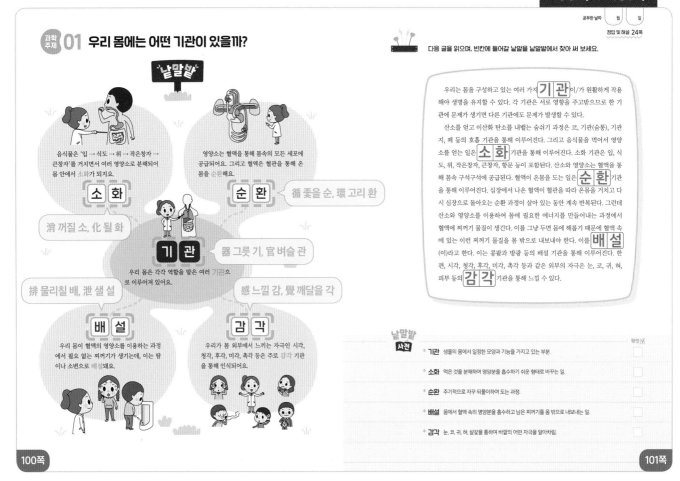

낱말밭

음식물은 '입 → 식도 → 위 → 작은창자 → 큰창자'를 거치면서 여러 영양소로 분해되어 몸 안에서 소화가 되지요.

소화

消 꺼질 소, 化 될 화

영양소는 혈액을 통해 몸속의 모든 세포에 공급되어요. 그리고 혈액은 혈관을 통해 온몸을 순환해요.

순환

循 좇을 순, 環 고리 환

기관

器 그릇 기, 官 벼슬 관

우리 몸은 각각 역할을 맡은 여러 기관으로 이루어져 있어요.

排 물리칠 배, 泄 샐 설

感 느낄 감, 覺 깨달을 각

배설

우리 몸이 혈액의 영양소를 이용하는 과정에서 필요 없는 찌꺼기가 생기는데, 이는 땀이나 소변으로 배설돼요.

감각

우리가 몸 외부에서 느끼는 자극인 시각, 청각, 후각, 미각, 촉각 등은 주로 감각 기관을 통해 인식되어요.

100쪽

다음 글을 읽으며, 빈칸에 들어갈 낱말을 낱말밭에서 찾아 써 보세요.

우리는 몸을 구성하고 있는 여러 가지 **기관** 이/가 원활하게 작용해야 생명을 유지할 수 있다. 각 기관은 서로 영향을 주고받으므로 한 기관에 문제가 생기면 다른 기관에도 문제가 발생할 수 있다.

산소를 얻고 이산화 탄소를 내뱉는 숨쉬기 과정은 코, 기관(숨통), 기관지, 폐 등의 호흡 기관을 통해 이루어진다. 그리고 음식물을 먹어서 영양소를 얻는 일은 **소화** 기관을 통해 이루어진다. 소화 기관은 입, 식도, 위, 작은창자, 큰창자, 항문 등이 포함된다. 산소와 영양소는 혈액을 통해 몸속 구석구석에 공급된다. 혈액이 온몸을 도는 일은 **순환** 기관을 통해 이루어진다. 심장에서 나온 혈액이 혈관을 따라 온몸을 거치고 다시 심장으로 돌아오는 순환 과정은 살아 있는 동안 계속 반복된다. 그런데 산소와 영양소를 이용하여 몸에 필요한 에너지를 만들어내는 과정에서 혈액에 찌꺼기 물질이 생긴다. 이를 그냥 두면 몸에 해롭기 때문에 혈액 속에 있는 이런 찌꺼기 물질을 몸 밖으로 내보내야 한다. 이를 **배설** (이)라고 한다. 이는 콩팥과 방광 등의 배설 기관을 통해 이루어진다. 한편, 시각, 청각, 후각, 미각, 촉각 등과 같은 외부의 자극은 눈, 코, 귀, 혀, 피부 등의 **감각** 기관을 통해 느낄 수 있다.

낱말밭 사전

확인☑

* **기관** 생물의 몸에서 일정한 모양과 기능을 가지고 있는 부분.
* **소화** 먹은 것을 분해하여 영양분을 흡수하기 쉬운 형태로 바꾸는 일.
* **순환** 주기적으로 자꾸 되풀이하여 도는 과정.
* **배설** 몸에서 혈액 속의 영양분을 흡수하고 남은 찌꺼기를 몸 밖으로 내보내는 일.
* **감각** 눈, 코, 귀, 혀, 살갗을 통하여 바깥의 어떤 자극을 알아차림.

101쪽

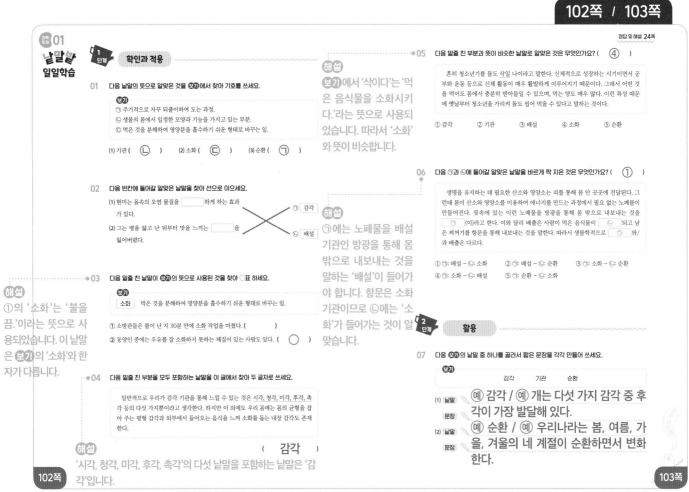

과학주제 01 낱말밭 일일학습

1단계 확인과 적용

01 다음 낱말의 뜻으로 알맞은 것을 보기에서 찾아 기호를 쓰세요.

보기
㉠ 주기적으로 자꾸 되풀이하여 도는 과정.
㉡ 생물의 몸에서 일정한 모양과 기능을 가지고 있는 부분.
㉢ 먹은 것을 분해하여 영양분을 흡수하기 쉬운 형태로 바꾸는 일.

(1) 기관 (㉡)   (2) 소화 (㉢)   (3) 순환 (㉠)

02 다음 빈칸에 들어갈 알맞은 낱말을 찾아 선으로 이으세요.

(1) 현미는 몸속의 오염 물질을 ☐☐하게 하는 효과가 있다.

(2) 그는 병을 앓고 난 뒤부터 맛을 느끼는 ☐☐을 잃어버렸다.

㉠ 감각
㉡ 배설

03 다음 밑줄 친 낱말이 보기의 뜻으로 사용된 것을 찾아 ○표 하세요.

보기
소화 먹은 것을 분해하여 영양분을 흡수하기 쉬운 형태로 바꾸는 일.

① 소방관들은 불이 난 지 30분 만에 소화 작업을 마쳤다. ( )
② 동양인 중에는 우유를 잘 소화하지 못하는 체질이 있는 사람도 있다. (○)

해설
①의 '소화'는 '불을 끔.'이라는 뜻으로 사용되었습니다. 이 낱말은 보기의 '소화'와 한 자가 다릅니다.

04 다음 밑줄 친 부분을 모두 포함하는 낱말을 이 글에서 찾아 두 글자로 쓰세요.

일반적으로 우리가 감각 기관을 통해 느낄 수 있는 것은 시각, 청각, 미각, 후각, 촉각 등의 다섯 가지뿐이라고 생각한다. 하지만 이 외에도 우리 몸에는 몸의 균형을 잡아 주는 평형 감각과 외부에서 들어오는 음식을 느껴 소화를 돕는 내장 감각도 존재한다.

(감각)

해설
'시각, 청각, 미각, 후각, 촉각'의 다섯 낱말을 포함하는 낱말은 '감각'입니다.

102쪽

---

05 다음 밑줄 친 부분과 뜻이 비슷한 낱말로 알맞은 것은 무엇인가요? (④)

흔히 청소년기를 돌도 삭일 나이라고 말한다. 신체적으로 성장하는 시기이면서 공부와 운동 등으로 신체 활동이 매우 활발하게 이루어지기 때문이다. 그래서 어떤 것을 먹어도 몸에서 충분히 받아들일 수 있으며, 먹는 양도 매우 많다. 이런 특성 때문에 옛날부터 청소년을 가리켜 돌도 씹어 먹을 수 있다고 말하는 것이다.

① 감각   ② 기관   ③ 배설   ④ 소화   ⑤ 순환

해설
보기에서 '삭이다'는 '먹은 음식물을 소화시키다.'라는 뜻으로 사용되었습니다. 따라서 '소화'와 뜻이 비슷합니다.

06 다음 ㉠과 ㉡에 들어갈 알맞은 낱말을 바르게 짝 지은 것은 무엇인가요? (①)

생명을 유지하는 데 필요한 산소와 영양소는 피를 통해 몸 안 곳곳에 전달된다. 그런데 몸이 산소와 영양소를 이용하여 에너지를 만드는 과정에서 필요 없는 노폐물이 만들어진다. 핏속에 있는 이런 노폐물을 방광을 통해 몸 밖으로 내보내는 것을 ㉠ (이)라고 한다. 이와 달리 배출은 사람이 먹은 음식물이 ㉡ 되고 남은 찌꺼기를 항문을 통해 내보내는 것을 말한다. 따라서 생물학적으로 ㉠ 와/과 배출은 다르다.

① ㉠: 배설 - ㉡: 소화   ② ㉠: 배설 - ㉡: 순환   ③ ㉠: 소화 - ㉡: 순환
④ ㉠: 소화 - ㉡: 배설   ⑤ ㉠: 순환 - ㉡: 소화

해설
㉠에는 노폐물을 배설 기관인 방광을 통해 몸 밖으로 내보내는 것을 말하는 '배설'이 들어가야 합니다. 항문은 소화 기관이므로 ㉡에는 '소화'가 들어가는 것이 알맞습니다.

2단계 활용

07 다음 보기의 낱말 중 하나를 골라서 짧은 문장을 각각 만들어 쓰세요.

보기
감각   기관   순환

(1) 낱말
문장
예) 감각 / 예) 개는 다섯 가지 감각 중 후각이 가장 발달해 있다.

(2) 낱말
문장
예) 순환 / 예) 우리나라는 봄, 여름, 가을, 겨울의 네 계절이 순환하면서 변화한다.

103쪽

과학 주제 **02** 생태계는 어떻게 이루어져 있을까?

공부한 날짜 　월　일
정답 및 해설 25쪽

다음 글을 읽으며, 빈칸에 들어갈 낱말을 낱말밭에서 찾아 써 보세요.

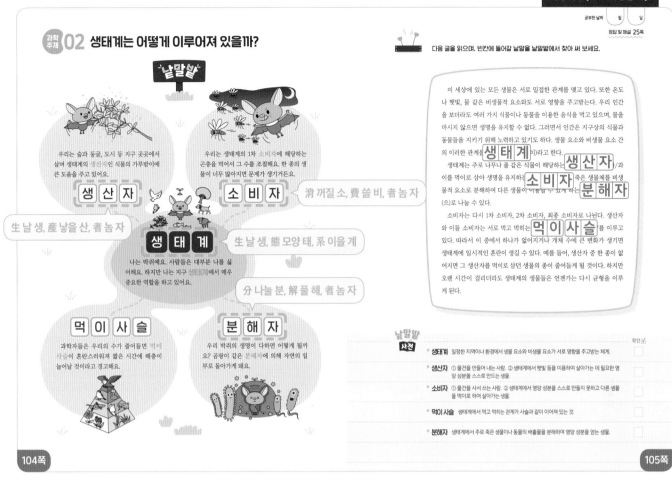

낱말밭

우리는 숲과 동굴, 도시 등 지구 곳곳에서 살며 생태계의 생산자인 식물의 가루받이에 큰 도움을 주고 있어요.

우리는 생태계의 1차 소비자에 해당하는 곤충을 먹어서 그 수를 조절해요. 한 종의 생물이 너무 많아지면 문제가 생기거든요.

생산자
生 날 생, 産 낳을 산, 者 놈 자

소비자
消 꺼질 소, 費 쓸 비, 者 놈 자

생태계
生 날 생, 態 모양 태, 系 이을 계

나는 박쥐예요. 사람들은 대부분 나를 싫어해요. 하지만 나는 지구 생태계에서 매우 중요한 역할을 하고 있어요.

分 나눌 분, 解 풀 해, 者 놈 자

먹이사슬
과학자들은 우리의 수가 줄어들면 먹이 사슬이 혼란스러워 짧은 시간에 해충이 늘어날 것이라고 경고해요.

분해자
우리 박쥐의 생명이 다하면 어떻게 될까요? 곰팡이 같은 분해자에 의해 자연의 일부로 돌아가게 돼요.

이 세상에 있는 모든 생물은 서로 밀접한 관계를 맺고 있다. 또한 온도나 햇빛, 물 같은 비생물적 요소와도 서로 영향을 주고받는다. 우리 인간을 보더라도 여러 가지 식물이나 동물을 이용한 음식을 먹고 있으며, 물을 마시지 않으면 생명을 유지할 수 없다. 그러면서 인간은 지구상의 식물과 동물들을 지키기 위해 노력하고 있기도 하다. 생물 요소와 비생물 요소 간의 이러한 관계를 **생태계**(이)라고 한다.

생태계는 주로 나무나 같은 식물이 해당하는 **생산자**(과)와 이를 먹이로 삼아 생명을 유지하는 **소비자**, 죽은 생물체나 비생물적 요소로 분해하여 다른 생물이 이용할 수 있게 하는 **분해자**(으)로 나눌 수 있다.

소비자는 다시 1차 소비자, 2차 소비자, 최종 소비자로 나뉜다. 생산자와 이들 소비자는 서로 먹고 먹히는 **먹이사슬**를 이루고 있다. 따라서 이 중에서 하나가 없어지거나 개체 수에 변화가 생기면 생태계에 일시적인 혼란이 생길 수 있다. 예를 들어, 생산자 중 한 종이 없어지면 그 생산자를 먹이로 삼던 생물의 종이 줄어들게 될 것이다. 하지만 오랜 시간이 걸리더라도 생태계의 생물들은 언젠가는 다시 균형을 이루게 된다.

낱말밭 사전

확인 ☑

* **생태계** 일정한 지역이나 환경에서 생물 요소와 비생물 요소가 서로 영향을 주고받는 체계.
* **생산자** ① 물건을 만들어 내는 사람. ② 생태계에서 햇빛 등을 이용하여 살아가는 데 필요한 영양 성분을 스스로 만드는 생물.
* **소비자** ① 물건을 사서 쓰는 사람. ② 생태계에서 영양 성분을 스스로 만들지 못하고 다른 생물을 먹이로 하여 살아가는 생물.
* **먹이 사슬** 생태계에서 먹고 먹히는 관계가 사슬과 같이 이어져 있는 것.
* **분해자** 생태계에서 주로 죽은 생물이나 동물의 배출물을 분해하여 영양 성분을 얻는 생물.

과학 주제 **02**
낱말밭 일일학습

1단계 확인과 적용

정답 및 해설 25쪽

01 다음 뜻을 가진 낱말을 보기에서 찾아 쓰세요.

보기
　　생산자　　분해자

(1) 생태계에서 주로 죽은 생물이나 동물의 배출물을 분해하여 영양 성분을 얻는 생물. **(분해자)**

(2) 생태계에서 햇빛 등을 이용하여 살아가는 데 필요한 영양 성분을 스스로 만드는 생물. **(생산자)**

02 다음 문장에 어울리는 낱말을 찾아 ○표 하세요.

(1) 풀이나 나무와 같은 식물은 생태계에서 (⃝생산자 , 소비자 , 분해자)의 역할을 한다.

(2) 메뚜기나 참새와 같은 동물은 생태계에서 (생산자 , ⃝소비자 , 분해자)의 역할을 한다.

(3) 세균이나 곰팡이와 같은 미생물은 생태계에서 (생산자 , 소비자 , ⃝분해자)의 역할을 한다.

03 다음 빈칸에 들어갈 알맞은 낱말을 찾아 선으로 이으세요.

(1) 외래 생물이 우리나라에 들어오면서 토종 [　　] 이/가 위협받는 경우도 있다. ── ㉠ 생태계

(2) 인간이 버린 오염 물질이 [　　] 에 따라 최상위 포식자인 인간에게 되돌아온다. ── ㉡ 먹이 사슬

04 다음 밑줄 친 부분과 비슷한 뜻을 가진 낱말을 보기에서 찾아 쓰세요.

보기
　생산자　　소비자　　분해자　　먹이 사슬

태양은 지구의 다양한 생물들이 서로 영향을 주고받는 먹이 관계에서 에너지를 만들어 내는 근원이다. 초식 동물의 먹이가 되는 녹색식물은 광합성을 통해 산소를 생산하는데, 이 과정에서 자신의 영양분을 태양의 빛 에너지를 이용하여 만들어 내기 때문이다.

(먹이 사슬)

해설
생태계에서 먹고 먹히는 관계가 사슬과 같이 이어져 있는 것을 '먹이 사슬'이라고 합니다. 따라서 밑줄 친 부분과 뜻이 비슷합니다.

해설
글의 흐름을 볼 때, ㉠에는 '생태계'가, ㉡에는 생태계의 단계에서 호랑이나 표범을 가리키는 내용이 들어가야 하므로 '소비자'가 들어가야 합니다.

해설
'물건을 만들어 내지 못하는'에서 ㉠에는 '생산자', '㉠이 물건을 만들지 않으면' 삶이 매우 불편해진다는 내용에서 ㉡에는 '소비자'가 들어가야 함을 알 수 있습니다.

05 다음 ㉠과 ㉡에 들어갈 알맞은 낱말을 바르게 짝지은 것은 무엇인가요? (**③**)

최근 농촌에서는 멧돼지나 고라니의 수가 너무 많아서 문제가 되고 있다. 하지만 사실 이런 현상은 인간이 만들어 낸 것이다. 인간의 무분별한 개발과 사냥으로 [㉠] 의 먹이 사슬에서 인간을 제외한 가장 높은 곳에 있는 [㉡] 인 호랑이나 표범 같은 육식 동물이 거의 사라졌다. 이로 인해 잡식 동물인 멧돼지나 초식 동물인 고라니가 늘어난 것이기 때문이다.

① ㉠: 생태계 – ㉡: 분해자　② ㉠: 생태계 – ㉡: 생산자　③ ㉠: 생태계 – ㉡: 소비자
④ ㉠: 생산자 – ㉡: 생태계　⑤ ㉠: 분해자 – ㉡: 생태계

06 다음 ㉠와 ㉡에 들어갈 알맞은 낱말을 보기에서 찾아 쓰세요.

보기
　생산자　　소비자　　분해자

인간 사회나 생태계 모두 [㉠] 와 [㉡] 는 서로 밀접한 관계를 맺고 있다. 둘은 별개가 아니라 서로가 서로에게 필요로 하기 때문이다. 인간 사회를 예로 들면, [㉡] 가 바라는 물건을 만들어 내지 못하면 [㉠] 는 땅할 수밖에 없고, [㉠] 가 물건을 만들지 않으면 [㉡] 의 삶이 매우 불편해진다. 이런 점은 생태계에서도 마찬가지다.

(1) ㉠: (생산자)　(2) ㉡: (소비자)

2단계 활용

07 다음 보기의 내용을 참고하여, 조건에 맞는 문장을 만들어 쓰세요.

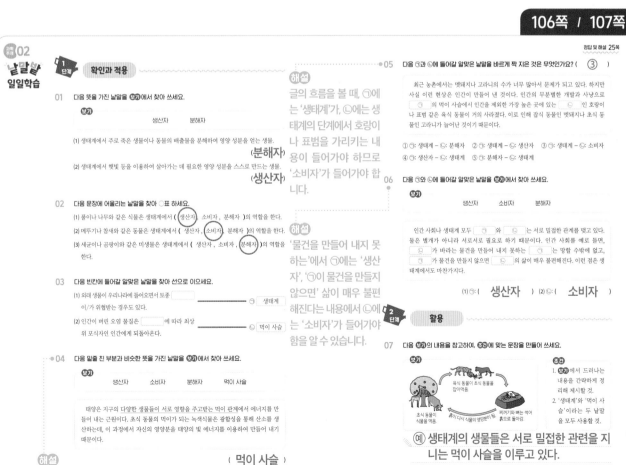

보기
육식 동물이 초식 동물을 잡아먹음.
초식 동물이 식물을 먹음.
흙이 다시 식물의 영양분이 됨.
찌꺼기와 뼈는 썩어 흙으로 돌아감.

조건
1. 보기에서 드러나는 내용을 간략하게 정리해 제시할 것.
2. '생태계'와 '먹이 사슬'이라는 두 낱말을 모두 사용할 것.

예) 생태계의 생물들은 서로 밀접한 관련을 지니는 먹이 사슬을 이루고 있다.

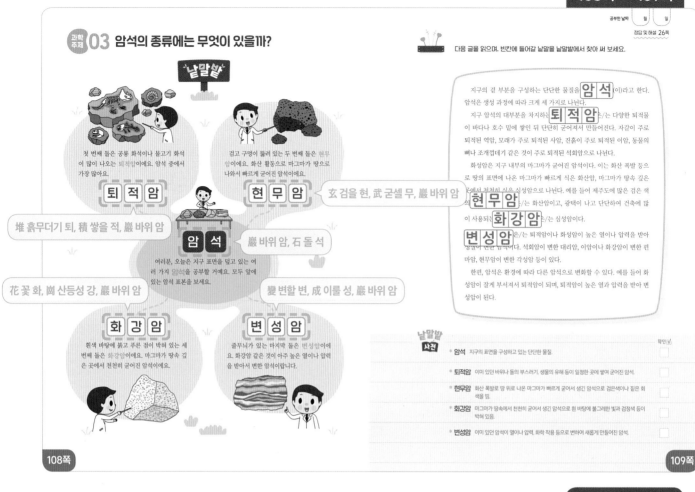

공부한 날짜   월   일

정답 및 해설 27쪽

과학주제 04 기상 상태는 어떻게 나타낼까?

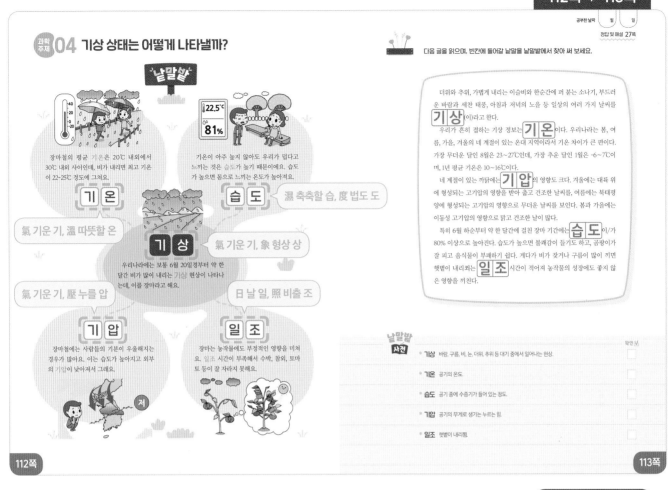

날말살

장마철의 평균 기온은 20℃ 내외에서 30℃ 내외 사이인데, 비가 내리면 최고 기온이 22~25℃ 정도에 그쳐요.

기 온
氣 기운 기, 溫 따뜻할 온

기온이 아주 높지 않아도 우리가 덥다고 느끼는 것은 습도가 높기 때문이에요. 습도가 높으면 몸으로 느끼는 온도가 높아져요.

습 도 濕 축축할 습, 度 법도 도
氣 기운 기, 象 형상 상

기 상

우리나라에는 보통 6월 20일경부터 약 한 달간 비가 많이 내리는 기상 현상이 나타나는데, 이를 장마라고 해요.

기 압
氣 기운 기, 壓 누를 압

장마철에는 사람들의 기분이 우울해지는 경우가 많아요. 이는 습도가 높아지고 외부의 기압이 낮아져서 그래요.

일 조
日 날 일, 照 비출 조

장마는 농작물에도 부정적인 영향을 미쳐요. 일조 시간이 부족해서 수박, 참외, 토마토 등이 잘 자라지 못해요.

다음 글을 읽으며, 빈칸에 들어갈 낱말을 낱말밭에서 찾아 써 보세요.

더위와 추위, 가볍게 내리는 이슬비와 한순간에 퍼 붇는 소나기, 부드러운 바람과 세찬 태풍, 아침과 저녁의 노을 등 일상의 여러 가지 날씨를 **기상** (이)라고 한다.

우리가 흔히 접하는 기상 정보는 **기온** 이다. 우리나라는 봄, 여름, 가을, 겨울의 네 계절이 있는 온대 지역이라서 기온 차이가 큰 편이다. 가장 무더운 달인 8월은 23~27℃인데, 가장 추운 달인 1월은 -6~7℃이며, 1년 평균 기온은 10~16℃이다.

네 계절이 있는 까닭에는 **기압** 이 영향도 크다. 겨울에는 대륙 위에 형성되는 고기압의 영향을 받아 춥고 건조한 날씨를, 여름에는 북태평양에 형성되는 고기압의 영향으로 무더운 날씨를 보인다. 봄과 가을에는 이동성 고기압의 영향으로 맑고 건조한 날이 많다.

특히 6월 하순부터 약 한 달간에 걸친 장마 기간에는 **습도** 이/가 80% 이상으로 높아진다. 습도가 높으면 불쾌감이 들기도 하고, 곰팡이가 잘 피고 음식물이 부패하기 쉽다. 게다가 비가 잦거나 구름이 많이 끼면 햇볕이 내리쬐는 **일조** 시간이 적어져 농작물의 성장에도 좋지 않은 영향을 끼친다.

날말밭 사전

	확인 ☑
* **기상** 바람, 구름, 비, 눈, 더위, 추위 등 대기 중에서 일어나는 현상.	☐
* **기온** 공기의 온도.	☐
* **습도** 공기 중에 수증기가 들어 있는 정도.	☐
* **기압** 공기의 무게로 생기는 누르는 힘.	☐
* **일조** 햇볕이 내리쬠.	☐

과학주제 04
날말살 일일학습

정답 및 해설 27쪽

1단계 확인과 적용

01 다음 문장의 빈칸에 들어갈 알맞은 낱말을 찾아 선으로 이으세요.

(1) [   ] 이/가 높은 날에는 빨래가 잘 마르지 않는다. ㅡ ⑦ 기압

(2) 사막 지역은 낮의 평균 [   ] 이/가 40도를 넘는다. ㅡ ㉡ 기온

(3) 높은 산에 오르면 [   ] 이/가 낮아져 귀가 멍멍해진다. ㅡ ㉢ 습도

(4) 지구 온난화로 인한 결과로, 지구의 기온이 높아지면서 [   ] 이/가 혼란스러워지고 있다. ㅡ ㉣ 기상

02 다음 밑줄 친 낱말이 보기의 뜻으로 사용된 것을 찾아 ○표 하세요.

해설
②의 '기상'은 '잠자리에서 일어남.'이라는 뜻으로 사용되었습니다.

(1) **보기**
기상 바람, 구름, 비, 눈, 더위, 추위 등 대기 중에서 일어나는 현상.

① 지구촌 곳곳에 기상 이변으로 인한 피해가 일어나고 있다. (○)
② 나는 보통 기상을 해서 등교까지 한 시간 정도 걸린다. ( )

해설
②의 '일조'는 '얼마간의 도움이 됨. 또는 그 도움.'이라는 뜻으로 사용되었습니다.

(2) **보기**
일조 햇볕이 내리쬠.

① 겨울에는 여름에 비해 일조 시간이 적다. (○)
② 정보 통신 기술은 국가 경쟁력에 일조를 한다. ( )

03 다음 밑줄 친 낱말과 뜻이 비슷한 낱말로 알맞은 것은 무엇인가요? (①)

매년 봄이면 황사가 밀려오면서 미세 먼지가 심해져 사람들의 건강을 위협한다. 그래서 일기 예보를 할 때 예상되는 미세 먼지의 농도를 '좋음', '보통', '나쁨', '매우 나쁨'의 네 단계로 구분하여 알려 준다. '나쁨'이나 '매우 나쁨'일 때는 꼭 마스크를 쓰고 외출해야 한다.

① 기상   ② 기온   ③ 습도   ④ 기압   ⑤ 일조

해설
'일조'는 '햇볕이 내리쬠.'이라는 뜻입니다. 따라서 밑줄 친 부분과 뜻이 비슷한 낱말로 볼 수 있습니다.

04 다음 밑줄 친 부분과 뜻이 비슷한 낱말로 알맞은 것은 무엇인가요? (⑤)

지난달에 비가 자주 내리면서 비닐하우스에서 수박과 토마토를 재배하는 농가의 시름이 깊어지고 있다. 한창 햇볕이 내리쬐어야 할 봄철에 비가 잦으면서 작물의 성장이 눈에 띄게 더뎌졌기 때문이다. 또한 연일 흐린 날씨로 벌들이 활동을 멈추면서 수정마저 제대로 이루어지지 않아 농부들을 더욱 힘들게 만들고 있다.

① 기상   ② 기온   ③ 습도   ④ 기압   ⑤ 일조

05 다음 ⊙과 ⓒ에 들어갈 알맞은 낱말을 보기에서 찾아 쓰세요.

보기
기온   습도

⊙ 이/가 높은 여름철에는 비가 자주 내려 ⓒ 도 높아지는 때가 많다. 이런 고온, 다습한 환경이 되면 사람들이 불쾌감을 느끼는 정도가 높아진다. 이와 함께 곰팡이나 세균이 번식하기 좋아서 음식물이 쉽게 부패한다. 그러므로 제습기를 사용할 경우 집안의 ⓒ 을/를 낮추는 것이 좋다. 또한 집안 곳곳에 숯을 놓아두는 것도 도움이 된다.

(1) ⊙: (기온)   (2) ⓒ: (습도)

해설
'비가 자주 내려'와 '제습기를 사용해'라는 구절을 고려할 때 ⓒ에는 '습도'가 들어가야 함을 알 수 있습니다. 그리고 '고온다습한 환경이 되면'에서 ⊙에는 '기온'이 들어가야 함을 알 수 있습니다.

2단계 활용

06 다음 보기의 내용을 참고하여, 조건에 맞는 문장을 만들어 쓰세요.

보기
집의 앞면이 남쪽을 향하도록 지은 집을 남향집이라고 한다. 남향집은 동쪽에서 해가 떠서 서쪽으로 해가 질 때까지 햇볕을 오랫동안 받을 수 있다.

조건
1. '일조'와 '햇볕'이라는 두 낱말을 모두 사용할 것.
2. 보기에서 알 수 있는 남향집의 장점을 제시할 것.

예 남향집은 일조 시간이 길어 집 안에서 햇볕을 많이 받을 수 있다.

공부한 날짜   월   일

01~04 `낱말쌀` 주간학습

01 다음 빈칸에 들어갈 알맞은 낱말을 찾아 선으로 이으세요.

(1) 과일이 잘 익으려면 충분한 ☐☐ 시간이 필요하다.

(2) 지렁이는 땅을 기름지게 만드는 ☐☐의 역할을 한다.

(3) 장마철에는 ☐☐가 높아서 빨래가 잘 마르지 않는다.

(4) 불편한 자리에서 먹은 음식은 대개 ☐☐가 잘 안된다.

㉠ 소화
㉡ 습도
㉢ 일조
㉣ 분해자

02 다음 문장에 어울리는 낱말을 찾아 ○표 하세요.

(1) 높은 산에 올라가면 (기압 · 습도)이/가 낮아져서 물이 잘 끓지 않는다.

(2) 추운 곳에서 오래 있었더니 온몸이 얼어서 (감각 · 기상)을 잘 느끼지 못하겠다.

03 다음 밑줄 친 낱말이 보기의 뜻으로 사용된 것을 찾아 ○표 하세요.

보기 | 기관 생물의 몸에서 일정한 모양과 기능을 가지고 있는 부분.

① 우리 몸에는 일반적으로 다섯 가지의 감각 기관이 존재한다. (○)

② 옛날에는 비행기가 기관 고장을 자주 일으켜 추락하는 일이 많았다. ( )

04 다음 빈칸에 공통으로 들어갈 낱말로 알맞은 것은 무엇인가요? (③)

비행기가 이륙할 때 귀가 먹먹해지는 현상이나 날씨가 흐릴 때 나이 드신 분들의 무릎이 쑤시는 것은 모두 ☐☐이/가 변했기 때문이다. 또한 봄바람이나 태풍이 부는 것도 때문이다. ☐☐은/는 공기의 무게로 생기는 누르는 힘을 뜻한다.

① 기관 ② 기상 ③ 기압 ④ 기온 ⑤ 습도

116쪽

해설 '순환'은 '일정한 사이를 두고 자꾸 되풀이하여 돎.'이라는 뜻이므로 섬 전체를 한 바퀴 도는 도로를 나타내기에 알맞습니다.

해설 '심성암과 화산암을 묶어서 화성암이라 한다.'라는 내용에서, 심성암과 화산암은 화성암의 종류임을 알 수 있습니다. 그리고 화성암은 암석의 한 종류이므로, '심성암, 화산암, 화성암'을 모두 포함하는 낱말은 '암석'입니다.

정답 및 해설 28쪽

05 다음 빈칸에 들어갈 낱말로 알맞은 것은 무엇인가요? (④)

이 섬은 자연의 아름다움을 느끼러 여행하기에 좋다. 작년에는 해안을 따라 섬 전체를 한 바퀴 도는 ☐☐ 도로가 개통되었다. 자동차보다는 자전거를 타고 도로를 도는 것이 섬의 아름다움을 감상하기에 더 적절하다.

① 기관 ② 기상 ③ 배설 ④ 순환 ⑤ 일조

06 다음 밑줄 친 부분을 모두 포함하는 낱말을 이 글에서 찾아 두 글자로 쓰세요.

지구 땅속 깊은 곳에서 암석이 지구 내부의 열 때문에 녹아서 액체처럼 된 물질을 마그마라고 한다. 마그마가 땅속에서 식어 단단하게 굳으면 심성암, 화산 폭발로 마그마가 지표로 나와 굳으면 화산암이 된다. 심성암이 화산암보다 마그마가 식는 속도가 느리고, 알갱이는 더 크다. 그리고 심성암과 화산암을 묶어 화성암이라 한다.

(**암석**)

07 다음 밑줄 친 부분과 뜻이 비슷한 낱말로 알맞은 것은 무엇인가요? (②)

음식물은 식도, 위, 작은창자, 큰창자 등을 거치면서 매우 잘게 쪼개진 후 몸에 흡수된다. 이 과정에서 찌꺼기가 생기는데, 이것이 항문을 통해 몸 밖으로 내보내진 것이 대변이다. 그리고 몸 안에서 영양소가 분해될 때 물, 이산화 탄소, 암모니아 등이 생긴다. 이러한 노폐물은 신장과 방광을 거쳐 몸 밖으로 내보내지며, 이것이 소변이다.

① 기상 ② 배설 ③ 소화 ④ 순환 ⑤ 암석

08 다음 ㉠과 ㉡에 들어갈 알맞은 낱말을 보기에서 찾아 쓰세요.

보기 | 기압   기온   일조   먹이 사슬

지구의 온실가스는 비닐하우스의 비닐과 비슷한 역할을 한다. ㉠ 을/를 통해 비닐하우스로 들어온 열의 일부를 밖으로 빠져나가지 않도록 붙잡아 둠으로써 비닐하우스 안의 ㉡ 을/를 적절하게 유지하는 것이다. 그러나 비닐이 너무 두꺼우면 내부의 열이 제대로 빠져나가지 못해 비닐하우스 안의 ㉡ 이/가 점점 높아질 수 있다. 지구에서 발생하는 이러한 현상이 바로 지구 온난화이다.

(1) ㉠: (**일조**) (2) ㉡: (**기온**)

117쪽

[09~11] 다음 글을 읽고, 물음에 답하세요.

지구 온난화의 원인과 그로 인한 문제

온실가스가 처음부터 자연에 해를 끼친 것은 아니다. 오히려 태양에서 지구로 오는 열을 가두는 역할을 하여 지구를 생물들이 살기에 적합한 환경으로 만들어 주었다. 만약 자연적인 온실 효과가 없었다면, 지구 표면에서 복사된 열의 대부분이 지구 바깥으로 빠져나가게 되어 지구의 온도가 지금보다 훨씬 낮아졌을 것이고, 현재와 같은 ㉮ 이/가 형성되지 않았을 것이다.

그러나 화석 연료의 사용이 빠르게 늘어나면서 대기 중에 온실가스가 너무 많이 쌓여 지구 온난화 현상이 발생하고 있다. 지구의 ㉠기온 상승은 우리가 ㉡감각으로도 느낄 수 있을 정도로 두드러지며 그 진행 속도가 매우 빨라 지구상의 생물들이 적응하기 어렵다. 이런 현상이 계속되면 여러 가지 문제가 발생할 수 있다.

먼저, 남극과 북극의 빙하가 녹으면서 바닷물 수위가 높아진다. 이에 따라 최소 4억 명 이상의 사람들이 살고 있는 지역이 물에 잠길 수 있다. 실제로 바닷물에 잠겨 사라질 위기에 처한 섬나라도 있다. 또 예측하기 어려운 ㉢기상 변화로 강한 태풍이나 장마, 가뭄, 홍수 등을 발생시킨다. 이러한 기상 변화는 생태계의 먹이 사슬에서 가장 밑에 있는 ㉯ 역할을 하는 식물이나 플랑크톤이 제대로 성장하기 어렵게 만들기도 한다. 이에 따라 생태계의 질서가 깨져 많은 동식물의 생존이 위협받을 수 있다.

09 ㉠~㉢의 뜻이 바르게 쓰인 것을 두 가지 찾아 ○표 하세요.

(1) ㉠: 공기의 온도. (○)

(2) ㉡: 눈, 코, 귀, 혀, 살갗을 통하여 바깥의 어떤 자극을 알아차림. (○)

(3) ㉢: 일정한 지역이나 환경에서 생물 요소와 비생물 요소가 서로 영향을 주고받는 체계. ( )

10 ㉮와 ㉯에 들어갈 알맞은 낱말을 바르게 짝 지은 것은 무엇인가요? (⑤)

① ㉮: 암석 – ㉯: 분해자
② ㉮: 화석 – ㉯: 소비자
③ ㉮: 순환 – ㉯: 생산자
④ ㉮: 순환 – ㉯: 분해자
⑤ ㉮: 생태계 – ㉯: 생산자

11 다음 대화의 빈칸에 들어갈 알맞은 낱말을 윗글에서 찾아 두 글자로 쓰세요.

선생님: 이 글에 이어서 글을 쓰려면 어떤 내용이 좋을까요?
학생: 이 글은 지구의 ☐☐이/가 높아지면서 생길 문제를 제시하고 있습니다. 따라서 지구 온난화를 막을 방법에 대한 내용이 좋을 것 같습니다.

(**기온**)

118쪽

디지털 속 한 문장

정답 및 해설 28쪽

다음을 보고, 기상이라는 낱말을 넣어 ㉠에 들어갈 대화 글을 써 보세요.

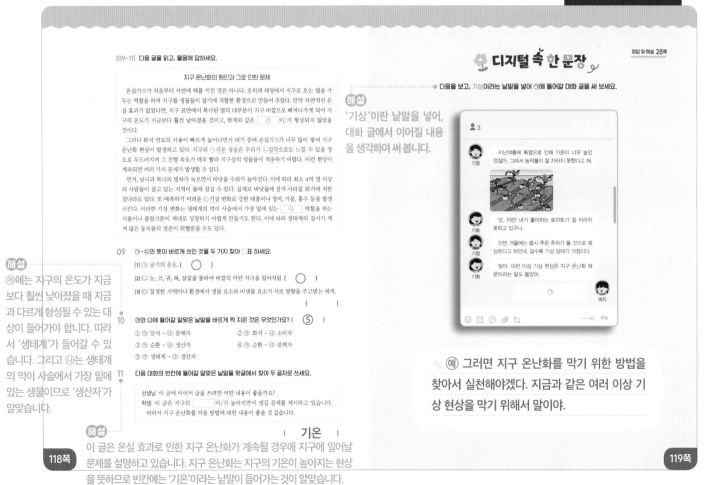

기정: 지난여름에 폭염으로 인해 기온이 너무 높았잖아. 그래서 농작물이 잘 자라지 못했다고 해.

기화: 앗, 저런! 내가 좋아하는 토마토가 잘 자라지 못하고 있구나.

기정: 이번 겨울에는 몹시 추운 추위가 올 것으로 예상된다고 하던데, 갈수록 기상 상태가 걱정이다.

기화: 맞아. 이런 이상 기상 현상은 지구 온난화 때문이라는 말도 들었어.

㉠

예 그러면 지구 온난화를 막기 위한 방법을 찾아서 실천해야겠다. 지금과 같은 여러 이상 기상 현상을 막기 위해서 말이야.

119쪽

28 달곰한 문해력 초등 어휘 5단계

공부한 날짜 월 일
정답 및 해설 29쪽

과학주제 05 열은 어떻게 이동할까?

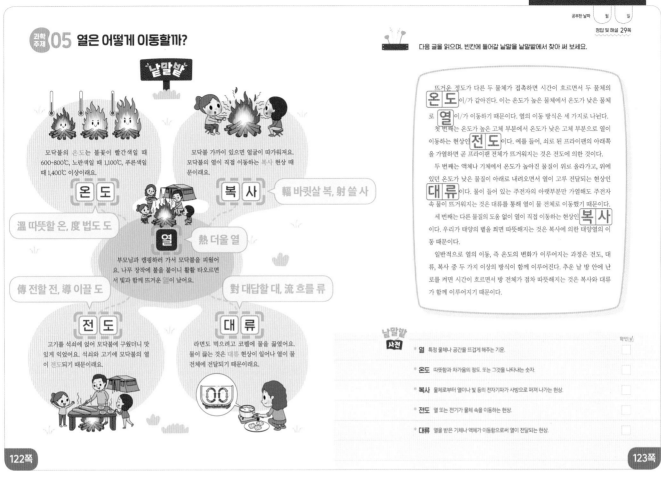

날말밭

모닥불의 온도는 불꽃이 빨간색일 때 600~800℃, 노란색일 때 1,100℃, 푸른색일 때 1,400℃ 이상이에요.

모닥불 가까이 있으면 얼굴이 따가워져요. 모닥불의 열이 직접 이동하는 복사 현상 때문이래요.

온도 溫 따뜻할 온, 度 법도 도

복사 輻 바큇살 복, 射 쏠 사

열 熱 더울 열

부모님과 캠핑하러 가서 모닥불을 피웠어요. 나무 장작에 불을 붙이니 활활 타오르면서 빛과 함께 뜨거운 열이 났어요.

전도 傳 전할 전, 導 이끌 도

대류 對 대답할 대, 流 흐를 류

고기를 석쇠에 얹어 모닥불에 구웠더니 맛있게 익었어요. 석쇠와 고기에 모닥불의 열이 전도되기 때문이래요.

라면도 먹으려고 코펠에 물을 끓였어요. 물이 끓는 것은 대류 현상이 일어나 열이 물 전체에 전달되기 때문이래요.

다음 글을 읽으며, 빈칸에 들어갈 낱말을 낱말밭에서 찾아 써 보세요.

뜨거운 정도가 다른 두 물체가 접촉하면 시간이 흐르면서 두 물체의 [온도]이/가 같아진다. 이는 온도가 높은 물체에서 온도가 낮은 물체로 [열]이/가 이동하기 때문이다. 열의 이동 방식은 세 가지로 나뉜다.

첫 번째는 온도가 높은 고체 부분에서 온도가 낮은 고체 부분으로 열이 이동하는 현상인 [전도]이다. 예를 들어, 쇠로 된 프라이팬의 아래쪽을 가열하면 곧 프라이팬 전체가 뜨거워지는 것은 전도에 의한 것이다.

두 번째는 액체나 기체에서 온도가 높아진 물질이 위로 올라가고, 위에 있던 온도가 낮은 물질이 아래로 내려오면서 열이 고루 전달되는 현상인 [대류]이다. 물이 들어 있는 주전자의 아랫부분만 가열해도 주전자 속 물이 뜨거워지는 것은 대류를 통해 열이 물 전체로 이동되기 때문이다.

세 번째는 다른 물질의 도움 없이 열이 직접 이동하는 현상인 [복사]이다. 우리가 태양의 볕을 쬐면 따뜻해지는 것은 복사에 의한 태양열의 이동 때문이다.

일반적으로 열의 이동, 즉 온도의 변화가 이루어지는 과정은 전도, 대류, 복사 중 두 가지 이상의 방식이 함께 이루어진다. 추운 날 방 안에 난로를 켜면 시간이 흐르면서 방 전체가 점차 따뜻해지는 것은 복사와 대류가 함께 이루어지기 때문이다.

낱말밭 사전

확인 ☑

* **열** 특정 물체나 공간을 뜨겁게 해주는 기운. ☐
* **온도** 따뜻함과 차가움의 정도. 또는 그것을 나타내는 숫자. ☐
* **복사** 물체로부터 열이나 빛 등의 전자기파가 사방으로 퍼져 나가는 현상. ☐
* **전도** 열 또는 전기가 물체 속을 이동하는 현상. ☐
* **대류** 열을 받은 기체나 액체가 이동함으로써 열이 전달되는 현상. ☐

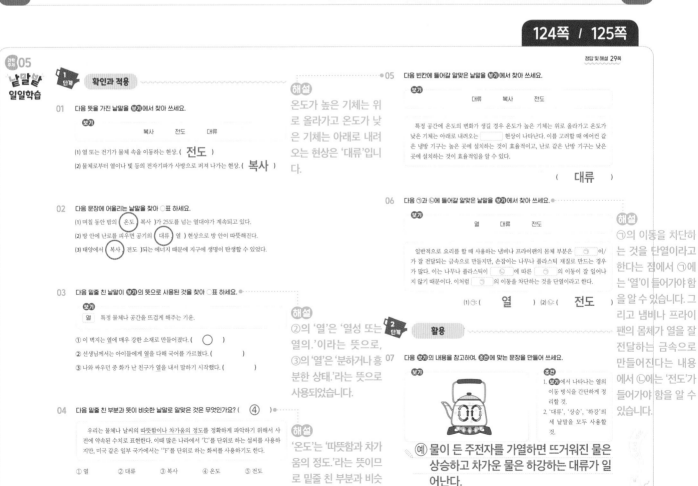

과학주제 05
날말밭 일일학습

1단계 확인과 적용

정답 및 해설 29쪽

01 다음 뜻을 가진 낱말을 <보기>에서 찾아 쓰세요.

보기
복사   전도   대류

(1) 열 또는 전기가 물체 속을 이동하는 현상. (**전도**)
(2) 물체로부터 열이나 빛 등의 전자기파가 사방으로 퍼져 나가는 현상. (**복사**)

02 다음 문장에 어울리는 낱말을 찾아 ○표 하세요.

(1) 며칠 동안 밤의 (**온도**, 복사)가 25도를 넘는 열대야가 계속되고 있다.
(2) 방 안에 난로를 피우면 공기의 (**대류**, 열) 현상으로 방 안이 따뜻해진다.
(3) 태양에서 (**복사**, 전도)되는 에너지 때문에 지구에 생명이 탄생할 수 있었다.

03 다음 밑줄 친 낱말이 <보기>의 뜻으로 사용된 것을 찾아 ○표 하세요.

보기
열 특정 물체나 공간을 뜨겁게 해주는 기운.

① 이 벽지는 열에 매우 강한 소재로 만들어졌다. (○)
② 선생님께서는 아이들에게 열을 다해 국어를 가르쳤다. ( )
③ 나와 싸우던 중 화가 난 친구가 열을 내서 말하기 시작했다. ( )

04 다음 밑줄 친 부분과 뜻이 비슷한 낱말로 알맞은 것은 무엇인가요? (**④**)

우리는 물체나 날씨의 따뜻함이나 차가움의 정도를 정확하게 파악하기 위해서 사전에 약속된 수치로 표현한다. 이때 많은 나라에서 '℃'를 단위로 하는 섭씨를 사용하지만, 미국 같은 일부 국가에서는 '℉'를 단위로 하는 화씨를 사용하기도 한다.

① 열   ② 대류   ③ 복사   ④ 온도   ⑤ 전도

해설

온도가 높은 기체는 위로 올라가고 온도가 낮은 기체는 아래로 내려오는 현상은 '대류'입니다.

해설

②의 '열'은 '열성 또는 열의.'이라는 뜻으로, ③의 '열'은 '분하거나 흥분한 상태.'라는 뜻으로 사용되었습니다.

해설

'온도'는 '따뜻함과 차가움의 정도.'라는 뜻이므로 밑줄 친 부분과 비슷한 뜻입니다.

05 다음 빈칸에 들어갈 알맞은 낱말을 <보기>에서 찾아 쓰세요.

보기
대류   복사   전도

특정 공간에 온도의 변화가 생길 경우 온도가 높은 기체는 위로 올라가고 온도가 낮은 기체는 아래로 내려오는 [ ] 현상이 나타난다. 이를 고려할 때 에어컨 같은 냉방 기구는 높은 곳에 설치하는 것이 효율적이고, 난로 같은 난방 기구는 낮은 곳에 설치하는 것이 효율적임을 알 수 있다.

(**대류**)

06 다음 ㉠과 ㉡에 들어갈 알맞은 낱말을 <보기>에서 찾아 쓰세요.

보기
열   대류   전도

일반적으로 요리를 할 때 사용하는 냄비나 프라이팬의 몸체 부분은 [㉠]이/가 잘 전달되는 금속으로 만들지만, 손잡이는 나무나 플라스틱 재질로 만드는 경우가 많다. 이는 나무나 플라스틱이 [㉡]에 따른 [㉠]의 이동이 잘 일어나지 않기 때문이다. 이처럼 [㉠]의 이동을 차단하는 것을 단열이라고 한다.

(1) ㉠: (**열**)   (2) ㉡: (**전도**)

2단계 활용

07 다음 <보기>의 내용을 참고하여, <조건>에 맞는 문장을 만들어 쓰세요.

보기
[주전자 그림]

조건
1. <보기>에서 나타나는 열의 이동 방식을 간단하게 정리할 것.
2. '대류', '상승', '하강'의 세 낱말을 모두 사용할 것.

(예) 물이 든 주전자를 가열하면 뜨거워진 물은 상승하고 차가운 물은 하강하는 대류가 일어난다.

해설

㉠의 이동을 차단하는 것을 단열이라고 한다는 점에서 ㉠에는 '열'이 들어가야 함을 알 수 있습니다. 그리고 냄비나 프라이팬의 몸체가 열을 잘 전달하는 금속으로 만들어진다는 내용에서 ㉡에는 '전도'가 들어가야 함을 알 수 있습니다.

과학 주제 06 전기에 대해 알아볼까?

낱말쌈

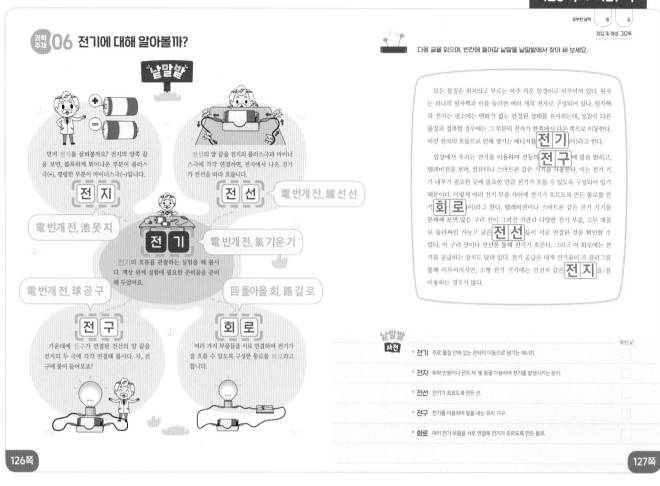

먼저 **전지**를 살펴볼까요? 전지의 양쪽 끝을 보면, 볼록하게 튀어나온 부분이 플러스극(+), 평평한 부분이 마이너스극(-)입니다.

전 지
電 번개 전, 池 못 지

전 기
전기의 흐름을 관찰하는 실험을 해 봅시다. 책상 위에 실험에 필요한 준비물을 준비해 두었어요.

電 번개 전, 氣 기운 기

전선의 양쪽 끝을 전지의 플러스극과 마이너스극에 각각 연결하면, 전지에서 나온 전기가 전선을 따라 흐릅니다.

전 선
電 번개 전, 線 선 선

전 구
電 번개 전, 球 공 구

가운데에 전구가 연결된 전선의 양 끝을 전지의 두 극에 각각 연결해 봅시다. 자, 전구에 불이 들어오죠?

회 로
回 돌아올 회, 路 길 로

여러 가지 부품들을 서로 연결하여 전기가 잘 흐를 수 있도록 구성한 통로를 회로라고 합니다.

128쪽

다음 글을 읽으며, 빈칸에 들어갈 낱말을 낱말밭에서 찾아 써 보세요.

모든 물질은 원자라고 부르는 아주 작은 알갱이로 이루어져 있다. 원자는 하나의 원자핵과 이를 둘러싼 여러 개의 전자로 구성되어 있다. 원자핵과 전자는 평소에는 변화가 없는 안정된 상태를 유지하는데, 성질이 다른 물질과 접촉할 경우에는 그 부분의 전자가 한쪽에서 다른 쪽으로 이동한다. 이런 전자의 흐름으로 인해 생기는 에너지를 **전기**(이)라고 한다.

일상에서 우리는 전기를 이용하여 전등의 **전구**에 불을 밝히고, 텔레비전을 보며, 컴퓨터나 스마트폰 같은 기기를 사용한다. 이는 전기 기기 내부가 필요한 곳에 필요한 만큼 전기가 흐를 수 있도록 구성되어 있기 때문이다. 이렇게 여러 전기 부품 사이에 전기가 흐르도록 만든 통로를 전기 **회로**(이)라고 한다. 텔레비전이나 스마트폰 같은 전기 기기를 분해해 보면 많은 구리 선이 그려진 기판과 다양한 전기 부품, 고무 재질로 둘러싸인 가늘고 굵은 **전선**들이 서로 연결된 것을 확인할 수 있다. 이 구리 선이나 전선을 통해 전기가 흐른다. 그리고 이 회로에는 전기를 공급하는 장치도 달려 있다. 전기 공급은 대개 전기꽂이 즉 플러그를 통해 이루어지지만, 소형 전기 기기에는 건전지 같은 **전지**을/를 이용하는 경우가 많다.

낱말밭 사전

확인 ✓

* **전기** 주로 물질 안에 있는 전자의 이동으로 생기는 에너지.
* **전지** 화학 반응이나 온도 차, 빛 등을 이용하여 전기를 발생시키는 장치.
* **전선** 전기가 흐르도록 만든 선.
* **전구** 전기를 이용하여 빛을 내는 유리 기구.
* **회로** 여러 전기 부품을 서로 연결해 전기가 흐르도록 만든 통로.

127쪽

과학 주제 06

낱말쌈 일일학습

1단계 확인과 적용

01 다음 뜻을 가진 낱말을 보기에서 찾아 기호를 쓰세요.

보기
전선 전구 회로

(1) 전기가 흐르도록 만든 선. (**전선**)
(2) 전기를 이용하여 빛을 내는 유리 기구. (**전구**)

02 다음 빈칸에 들어갈 낱말로 알맞은 것을 찾아 선으로 이으세요.

(1) 밝기를 조절할 수 있는 [ ]가 널리 사용되고 있다. · · ㉠ 전구
(2) [ ]를 갈아 끼우자, 시곗바늘이 움직이기 시작했다. · · ㉡ 전지

해설 ①의 '전기'는 '일정 기간을 몇 개로 나눈 첫 시기.'라는 뜻으로, ①과 ②에서 사용된 '전기'는 한자가 다릅니다.

03 다음 밑줄 친 낱말이 보기의 뜻으로 사용된 것을 찾아 ○표 하세요.

보기
전기 주로 물질 안에 있는 전자의 이동으로 생기는 에너지.

① 조선 후기에는 전기에 비하여 신분 질서가 많이 흔들렸다. ( )
② 마을에 큰불이 나서 전기 공급이 몇 시간이나 중단되었다. (○)

04 다음 밑줄 친 부분과 뜻이 비슷한 낱말을 보기에서 찾아 쓰세요.

보기
전구 전선 전지

전기 자동차는 가솔린이나 디젤 같은 화석 연료를 사용하는 엔진 대신, 배터리를 통해 전기 에너지를 동력으로 사용한다. 배터리에 충전된 전기 에너지만으로 자동차를 운행해야 하므로 배터리의 성능을 높이는 일이 매우 중요하다.

(**전지**)

해설

'전기꽂이를 뽑을 때에는 잡아 당기지 않도록 조심해야 한다.'에서 ㉠에는 '전선'이 들어가기에 알맞음을 알 수 있습니다. 이때 '전구'는 전기 기기에 포함되므로 ㉠에 들어가기에 알맞지 않습니다. 또한 맨살에 닿으면 감전이 될 수 있다는 내용에서 ㉡에는 '전기'가 들어가야 함을 알 수 있습니다.

해설

'배터리'는 '전기 에너지를 화학 에너지로 바꾸어 모아 두었다가 필요한 때에 전기로 재생하는 장치.'를 말합니다. 따라서 '전지'로 바꾸어 쓸 수 있습니다.

---

05 다음 ㉠과 ㉡에 들어갈 알맞은 낱말을 바르게 짝 지은 것은 무엇인가요? (③)

콘센트에서 전기꽂이를 뽑을 때는 ㉠ 을/를 잡아당기지 않도록 조심해야 한다. 또한 물 묻은 손으로 ㉡ 이/가 흐르고 있는 전기 기기를 ㉠ 을/를 만져서도 안 된다. ㉡ 은/는 가전제품을 작동시켜 우리의 생활을 편리하게 하지만, ㉡ 이/가 흐르는 물체에 맨살이 닿으면 감전이 되어 크게 다칠 수 있다.

① ㉠: 전구 - ㉡: 전지
② ㉠: 전선 - ㉡: 전구
③ ㉠: 전선 - ㉡: 전기
④ ㉠: 전지 - ㉡: 전구
⑤ ㉠: 전지 - ㉡: 전기

06 다음 ㉠과 ㉡에 들어갈 알맞은 낱말을 보기에서 찾아 쓰세요.

보기
전기 회로

각종 전자 제품에는 ㉠ 이/가 구성된 기판이 있다. 이 기판에는 여러 가지 전자 부품들이 결합되어 있으며, 전원선을 통해 외부의 ㉡ 이/가 공급되면 기판에 배열된 ㉠ 을/를 따라 ㉡ 이/가 흐르면서 제품이 작동한다.

(1) ㉠: (**회로**) (2) ㉡: (**전기**)

2단계 활용

07 다음 보기의 내용을 참고하여, 조건에 맞는 문장을 만들어 쓰세요.

보기
두 개 이상의 전지를 서로 다른 극끼리 연결하는 것을 직렬연결이라 하고, 서로 같은 극끼리 연결하는 것을 병렬연결이라 한다.

㉮ ㉯

조건
1. ㉮와 ㉯의 차이점을 제시할 것.
2. '전지'와 '회로'라는 두 낱말을 모두 넣어 쓸 것.
3. 한 문장으로 쓸 것.

예 ㉮는 두 개의 전지를 직렬로 연결한 회로이고, ㉯는 두 개의 전지를 병렬로 연결한 회로이다.

129쪽

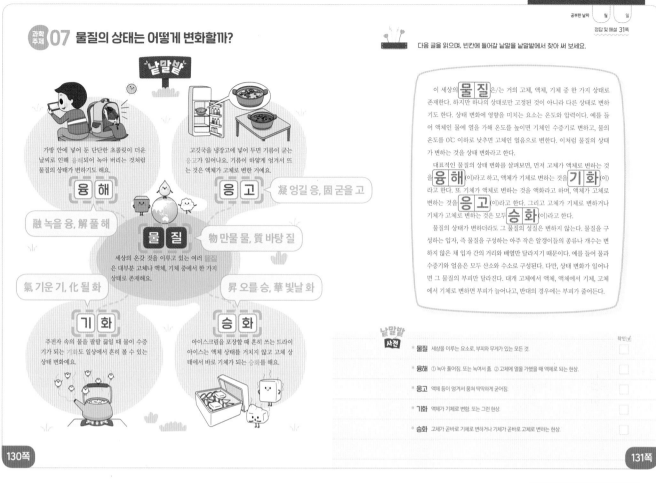

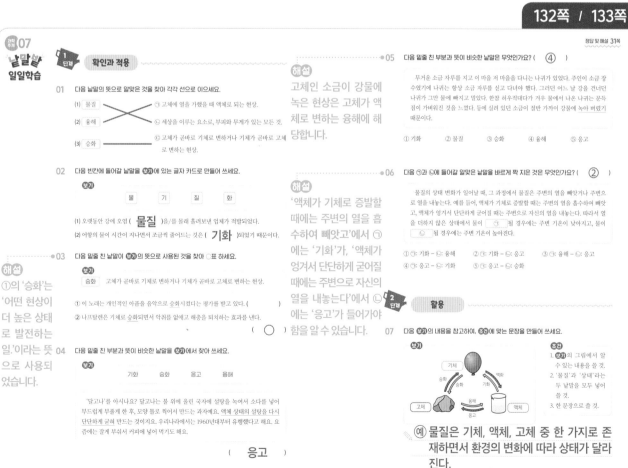

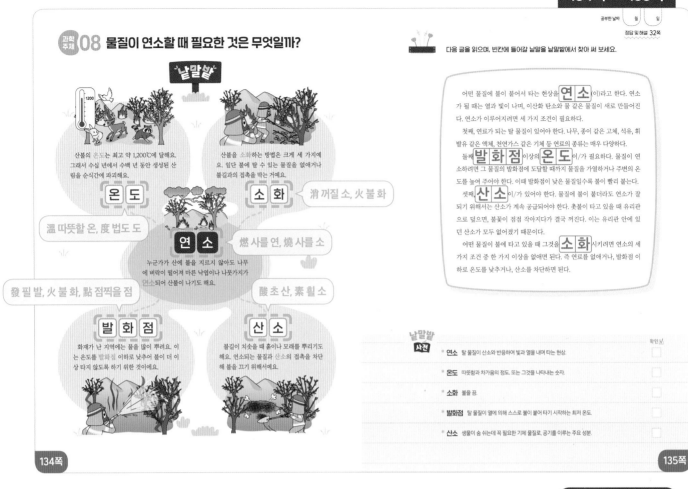

과학 주제 08 물질이 연소할 때 필요한 것은 무엇일까?

다음 글을 읽으며, 빈칸에 들어갈 낱말을 낱말밭에서 찾아 써 보세요.

어떤 물질에 불이 붙어서 타는 현상을 **연소**(이)라고 한다. 연소가 될 때는 열과 빛이 나며, 이산화 탄소와 물 같은 물질이 새로 만들어진다. 연소가 이루어지려면 세 가지 조건이 필요하다.

첫째, 연료가 되는 탈 물질이 있어야 한다. 나무, 종이 같은 고체, 석유, 휘발유 같은 액체, 천연가스 같은 기체 등 연료의 종류는 매우 다양하다.

둘째, **발화점** 이상의 **온도**이/가 필요하다. 물질이 연소하려면 그 물질의 발화점에 도달할 때까지 물질을 가열하거나 주변의 온도를 높여 주어야 한다. 이때 발화점이 낮은 물질일수록 불이 빨리 붙는다.

셋째, **산소**이/가 있어야 한다. 물질에 불이 붙더라도 연소가 잘 되기 위해서는 산소가 계속 공급되어야 한다. 촛불이 타고 있을 때 유리관으로 덮으면, 불꽃이 점점 작아지다가 결국 꺼진다. 이는 유리관 안에 있던 산소가 모두 없어졌기 때문이다.

어떤 물질이 불에 타고 있을 때 그것을 **소화**시키려면 연소의 세 가지 조건 중 한 가지 이상을 없애면 된다. 즉 연료를 없애거나, 발화점 이하로 온도를 낮추거나, 산소를 차단하면 된다.

낱말밭 사전
- **연소** 탈 물질이 산소와 반응하여 빛과 열을 내며 타는 현상.
- **온도** 따뜻함과 차가움의 정도 또는 그것을 나타내는 숫자.
- **소화** 불을 끔.
- **발화점** 탈 물질이 열에 의해 스스로 불이 붙어 타기 시작하는 최저 온도.
- **산소** 생물이 숨 쉬는데 꼭 필요한 기체 물질로, 공기를 이루는 주요 성분.

낱말밭 일일학습

1단계 확인과 적용

01 다음 문장에서 밑줄 친 낱말의 뜻으로 알맞은 것을 찾아 ○표 하세요.

너무 높지도 낮지도 않은 적당한 실내 온도는 공부할 때 집중력을 높여 준다.

① 따뜻함과 차가움의 정도, 또는 그것을 나타내는 숫자. (○)
② 탈 물질이 산소와 반응하여 빛과 열을 내며 타는 현상. ( )

02 다음 빈칸에 들어갈 알맞은 낱말을 보기에서 찾아 쓰세요.

보기: 발화점 온도 연소

(1) 작은 창고에서 시작된 불 때문에 시장의 상점 대부분이 (**연소**)되었다.
(2) 바닷물의 (**온도**)이/가 높아졌기 때문인지, 근처 바다에서 명태가 잘 잡히지 않는다.
(3) 종이의 (**발화점**)이/가 물의 끓는점보다 높기 때문에, 종이 냄비로 라면을 끓일 수 있다.

03 다음 밑줄 친 낱말이 보기의 뜻으로 사용된 것을 찾아 ○표 하세요.

보기: 산소 생물이 숨 쉬는데 꼭 필요한 기체 물질로, 공기를 이루는 주요 성분.

① 물고기는 물속에 녹아 있는 산소로 호흡한다. (○)
② 추석에는 조상의 산소를 찾아 성묘를 하는 사람이 많다. ( )

해설 ①의 '산소'는 '무덤'을 높여 이르는 말입니다. ①과 ②에서 사용된 '산소'는 소리는 같으나 뜻이 다른 낱말인 동형이의어입니다.

04 다음 밑줄 친 부분과 뜻이 비슷한 낱말을 이 글에서 찾아 쓰세요.

어떤 물질이든 불에 탈 때는 열과 빛을 내므로 불꽃의 주변은 밝아지고 온도가 높아진다. 그래서 캠핑장에서 모닥불을 피워 고기나 고구마 등을 구워 먹고, 장작이 연소하면서 나는 주황색과 빨간색이 섞인 불꽃을 구경할 수 있는 것이다.

(**연소**)

05 다음 글에서 밑줄 친 낱말과 뜻이 반대되는 낱말을 보기에서 찾아 쓰세요.

보기: 소화 발화점 산소

어제 오후 3시쯤 주택가에서 방화로 여겨지는 화재가 발생하였다. 다행히 근처를 지나던 마을 주민이 불이 난 것을 발견하고 소방서에 신고하였고, 소방관들이 15분 만에 진화하여 큰 피해를 막았다. 경찰은 인근 폐쇄 회로 TV(CCTV)를 통해 불을 지른 것으로 보이는 사람을 확인하여 찾고 있다.

(**소화**)

해설 '방화'는 문맥상 '일부러 불을 지름.'이라는 뜻이므로 '소화'와 뜻이 반대됩니다.

06 다음 ⊙과 ⓒ에 들어갈 알맞은 낱말을 바르게 짝 지은 것은 무엇인가요? (④)

진주: 봄에 소나무가 많은 곳에 산불이 자주 난대. 왜 그럴까?
진호: 아마 솔잎의 ⊙ 이/가 다른 나무의 낙엽보다 낮아서 그런 게 아닐까?
진주: 그렇다면 떨어져 쌓인 솔잎이 많은 곳에서는 불이 빠른 속도로 퍼질 테니 짧은 시간 안에 소방관들이 ⓒ 하기도 어려울 거야.
진호: 이 내용이 맞는지, 여러 나무와 낙엽의 ⊙ 을/를 조사해 봐야겠다.

① ⊙: 소화 – ⓒ: 연소 ② ⊙: 연소 – ⓒ: 소화 ③ ⊙: 연소 – ⓒ: 발화점
④ ⊙: 발화점 – ⓒ: 소화 ⑤ ⊙: 발화점 – ⓒ: 연소

해설 떨어져 쌓인 솔잎이 많은 곳에서는 불이 빠른 속도로 퍼질 것이라는 말에서 ⊙에는 발화점이 들어가야 함을 알 수 있습니다. 발화점이 낮을수록 불이 빨리 붙기 때문입니다. 그리고 '소방관들이'라는 주체를 고려할 때, ⓒ에는 불을 끈다는 뜻, 즉 '소화'가 들어가야 함을 알 수 있습니다.

2단계 활용

07 다음 보기에 주어진 두 낱말을 모두 넣어 하나의 문장을 만들어 쓰세요.

보기: 산소 호흡

예 매우 높은 곳에서는 산소의 양이 적어서 호흡이 가빠진다.

08 다음 보기에 주어진 세 낱말을 모두 넣어 하나의 문장을 만들어 쓰세요.

보기: 산소 연소 온도

예 산소가 충분히 공급되면 물질의 연소가 잘 되어 불꽃의 온도가 높아진다.

공부한 날짜   월   일

05~08 `날말샅` 주간학습

01 다음 빈칸에 들어갈 알맞은 낱말을 보기에서 찾아 쓰세요.

보기
대류   발화점   전선

(1) 수현이의 책상 위에는 여러 전자 기기의 (**전선**)들이 마구 엉켜 있었다.
(2) 난로를 피우면 열기의 (**대류**) 현상이 일어나 방 안 전체가 따뜻해진다.
(3) 일반적인 올리브유는 (**발화점**)이/가 낮아서 음식을 튀기는 용도로 사용하기에 적합하지 않다.

02 다음 밑줄 친 낱말이 바르게 사용된 것을 찾아 ○표 하세요.

(1) ① 오늘날의 지구는 대기 오염 때문에 전도가 점점 상승하고 있다. (   )
② 건물을 지을 때는 단열 작업을 잘해야 열의 전도를 막을 수 있다. (○)
(2) ① 철수는 오래된 필름 카메라의 전지를 새것으로 갈아 끼웠다. (○)
② 가로등의 밝은 전지 주위에는 날벌레가 수없이 날고 있었다. (   )

03 다음 밑줄 친 낱말이 보기의 뜻으로 사용된 것을 찾아 ○표 하세요.

보기   복사 물체로부터 열이나 빛 등의 전자기파가 사방으로 퍼져 나가는 현상.

① 누군가 회사 컴퓨터에서 중요한 문서 파일을 몰래 복사해 갔다. (   )
② 불을 지핀 난로에 가까이 있으면 복사되는 열 때문에 따뜻해진다. (○)

04 다음 빈칸에 공통으로 들어갈 낱말로 알맞은 것은 무엇인가요? (②)

연료, 발화점 이상의 온도, 산소는 물질의 ____이/가 일어나기 위해 꼭 필요한 조건이다. 이 중 어느 하나라도 충족되지 않으면 ____ 반응이 일어나지 않으며, 비록 ____ 반응이 일어나더라도 물질의 불은 곧 꺼지게 된다.

① 소화   ② 연소   ③ 대류   ④ 응고   ⑤ 온도

정답 및 해설 33쪽

05 다음 빈칸에 공통으로 들어갈 낱말로 알맞은 것은 무엇인가요? (④)

두부를 만들기 위해서는 먼저 물에 불린 콩을 갈아서 짜낸 콩 물을 끓인다. 이 콩 물에 간수를 조금씩 부으면서 주걱으로 천천히 저으면 콩 물 속의 단백질 성분이 점차 ____되기 시작한다. 이렇게 ____된 것을 면포를 깐 틀에 넣고 무거운 돌로 같은 것으로 눌러서 굳히면 두부가 된다.

① 대류   ② 액화   ③ 연소   ④ 응고   ⑤ 전도

06 다음 ㉠과 ㉡에 들어갈 알맞은 낱말을 바르게 짝 지은 것은 무엇인가요? (③)

여름철에는 태양 빛이 내리쬐는 지구 면적이 넓어진다. 이 때문에 태양에서 ㉠ 되는 열에너지의 양이 많아져서 기온이 높아진다. 이런 여름철에는 열대야라는 말을 흔히 들을 수 있다. 열대야는 오후 7시부터 다음 날 오전 9시까지의 최저 기온이 25℃ 이상인 날을 말한다. 밤에도 방 밖의 ㉡ 이/가 25℃ 이하로 내려가지 않으면 너무 더워서 사람이 잠들기 어려울 수 있다.

① ㉠: 대류 – ㉡: 복사   ② ㉠: 복사 – ㉡: 물질   ③ ㉠: 복사 – ㉡: 온도
④ ㉠: 연소 – ㉡: 물질   ⑤ ㉠: 연소 – ㉡: 온도

07 다음 빈칸에 공통으로 들어갈 낱말을 찾아 ○표 하세요.

'감전'은 '느낄 감(感)'에 '번개 전(電)'으로 이루어져 있다. 한자의 뜻에 따라 감전은 ____을 느끼는 것이다. 구체적으로는 전류가 흐르고 있는 물체에 맨살이 닿아서 순간적으로 ____ 충격을 받는 일을 말한다.

(전구 , 전지 , 전기)

08 다음 밑줄 친 부분과 뜻이 비슷한 낱말을 보기에서 찾아 쓰세요.

보기

물을 가열하여 온도를 높이면 수증기가 되고, 물을 냉각시켜 섭씨 0℃ 이하로 낮추면 얼음이 된다. 그리고 수증기를 냉각하면 물이 되고, 얼음에 열을 가해도 물이 된다.

(**기화**)

[09~11] 다음 글을 읽고, 물음에 답하세요.

장작불을 잘 피우는 방법

캠핑을 가면 대부분 장작불을 피우지만, 장작에 불을 붙이는 일은 쉽지가 않다. 겨우 불을 붙여도 장작의 일부만 타고 연기만 나는 경우가 많다. 장작불을 잘 피우는 방법을 알아보자. 먼저, 잘 마른 장작과 함께 불쏘시개를 준비해야 한다. 불쏘시개는 가는 나뭇가지나 마른 낙엽을 모아도 되지만, 직접 만들어도 된다. 종이컵 안에 휴지를 뭉쳐 반 정도 채운 뒤, 그 휴지가 축축하게 젖을 만큼 식용유를 부으면 된다. 이렇게 만들면 점화가 매우 잘 된다. 다음으로, 준비한 불쏘시개를 화덕 가운데에 두고, 이를 중심으로 장작을 쌓는다. 이때 장작과 장작 사이에 공기가 잘 통하도록 쌓아야 한다. 장작에 불이 붙어서 타려면 산소가 충분히 공급되어야 하기 때문이다. 마지막으로, 휴대용 토치로 불쏘시개와 장작을 가열하여 불을 붙인다. 이때 아래쪽 장작에 불을 지펴야 한다. 불꽃은 열의 대류 현상 때문에 아래에서 위로 타오르기 때문이다.

어떤 물질이든지 공기 중에서 임정한 ㉡ 에 이르면 연소하면서 빛과 ㉢ 을/를 낸다. 장작도 마찬가지다. 그래서 장작불을 이용해서 고기를 구울 수도 있고, 붉은빛의 불꽃도 즐길 수 있다. 한편, 장작불을 즐긴 뒤에는 화재를 예방하기 위해 반드시 장작불을 확실하게 소화해야 한다.

09 ㉠과 뜻이 비슷한 낱말로 알맞은 것은 무엇인가요? (④)

① 용해   ② 공급   ③ 온도   ④ 연소   ⑤ 소화

10 ㉡과 ㉢에 들어갈 알맞은 낱말을 바르게 짝 지은 것은 무엇인가요? (①)

① ㉡: 온도 – ㉢: 열   ② ㉡: 응고 – ㉢: 열
③ ㉡: 연소 – ㉢: 온도   ④ ㉡: 온도 – ㉢: 응고
⑤ ㉡: 연소 – ㉢: 산소

11 다음 밑줄 친 낱말과 뜻이 반대되는 낱말을 윗글에서 찾아 두 글자로 쓰세요.

화재 감식반이 현장을 조사한 결과, 이번 화재의 원인이 방화라는 것이 드러났다.

(**소화**)

정답 및 해설 33쪽

디지털 속 한 문장

다음을 보고, 빈칸에 연소나 소화라는 낱말을 넣어 ㉠에 들어갈 답글을 써 보세요.

⊙ 제목: 온라인 학급 회의

안녕하십니까? 온라인 학급 회의를 열도록 하겠습니다. 지난주에 학교에 불이 나서 소방차가 출동하여 소화한 일이 있었습니다. 쓰레기장에서 연소가 시작되었다고 합니다. 이런 일을 대비해 화재 예방법이나 화재 발생 시 소화할 방법에 대해 토의해 보겠습니다. 각자 의견을 답글로 남겨 주시기를 바랍니다.

좋아요 ▣

> 하율 불 위에 덮어서 산소를 차단하여 소화할 수 있도록 큰 천을 마련하면 좋을 것 같습니다.
> 윤찬 불이 난 곳에 바로 뿌릴 수 있도록 물을 항상 준비해 두면 좋을 것 같습니다.

✎ 예 쓰레기장을 항상 깨끗하게 유지하여서 연소가 일어날 일이 없도록 미리 주의하는 것도 좋은 방법일 것 같습니다.

어휘평가 정답 및 해설

국어 어휘평가

01 ④	02 ⑤	03 ④	04 ④	05 ⑤	06 ⑤
07 ⑤	08 ④	09 ⑤	10 ①	11 ③	12 ④
13 ①	14 ②	15 ④	16 ②	17 ②	

01 '학생들의 도서관 이용을 늘릴 방안'이라는 주제를 볼 때, 빈칸에는 '어떤 문제에 대해 여러 사람이 의견을 내놓고 의논하여 가장 적절한 해결 방법을 찾는 말하기 방법.'이라는 뜻을 지닌 '토의'가 들어가는 것이 알맞습니다. ⑤의 '협상'은 이해 관계가 얽히는 주제에 맞는 말하기입니다.

04 마음 속에 떠오르는 생각이나 느낌을 운율이 느껴지는 언어로 간결하게 표현한 문학 갈래를 시라 하고. 서술자가 인물의 갈등과 대립을 중심으로 어떤 이야기를 전달하는 문학 갈래를 소설이라 합니다.

05 '해결하다'는 '제기된 문제를 풀거나 얽힌 일을 잘 처리하다.'라는 뜻이므로 밑줄 친 부분과 뜻이 비슷한 낱말입니다.

10 서로 상대방이 틀렸다고 다투는 상황이므로 '개인이나 집단 사이에 목표나 입장, 이익과 손해 등이 달라 생기는 충돌.'이라는 뜻을 지닌 '갈등'으로 표현할 수 있습니다.

11 '갈등'은 '개인이나 집단 사이에 목표나 입장, 이익과 손해 등이 달라 생기는 충돌.'이라는 뜻이므로 '입을 모아 갈등했다'는 구성으로 쓸 수 없습니다. 이 구절에는 갈등 대신 '비판(옳고 그름을 따져서 밝히거나 잘못된 점을 지적함.)'이나 '칭찬(좋은 점이나 착하고 훌륭한 일을 높이 평가함.)'이 들어가야 알맞습니다.

12 문맥상 빈칸에 공통으로 들어갈 수 있는 낱말로는 '자료(연구나 조사 등의 바탕이 되는 사실이나 정보.)'가 가장 알맞습니다.

13 '어떤 문제에 대하여 자신의 생각을 밝히는 말이나 글의 기본 뜻.'을 '논지'라고 합니다.

16 '뒤섞인'은 '생각이나 말 따위가 마구 섞인.'이라는 뜻이므로 문맥상 '두 가지 이상이 하나로 합쳐진.'이라는 뜻의 '복합된'으로 바꾸어 쓸 수 있습니다.

사회 어휘평가

01 ④	02 ①	03 ③	04 ②	05 ④	06 ④
07 ③	08 ②	09 ①	10 ⑤	11 ②	12 ①
13 ⑤	14 ⑤	15 ②	16 ④	17 ③	

02 '절'이나 '법당' 같은 말을 볼 때, '불상'은 '부처의 모습을 표현한 조각.'이라는 뜻임을 알 수 있습니다. ⑤의 뜻을 지닌 낱말은 '왕'입니다.

04 ②의 '분포'는 '일정한 범위에 흩어져 퍼져 있음.'이라는 뜻이므로 문맥에 맞지 않습니다. '분포' 대신 '무역'이 들어가는 것이 알맞습니다.

06 문맥상 빈칸에는 '어느 한쪽으로 치우쳐 고르지 아니함.'이라는 뜻을 지닌 '불균형'이 들어가는 것이 알맞습니다.

10 제시된 글은 우리나라의 저출산 현상이 계속될 때 생길 수 있는 문제점과 그것의 해결 방안을 제시하고 있습니다.

11 '사람이 살아가는 데 필요한 물건이나 서비스를 생산, 소비, 분배하는 모든 활동.'을 '경제'라고 합니다.

12 '한 사회에서 노인 인구의 비율이 높아지는 일.'을 '고령화'라고 합니다.

14 '조개나 물고기를 구하기 쉬운'에서 ㉠에는 '해안'이, '땅을 파서 지붕을 얹은'에서 ㉡에는 '움집'이 들어가야 함을 알 수 있습니다.

15 이 글은 무역의 뜻과 무역이 필요한 까닭, 무역으로 인한 효과 등을 설명하고 있습니다. 수입과 수출은 무역의 일부분이라서 제목으로 알맞지 않고, 경제는 뜻의 범위가 너무 넓어 제목으로 알맞지 않습니다.

16 '주체'는 '사물의 작용이나 어떤 행동 등의 중심이 되는 것.'이라는 뜻입니다. '어떤 일을 직접 하거나 다른 사람에게 요구할 수 있는 올바른 자격.'이라는 뜻을 지닌 낱말은 '권리'입니다.

17 '교류'는 '사람들이 자주 만나면서 문화나 사상, 물건 같은 것을 주고받는 일.'이라는 뜻이므로 빈칸에 들어가기에 알맞습니다.

01 ①　02 ①　03 ⑤　04 ②　05 ①　06 ①
07 ④　08 ③　09 ②　10 ②　11 ③　12 ③
13 ⑤　14 ②　15 ③　16 ②　17 ①

01　증발은 '어떤 물질이 액체 상태에서 기체 상태로 변함. 또는 그런 현상.'이라는 뜻으로 기화와 뜻이 비슷합니다.

02　빈칸에 공통으로 들어갈 수 있는 말은 '공기의 무게로 생기는 누르는 힘.'이라는 뜻을 지닌 '기압'입니다.

05　'일기'는 '그날그날의 비, 구름, 바람, 기온 등이 나타나는 기상 상태.'라는 뜻입니다. 따라서 '바람, 구름, 비, 눈, 더위, 추위 등 대기 속에서 일어나는 현상.'이라는 뜻을 지닌 '기상'과 뜻이 비슷합니다.

06　'일조'는 '햇볕이 내리쬠.'이라는 뜻입니다. '따뜻함과 차가움의 정도.'라는 뜻을 지닌 낱말은 '온도'입니다.

07　빈칸에 들어갈 말로 가장 알맞은 것은 '화학 반응이나 온도 차, 빛 등을 이용하여 전기를 발생시키는 장치.'라는 뜻을 지닌 '전지'입니다.

08　장기는 '내장의 여러 기관.'이라는 뜻입니다. 따라서 '생물이 살아가는 데 필요한 기능을 하며 일정한 모양을 지닌 몸속 부분.'이라는 뜻인 '기관'으로 바꾸어 쓸 수 있습니다.

10　'암석'은 '지구의 표면을 구성하고 있는 단단한 물질.'이라는 뜻이므로 '흙 따위가 굳어서 된 단단한 물질.'이라는 뜻을 지닌 '돌'과 바꾸어 쓸 수 있습니다.

12　'연소'는 '탈 물질이 산소와 반응하여 빛과 열을 내며 타는 현상.'을 말합니다. ①은 '기화', ②는 '전도', ④는 '대류', ⑤는 '승화'의 뜻입니다.

13　'일정한 지역이나 환경에서 생물 요소와 비생물 요소가 서로 영향을 주고받는 체계.'를 이르는 말은 '생태계'입니다.

14　'배설하다'는 '몸에서 혈액 속의 영양분을 흡수하고 남은 찌꺼기를 몸 밖으로 내보내다.'라는 뜻이므로 밑줄 친 부분과 뜻이 비슷합니다. ①은 '입 밖으로 말을 내다.'라는 뜻입니다.

15　'공기 중에 수증기가 들어 있는 정도.'라는 뜻을 지닌 낱말은 '습도'입니다.

16　'복사'는 '물체로부터 열이나, 빛 같은 전자기파가 사방으로 퍼져 나가는 현상.'을 말합니다. ㉠은 태양의 열이 지구로 전달되는 현상을 말하는 것이므로 '복사되는'으로 쓰면 내용을 더 구체적으로 나타낼 수 있습니다.

17　'기온'은 '공기의 온도.'라는 뜻입니다. ②는 '일조', ③은 '온도', ④는 '기압', ⑤는 '열'의 뜻입니다.

어휘 실력을 확인하는 방법

맞은 개수 17~14개 실력이 매우 우수합니다.
어휘의 사전적·문맥적 의미를 정확하게 이해하며 낱말을 논리적으로 활용할 수 있습니다.

맞은 개수 13~8개 실력이 보통입니다.
학습하는 데 필요한 용어를 이해하고 구분하여 쓸 줄 압니다. 다만 아직 문맥 속에서 어휘의 뜻을 유추하거나 활용하는 능력은 부족해 보입니다. 어휘 이해력과 활용 능력을 향상시킬 필요가 있습니다.

맞은 개수 7~0개 실력이 다소 부족합니다.
교과서에 자주 등장하는 학습 도구 어휘와 교과서를 이해하는 데 꼭 필요한 국어 개념 어휘를 이해하지 못해 교과서를 읽는 데 어려움을 겪을 것으로 보입니다. 기본적인 교과 개념 어휘를 익히는 훈련이 필요합니다.

메모

달곰한 문해력 초등 어휘

학년별 시리즈 안내

추천 학년	단계	어휘 교과 영역
초 1~2학년	1단계	국어, 사회, 과학, 수학
초 1~2학년	2단계	국어, 사회, 과학, 수학
초 3~4학년	3단계	국어, 사회, 과학, 수학
초 3~4학년	4단계	국어, 사회, 과학, 수학
초 5~6학년	5단계	국어, 사회, 과학, 수학
초 5~6학년, 예비 중 1	6단계	국어, 사회, 과학, 수학

NE능률 국어연구소

NE능률 국어연구소는 전문성과 탁월성을 기반으로
국어교육 트렌드를 선도합니다.

달곰한 문해력 초등 어휘 5단계

펴 낸 날	2024년 11월 15일(초판 1쇄)
펴 낸 이	주민홍
펴 낸 곳	(주)NE능률
지 은 이	NE능률 문해력연구회
개 발 책 임	장명준
개 발	류예지, 이자원, 박수희
디자인책임	오영숙
디 자 인	민유화, 김명진
제 작 책 임	한성일
등 록 번 호	제1-68호
I S B N	979-11-253-4881-8 63710

대 표 전 화	02 2014 7114
홈 페 이 지	www.neungyule.com
주 소	서울시 마포구 월드컵북로 396(상암동) 누리꿈스퀘어 비즈니스타워 10층 (우편번호 03925)